MÚSICA DE CINE

Partituras para aficionados al piano

Diseño de cubierta: Regina Richling

ISBN: 978-84-122311-4-4

Depósito legal: B-18.683-2020

Impreso por Ingrabar, Industrias Gráficas Barcelona, c/ Perú. 144, 08020 Barcelona

Impreso en España - *Printed in Spain*

MÚSICA DE CINE

Partituras para aficionados al piano

1.- "**IN DREAMS**" - *Howard Shore (2006)* - BSO "El Señor de los Anillos" pág. 5

2.- "**RECUÉRDAME**" - *R. Lopez - K. A-Lopez (2017)* - BSO "Coco" pág. 6

3.- "**OVER THE RAINBOW**" - *Harold Arlen (1930)* - BSO "El Mago de Oz" pág. 8

4.- "**HALLELUJAH**" - *Leonard Cohen (1984)* - BSO "Shrek" pág. 10

5.- "**FORREST GUMP**" - *Alan Silvestri (1994)* - BSO "Forrest Gump" pág. 12

6.- "**LAS CRÓNICAS DE NARNIA**" - *H. Gregson (2005)* - BSO "Las crónicas de Narnia" pág. 14

7.- "**LA BELLA Y LA BESTIA**" - *Alan Menken (1991)* - BSO "La Bella y la Bestia" pág. 16

8.- "**MARRIED LIFE**" - *Michael Giacchino (2009)* - BSO "Up" pág. 20

9.- "**HAZME UN MUÑECO DE NIEVE**" - *R. Lopez - K. A-Lopez (2013)* - BSO "Frozen" pág. 23

10.- "**CERF-VOLANT**" - *Bruno Colais (2014)* - BSO "Los chicos del coro" pág. 26

11.- "**PIRATAS DEL CARIBE**" - *Klaus Badelt (2003)* - BSO "Piratas del Caribe" pág. 28

12.- "**MOON RIVER**" - *Henry Mancini (1961)* - BSO "Desayuno con diamantes" pág. 32

13.- "**LA PANTERA ROSA**" - *Henry Mancini (1963)* - BSO "La Pantera Rosa" pág. 34

14.- "**COMPTINE D'UN AUTRE ÉTÉ: L'APRÈS-MIDI**" - *Y. Tiersen (2001)* - "Amélie" pág. 36

15.- "**JURASSIC PARK**" - *John Williams (1993)* - BSO "Jurassic Park" pág. 38

16.- "**INDIANA JONES**" - *John Williams (1981)* - BSO "Indiana Jones" pág. 41

17.- "**STARS WARS**" - *John Williams (1977)* - BSO "Stars Wars" pág. 44

18.- "**ACROSS THE STARS**" - *John Williams (2002)* - BSO "Star Wars: episodio II" pág. 46

19.- "**UNCHAINED MELODY**" - *Alex North (1955)* - BSO "Ghost " pág. 50

20.- "**DOCTOR ZHIVAGO**" - *Maurice Jarre (1965)* - BSO "Doctor Zhivago" pág. 52

21.- "**MEMORIAS DE ÁFRICA**" - *John Barry (1985)* - BSO "Memorias de África" pág. 54

22.- "**SPARKLE**" - *Radwimps (2016)* - BSO "Your Name" pág. 56

MÚSICA DE CINE

Partituras para aficionados al piano

23.- "**A MILLION DREAMS**" - *B. Pasek - J. Paul (2017)* - BSO "The Greatest Showman" pág. 60

24.- "**DON'T CRY FOR ME ARGENTINA**" - *A. L. Webber (1976)* - BSO "Evita" pág. 63

25.- "**THE MUSIC OF THE NIGHT**"- *A. L. Webber (1986)*- BSO "El fantasma de la ópera" pág. 66

26.- "**JUEGO DE TRONOS**" - *Ramin Djawadi (2011)* - BSO TV "Juego de tronos" pág. 68

27.- "**GABRIEL'S OBOE**" - *Ennio Morricone (1986)* - BSO "La misión" pág. 72

28.- "**CINEMA PARADISO**" - *Ennio Morricone (1988)* - BSO "Cinema Paradiso" pág. 74

29.- "**LA VIDA ES BELLA**" - *Nicola Piovani (1997)* - BSO "La vida es bella" pág. 76

30.- "**AS TIME GOES BY**" - *Herman Hupfeld (1931)* - BSO "Casablanca" pág. 79

31.- "**FALLING SLOWLY**" - *Glen Hansard - Markéta Irglová (2006)* - BSO "Once" pág. 82

32.- "**I DREAMED A DREAM**" - *C. M. Schönberg (1980)* - BSO "Los miserables" pág. 84

33.- "**RIVER FLOWS IN YOU**" - *Yiruma (2008)* - BSO "Crepúsculo" pág. 88

34.- "**THE MEADOW**" - *A. Desplat (2009)* - BSO "La saga Crepúsculo: luna nueva" pág. 92

35.- "**EL DISCURSO DEL REY**" - *A. Desplat (2010)* - BSO "El discurso del Rey" pág. 96

36.- "**LEYENDAS DE PASIÓN**" - *James Horner (1994)* - BSO "Leyendas de pasión" pág. 99

37.- "**MY HEART WILL GO ON**" - *James Horner (1997)* - BSO "Titanic" pág. 102

38.- "**CAVATINA**" - *Stanley Myers (1978)* - BSO "El cazador" pág. 104

39.- "**MIA & SEBASTIAN'S THEME**" - *Justin Hurwitz (2016)* - BSO "La La Land" pág. 106

40.- "**CITY OF STARS**" - *Justin Hurwitz (2016)* - BSO "La La Land" pág. 108

41.- "**ARRIVAL OF THE BIRDS**" - *Jason Swinscoe (2012)* - BSO "La teoría del todo" pág.112

42.- "**DAWN**" - *Dario Marianelli (2005)* - BSO "Orgullo y prejuicio" pág. 116

43.- "**INTERSTELLAR**" - *Hans Zimmer (2014)* - BSO "Interstellar" pág. 120

44.- "**SHALLOW**" - *Lady Gaga (2018)* - BSO "Ha nacido una estrella" pág. 124

In Dreams

BSO "El Señor de los Anillos"

Howard Shore (2006)

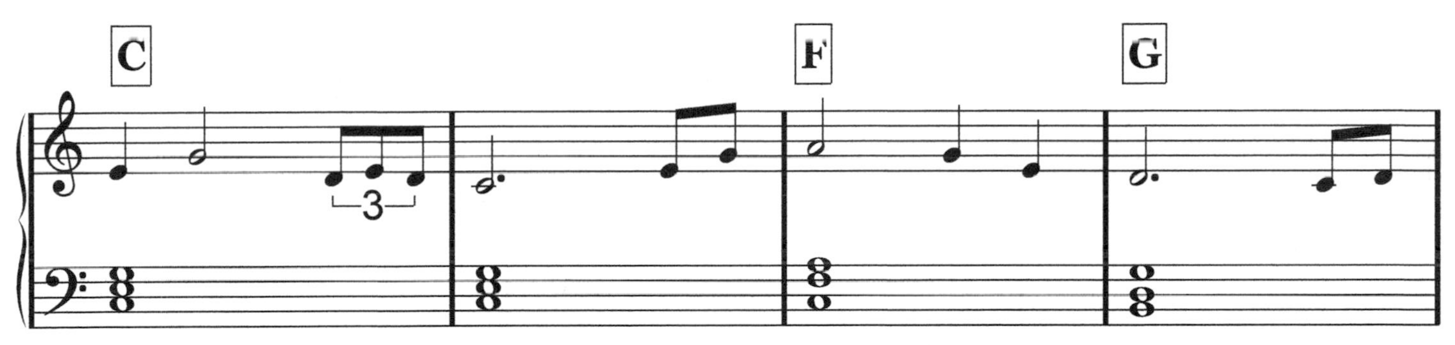

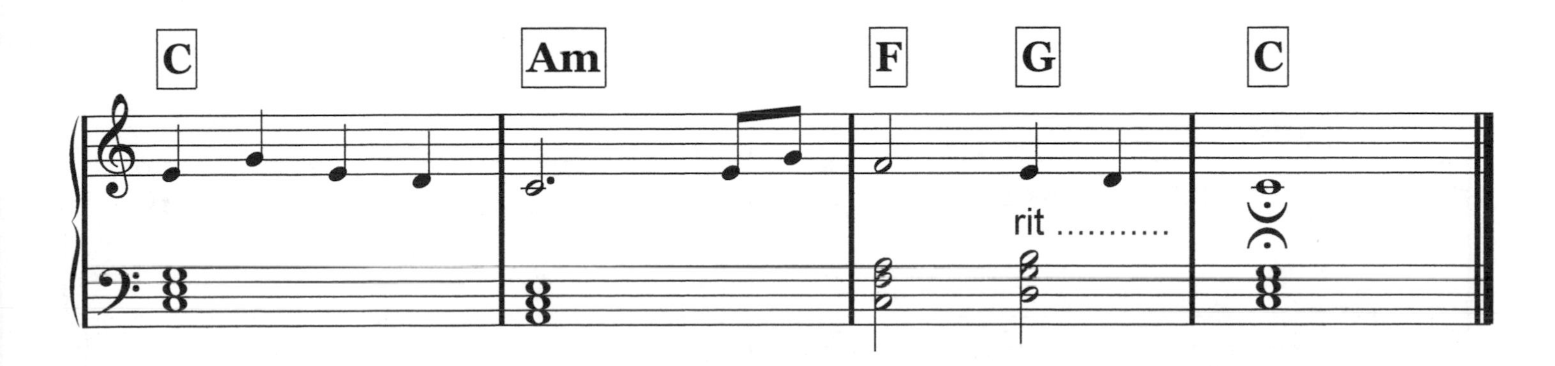

Recuérdame

BSO "Coco"

R. Lopez - K. A-Lopez (2017)

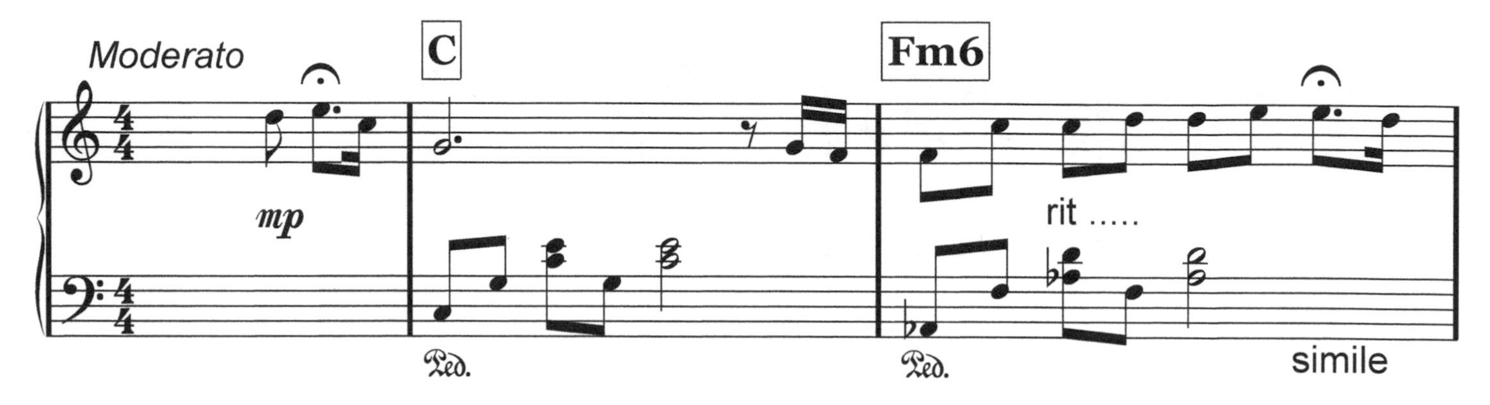

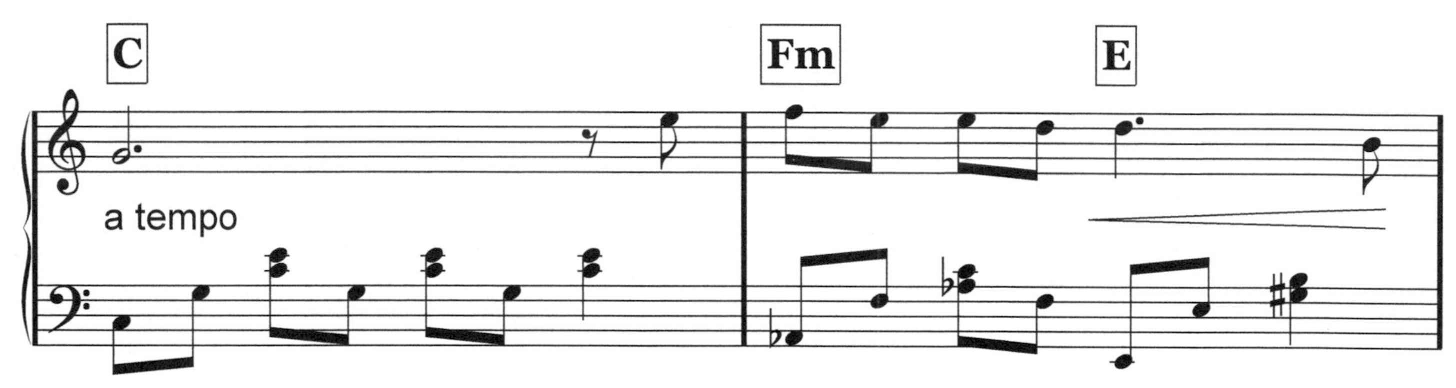

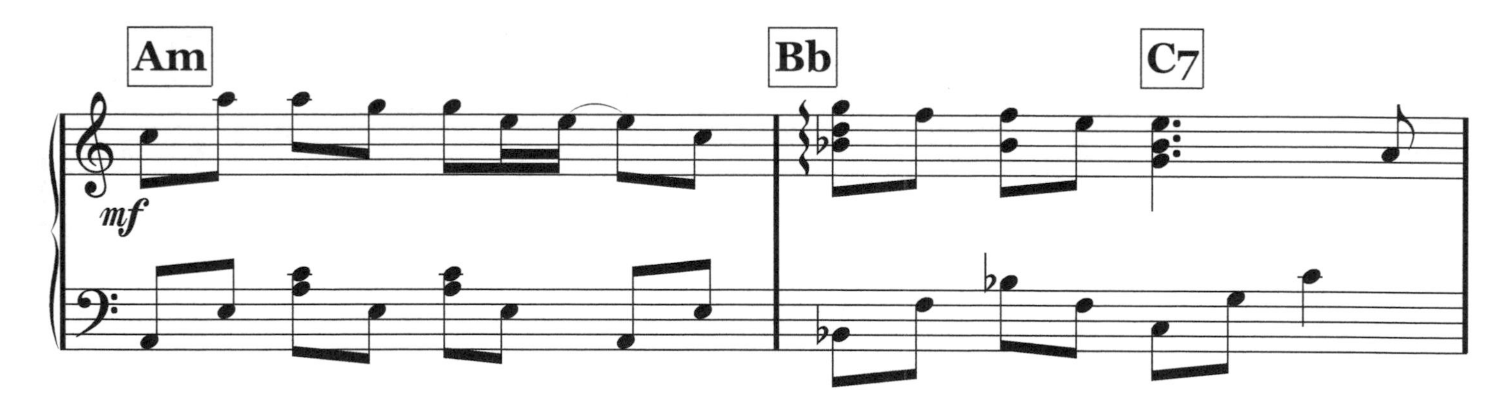

C
Fm6
a tempo

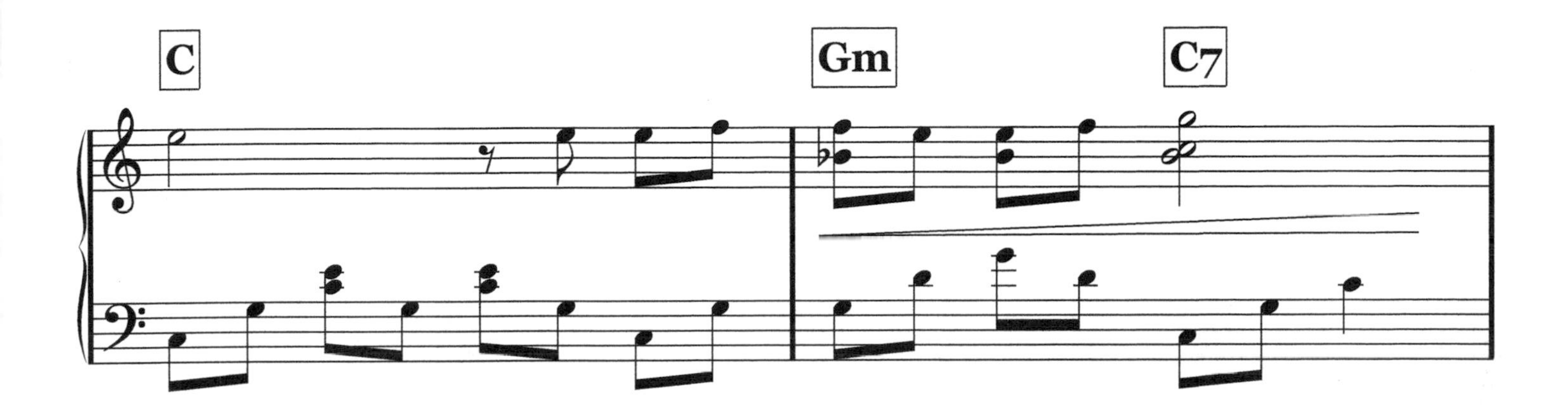
C
Gm
C7

F
E
Am
Fm
f
rit .....
pp
mp

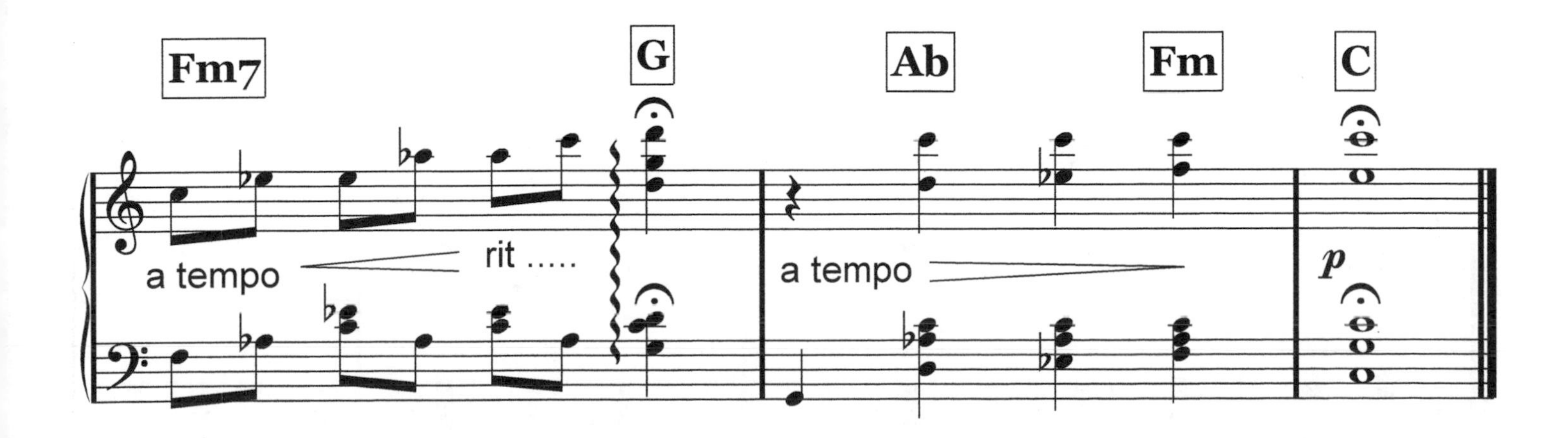
Fm7
G
Ab
Fm
C
a tempo
rit .....
a tempo
p

Over the Rainbow

BSO "El Mago de Oz"

Harold Arlen (1930)

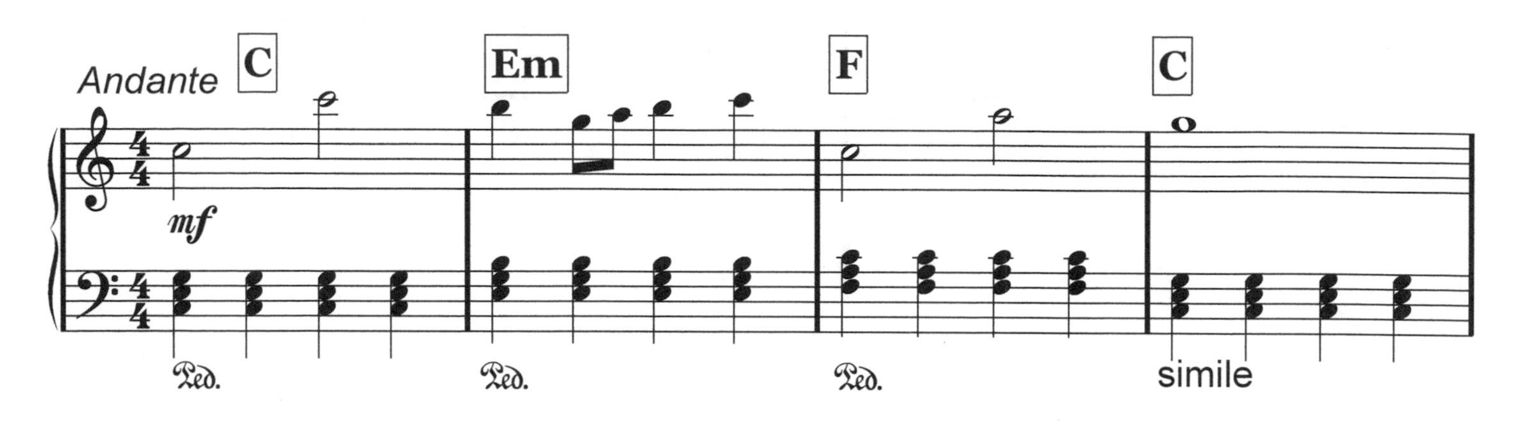

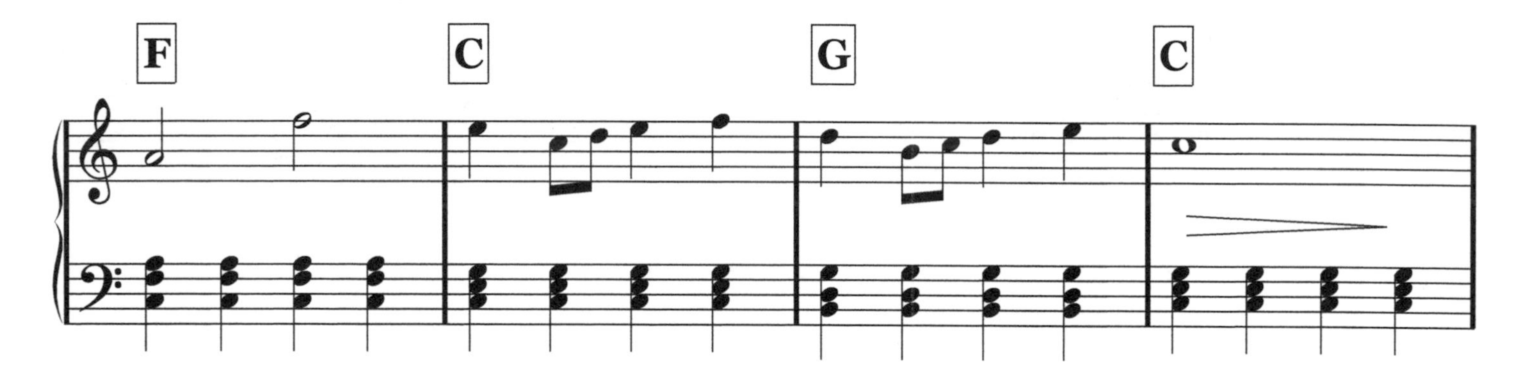

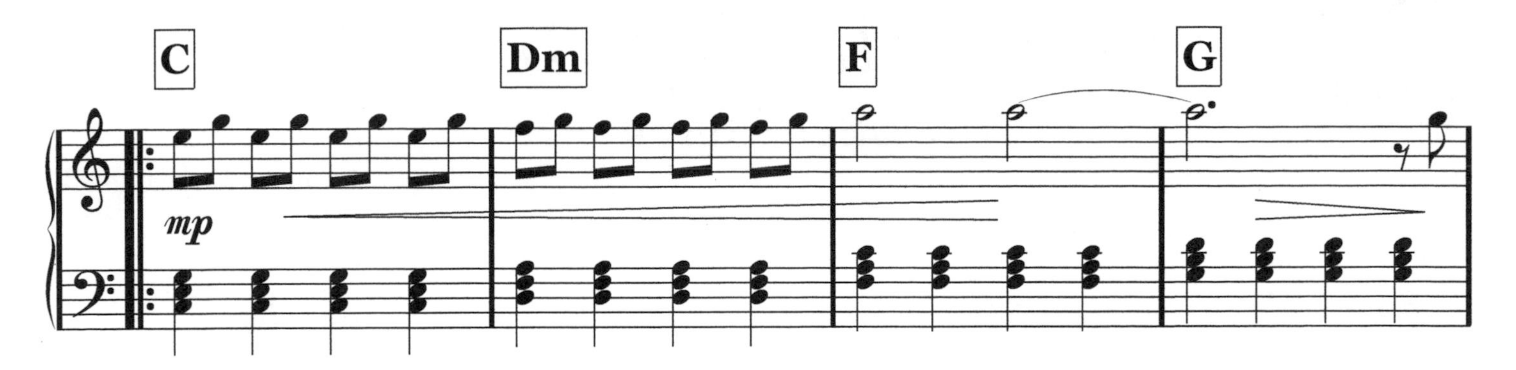
C
Dm
F
G
mp

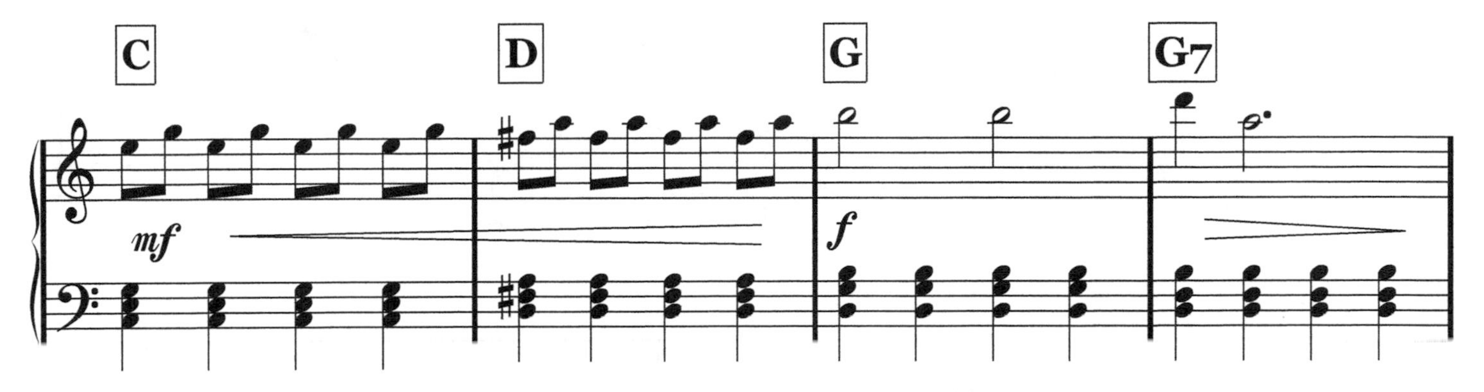
C
D
G
G7
mf
f

C
Em
F
mp

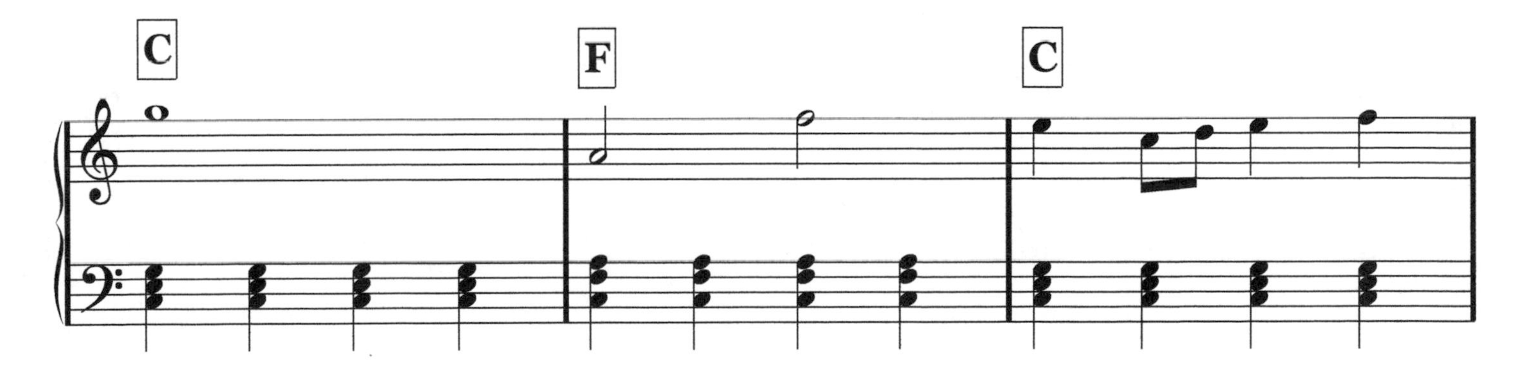
C
F
C

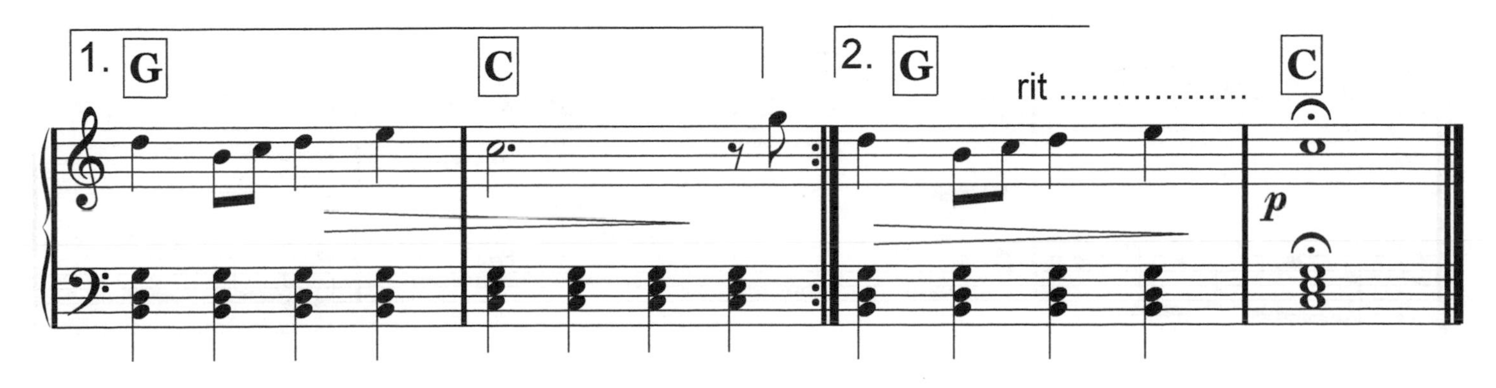
1.
G
C
2.
G
rit ....
C
p

Hallelujah

BSO "Shrek"

Leonard Cohen (1984)

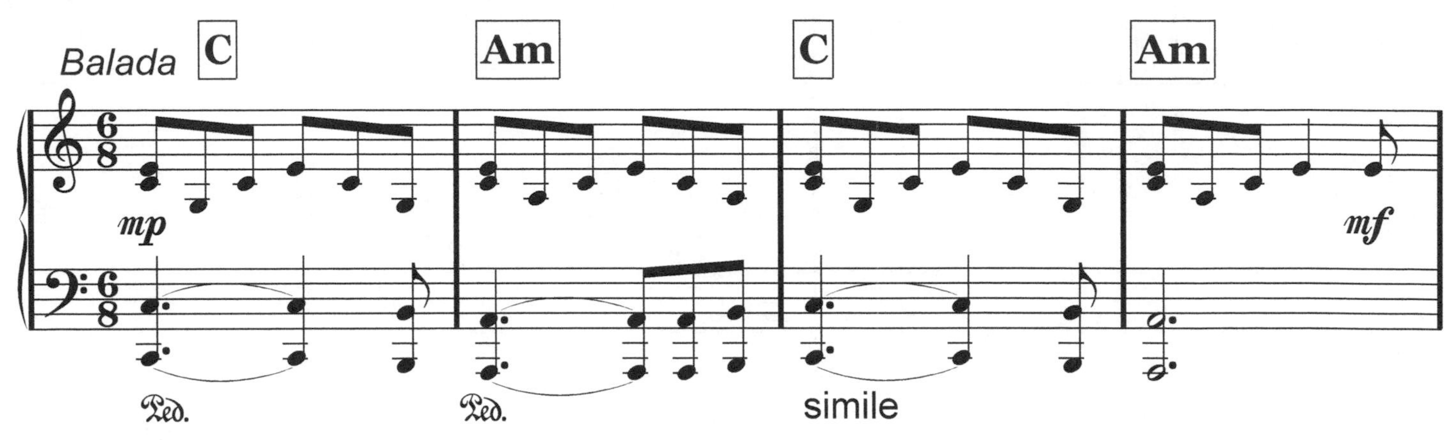

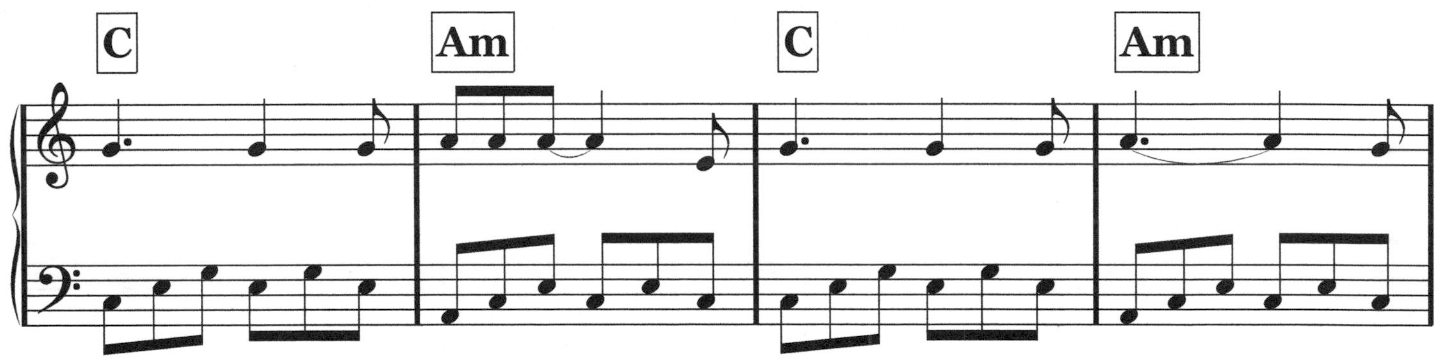

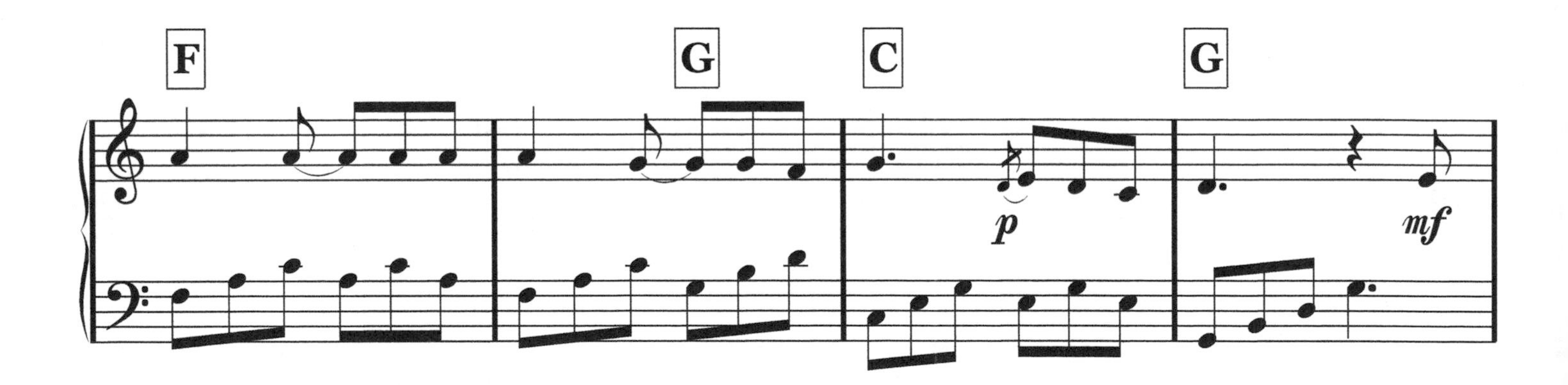

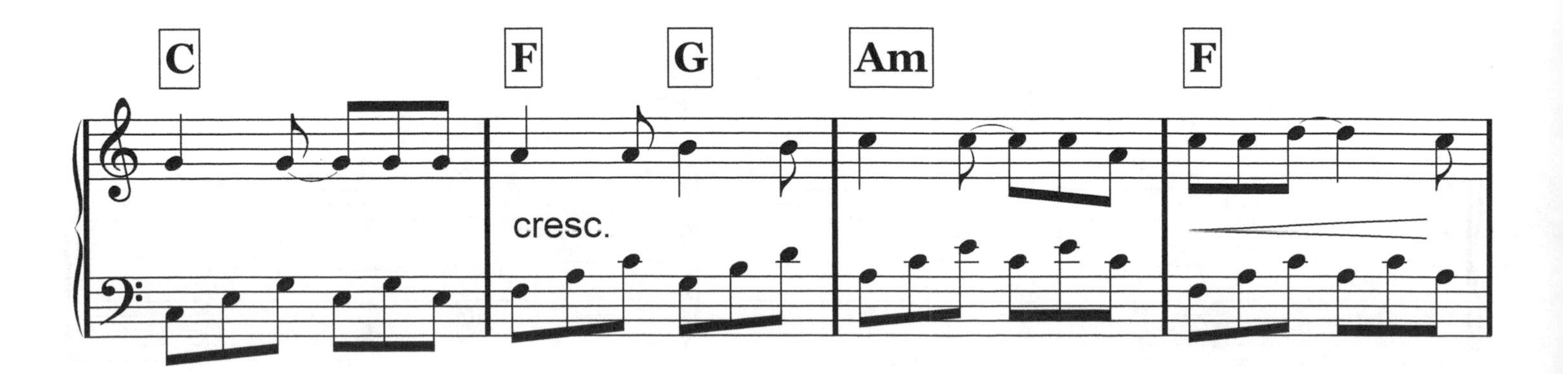

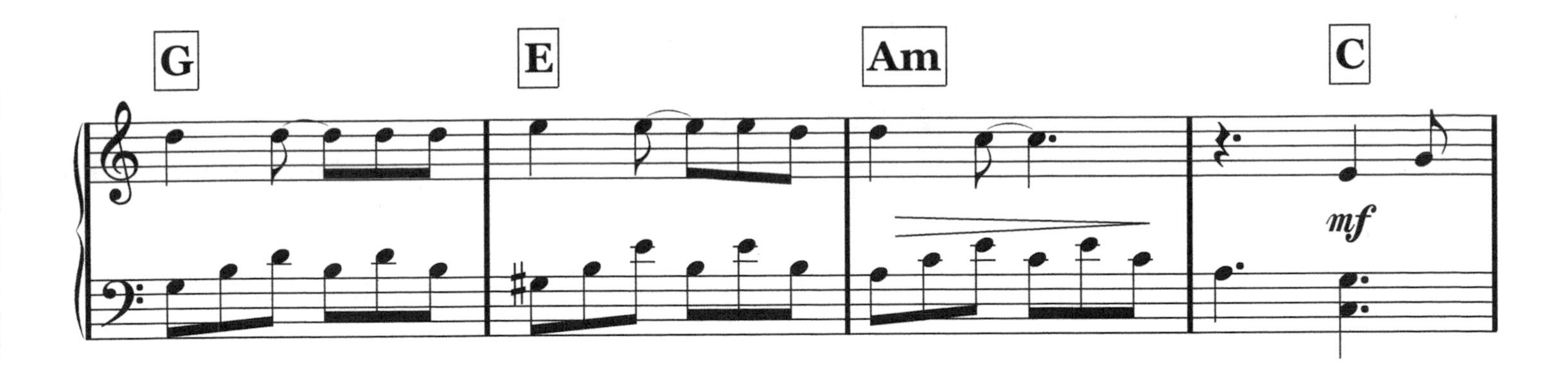
G
E
Am
C
mf

F
Am

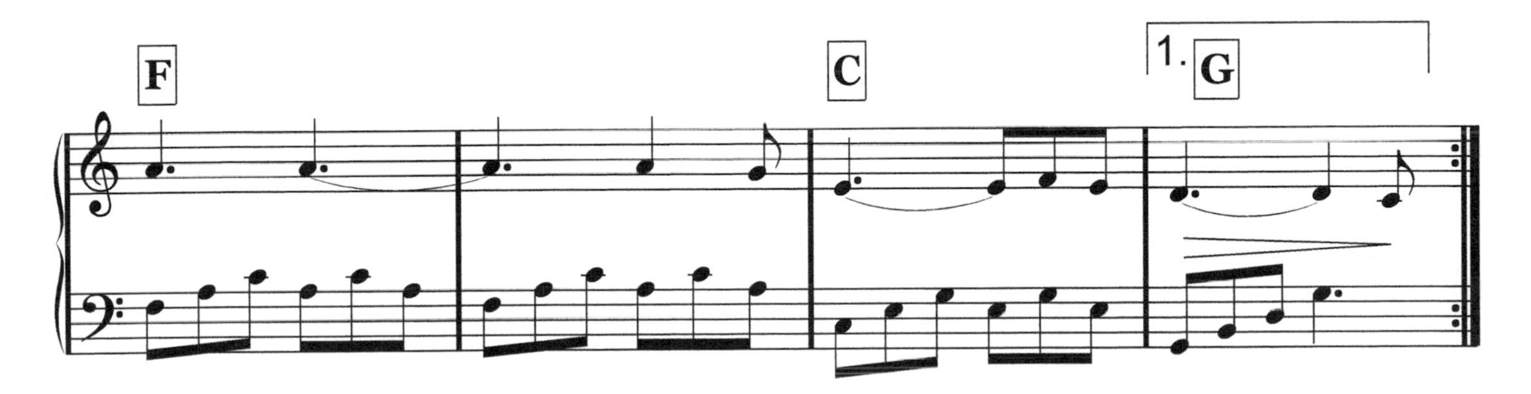
F
C
1.
G

2.
G
C
sf
F
Am

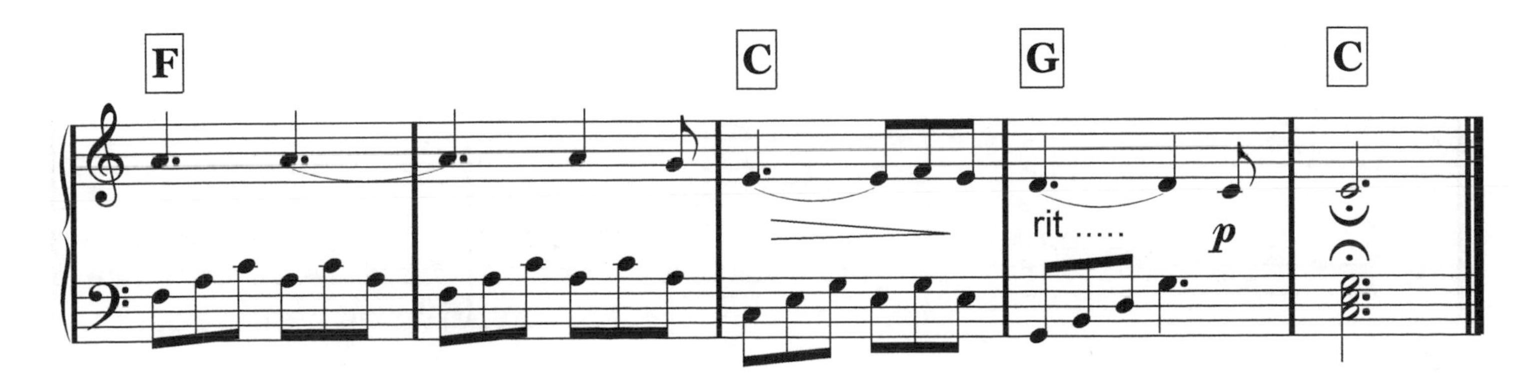
F
C
G
rit .....
p
C

Forrest Gump

BSO "Forrest Gump"

Alan Silvestri (1994)

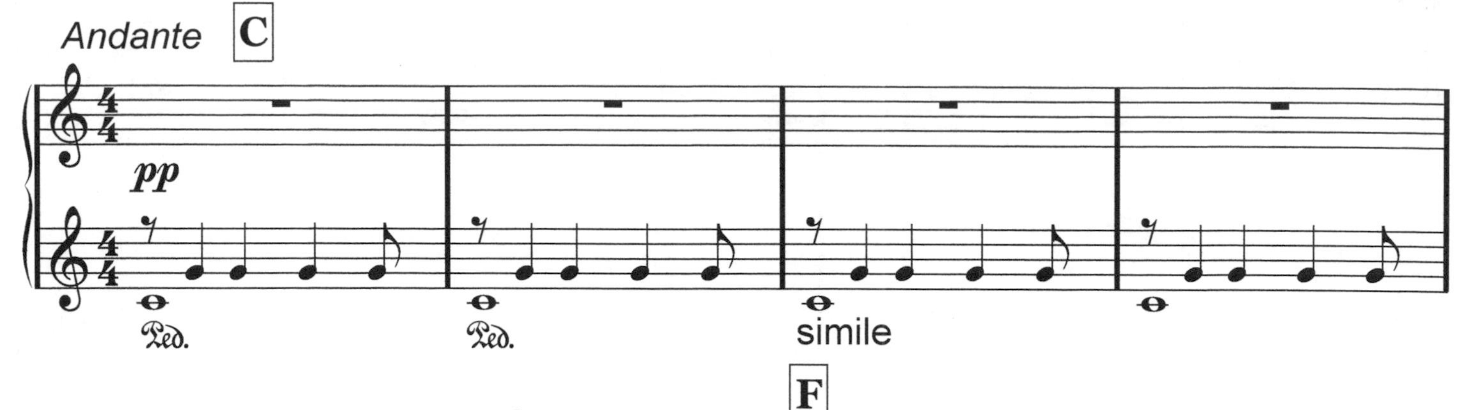

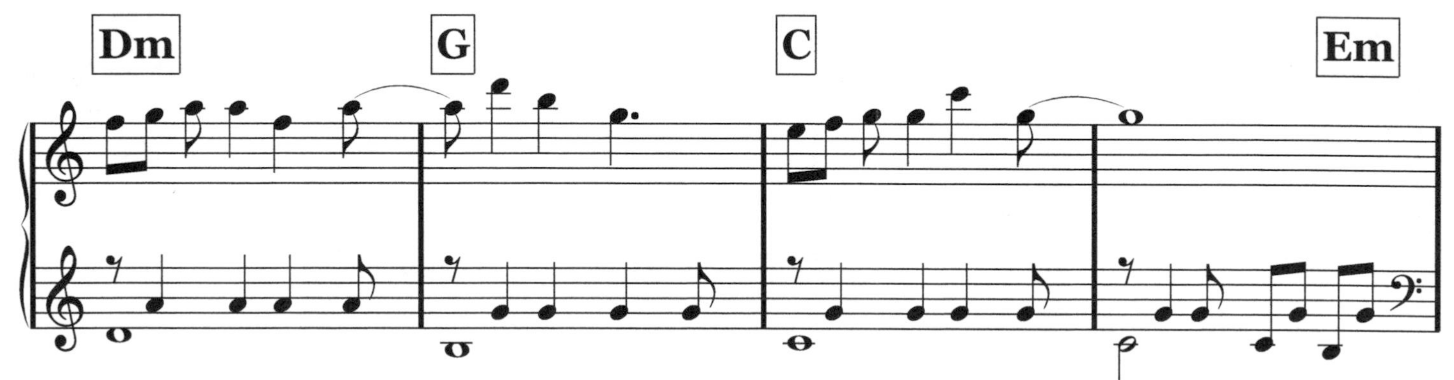

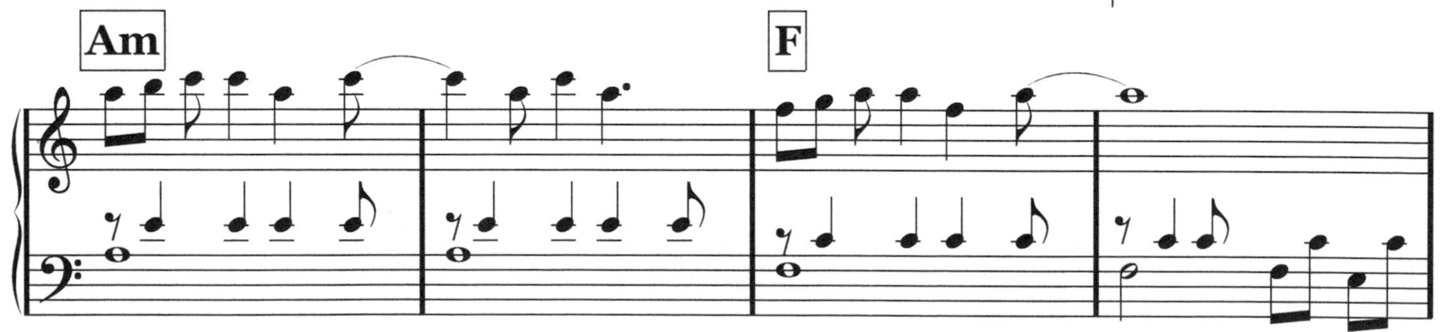

F
mf

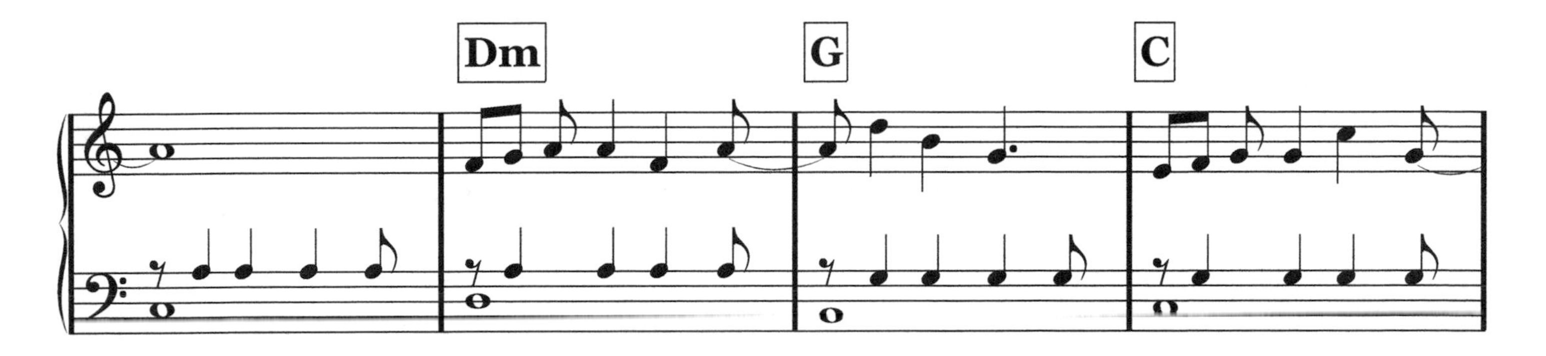
Dm
G
C

Em
Am
F

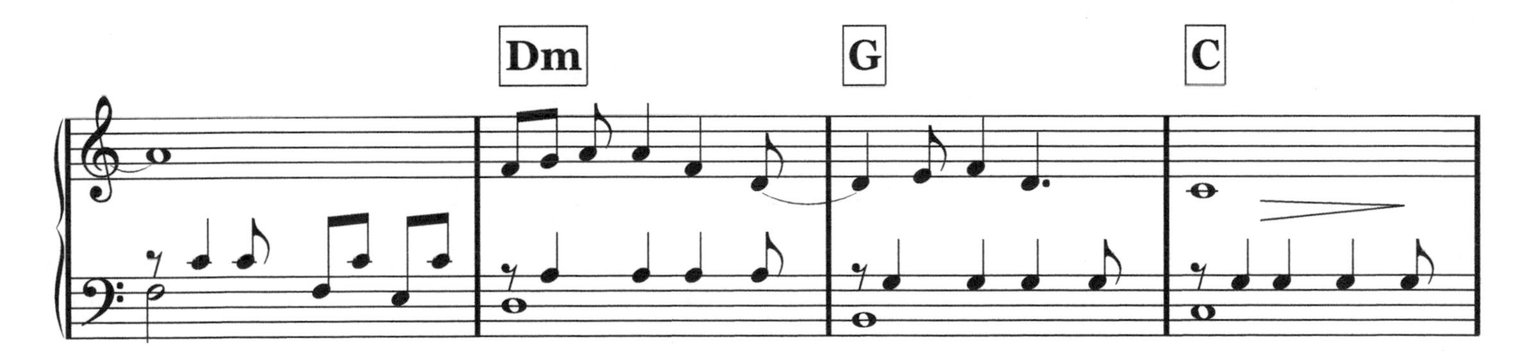
Dm
G
C

F
G
C
F
G
C
p
rit ....

Las crónicas de Narnia

BSO "Las crónicas de Narnia: el león, la bruja y el armario"

Harry Gregson-Williams (2005)

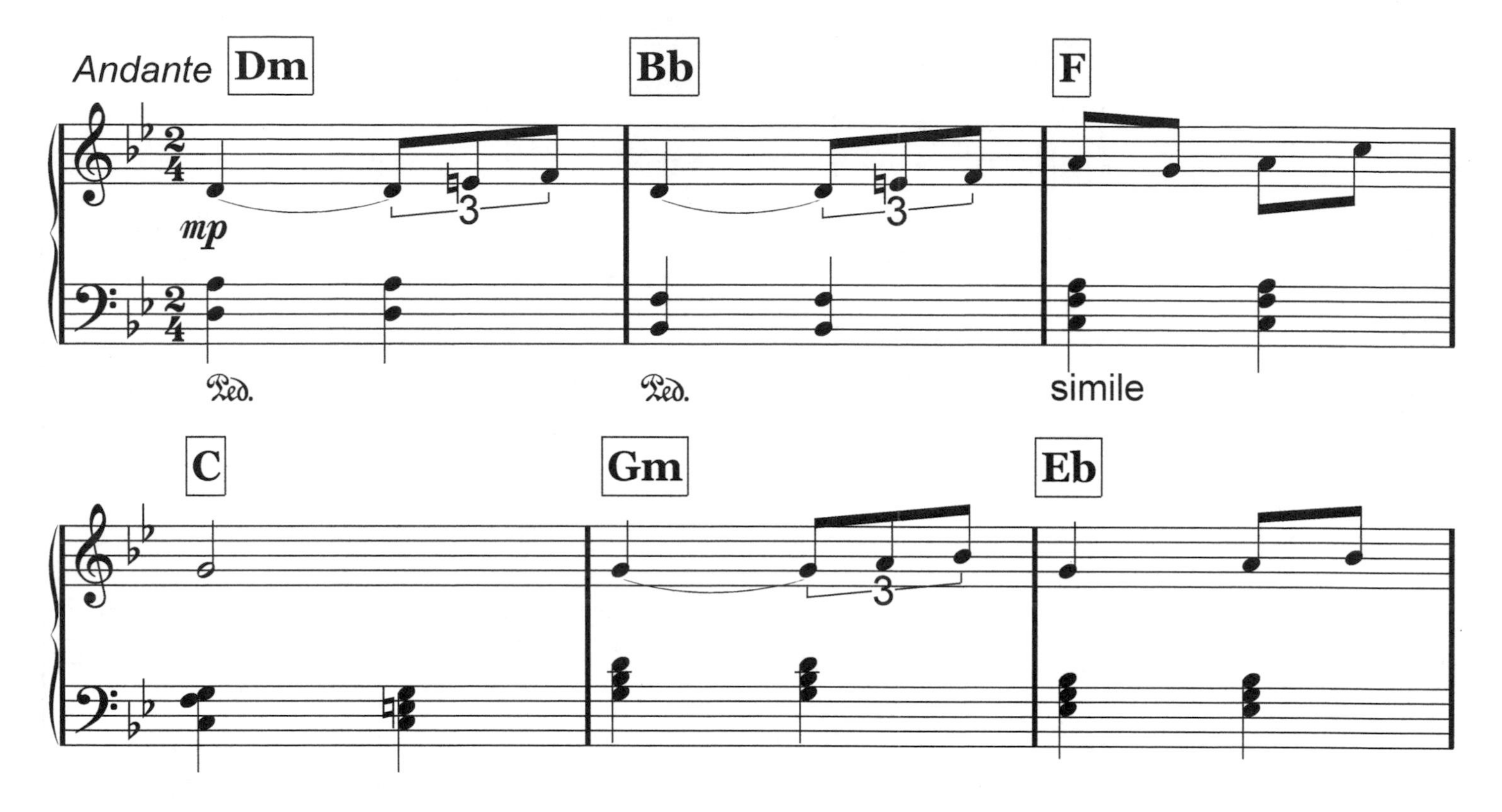

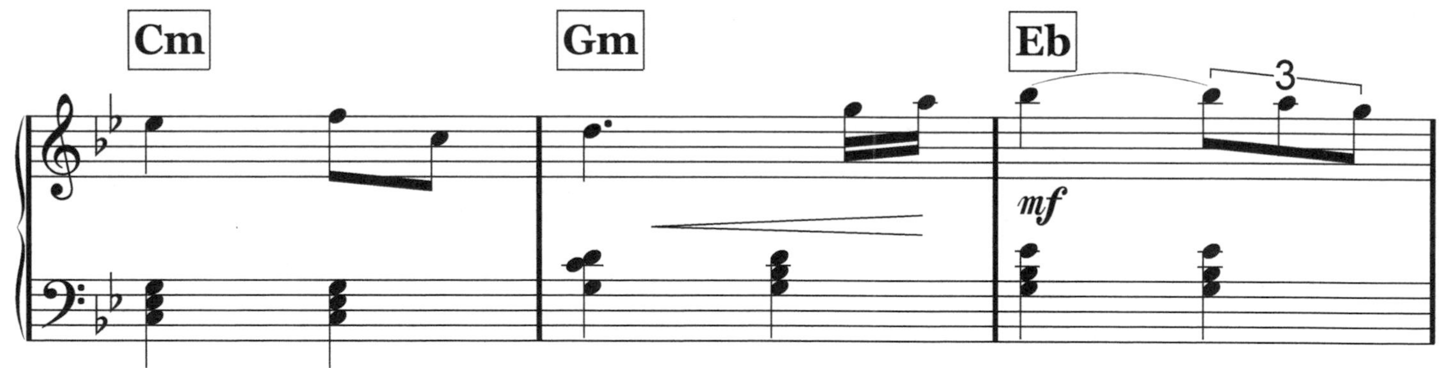

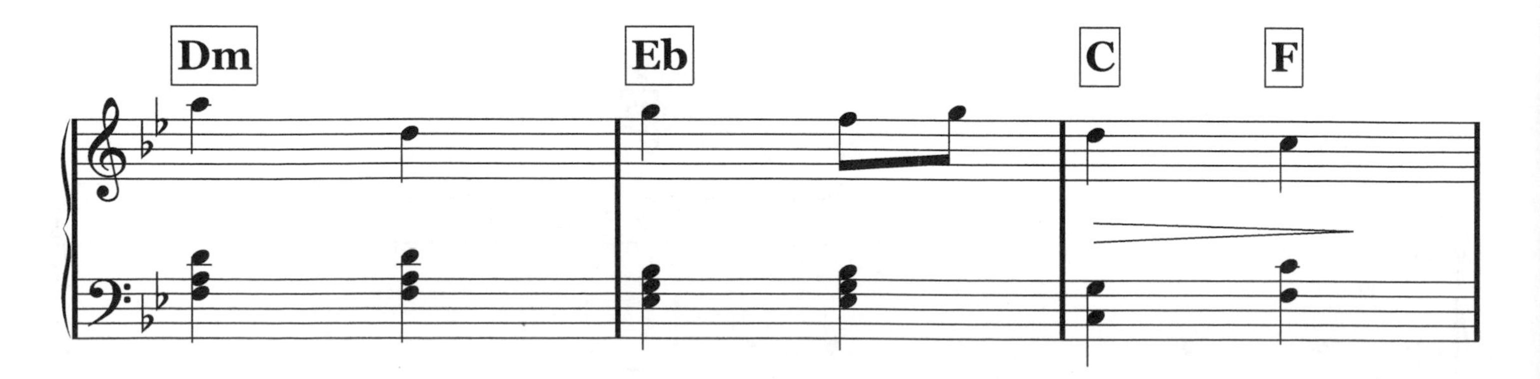

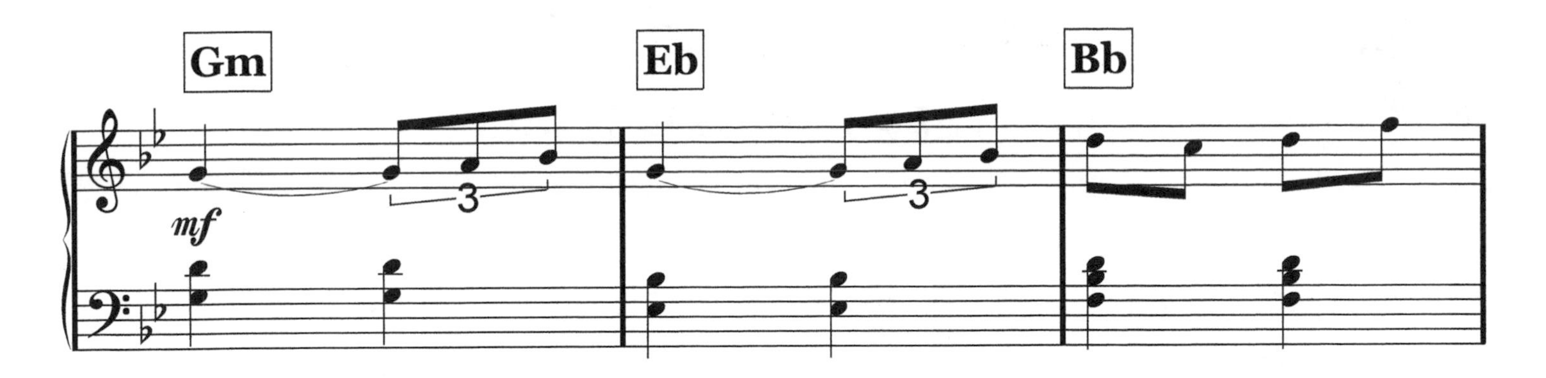
Gm
Eb
Bb
mf
3
3

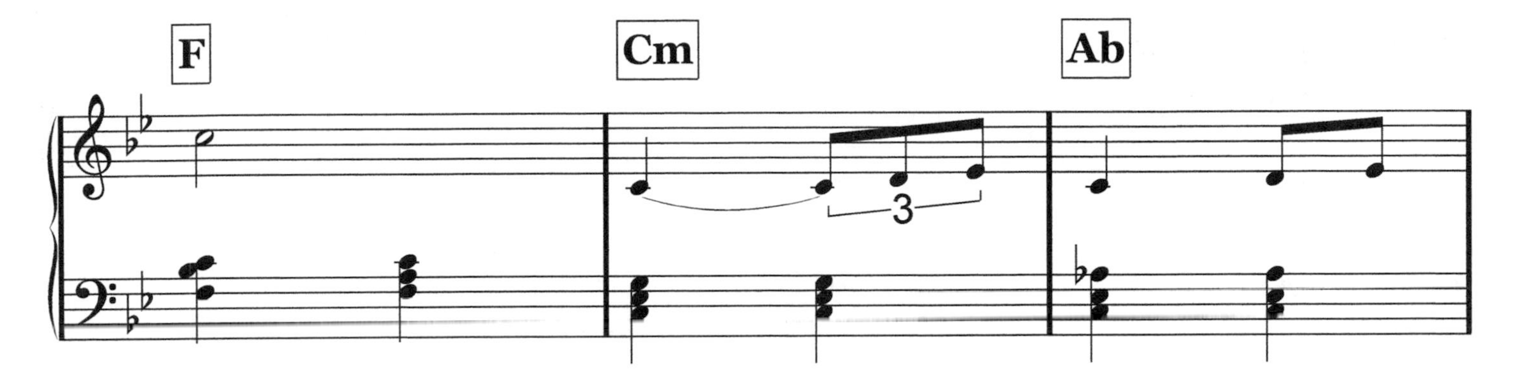
F
Cm
Ab
3

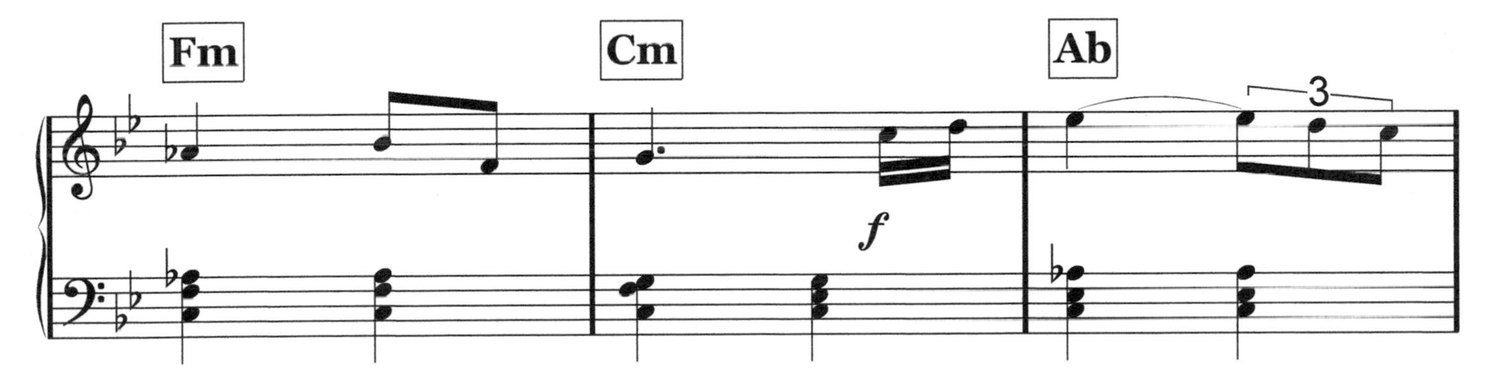
Fm
Cm
Ab
3
f

Gm
Ab
Fm
Bb

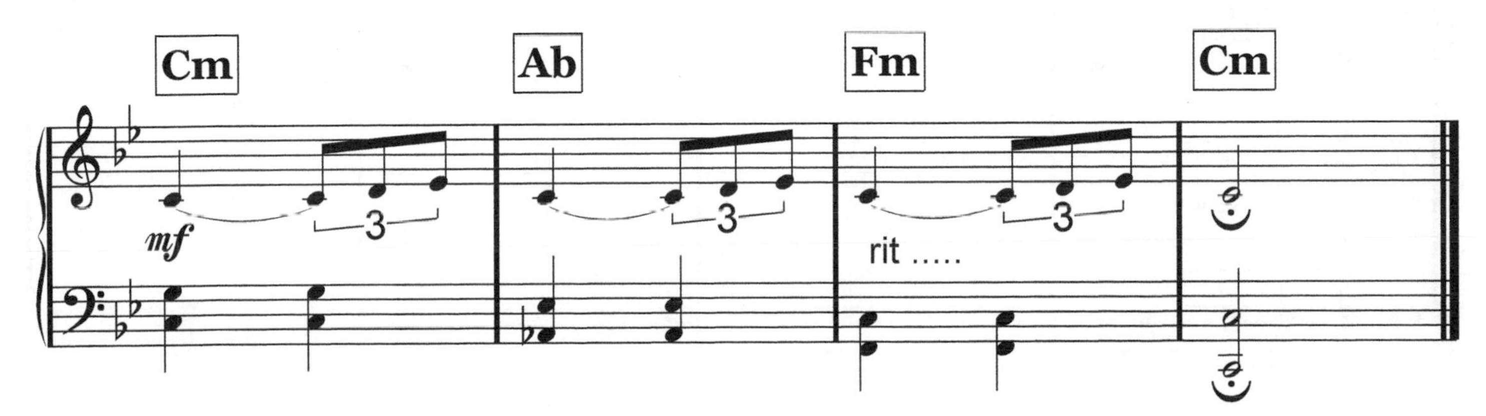
Cm
Ab
Fm
Cm
mf
3
3
3
rit .....

La Bella y la Bestia

BSO "La Bella y la Bestia"

Alan Menken (1991)

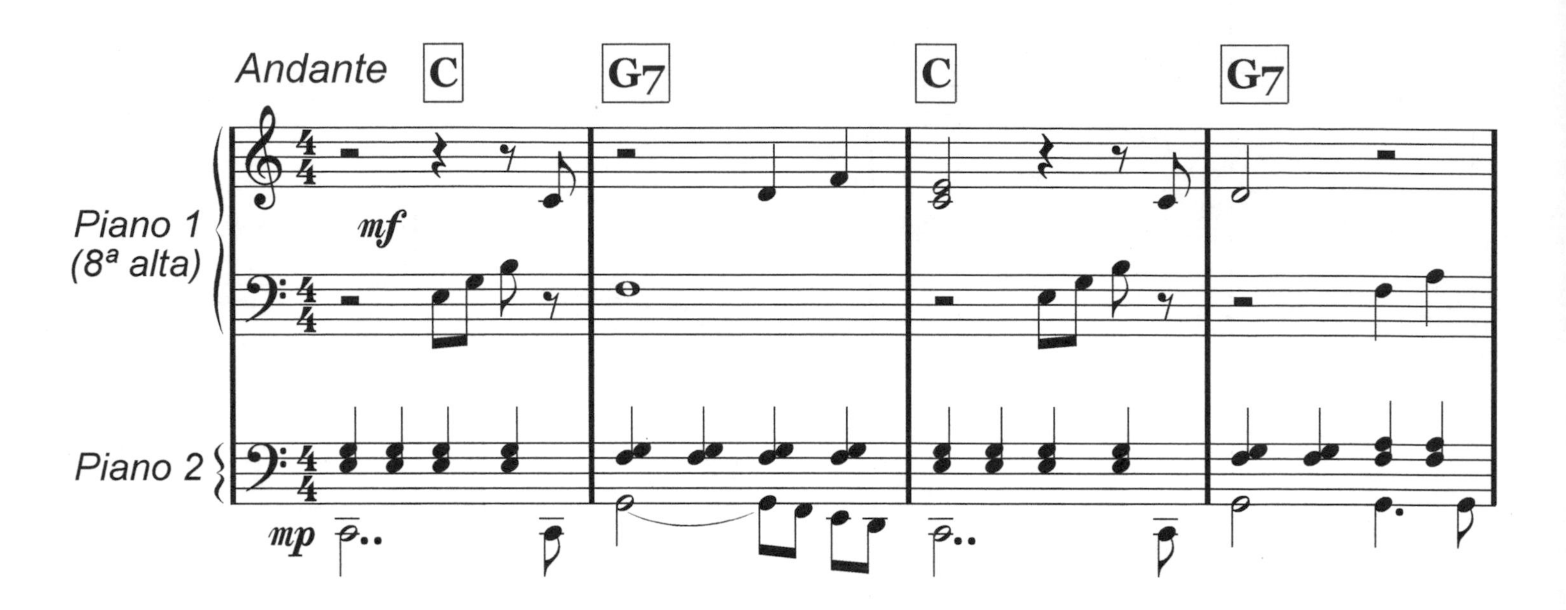

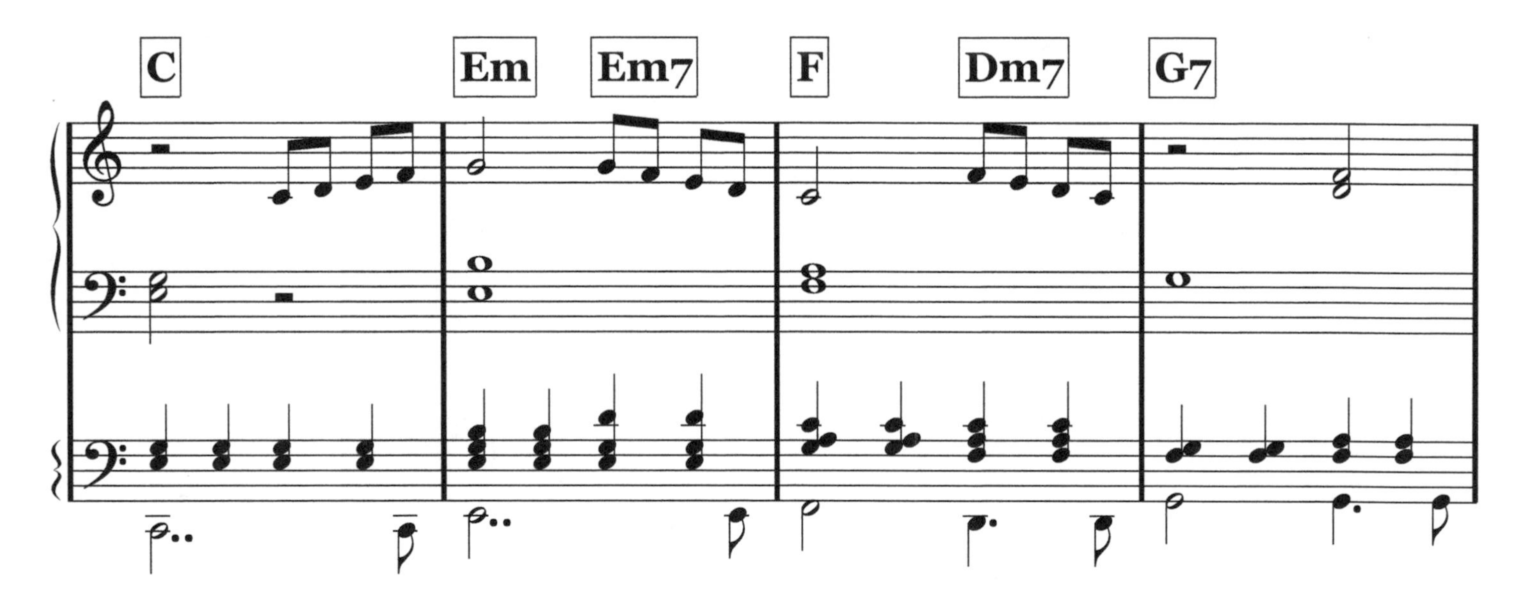

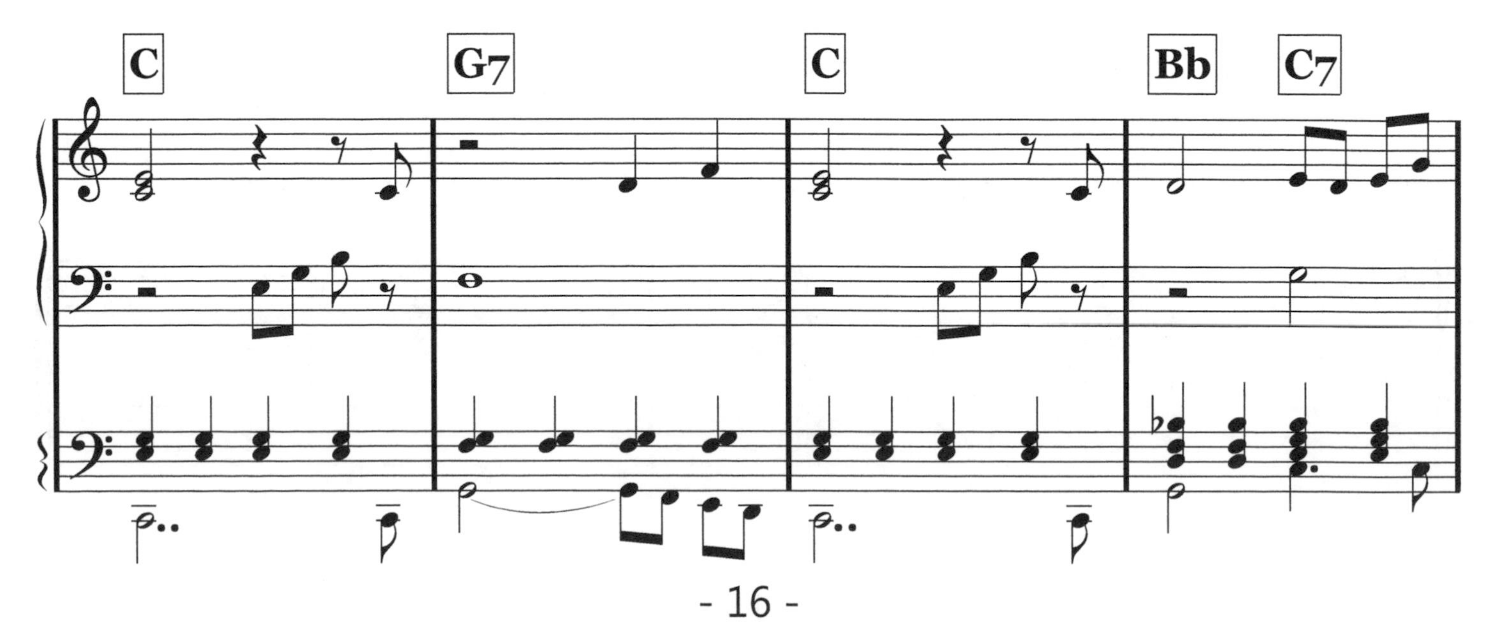

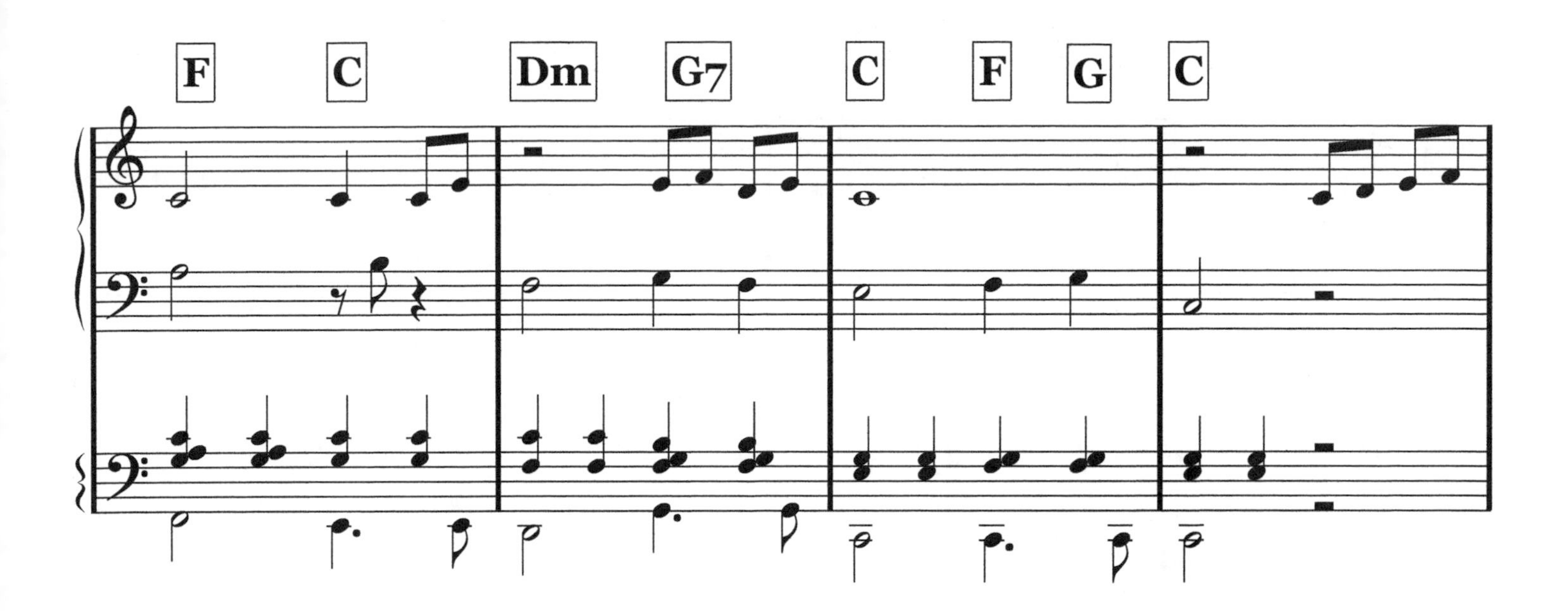
F
C
Dm
G7
C
F
G
C

Em
F
Em
F

Em
Am
Bb
G
C

G
C7
G
C7

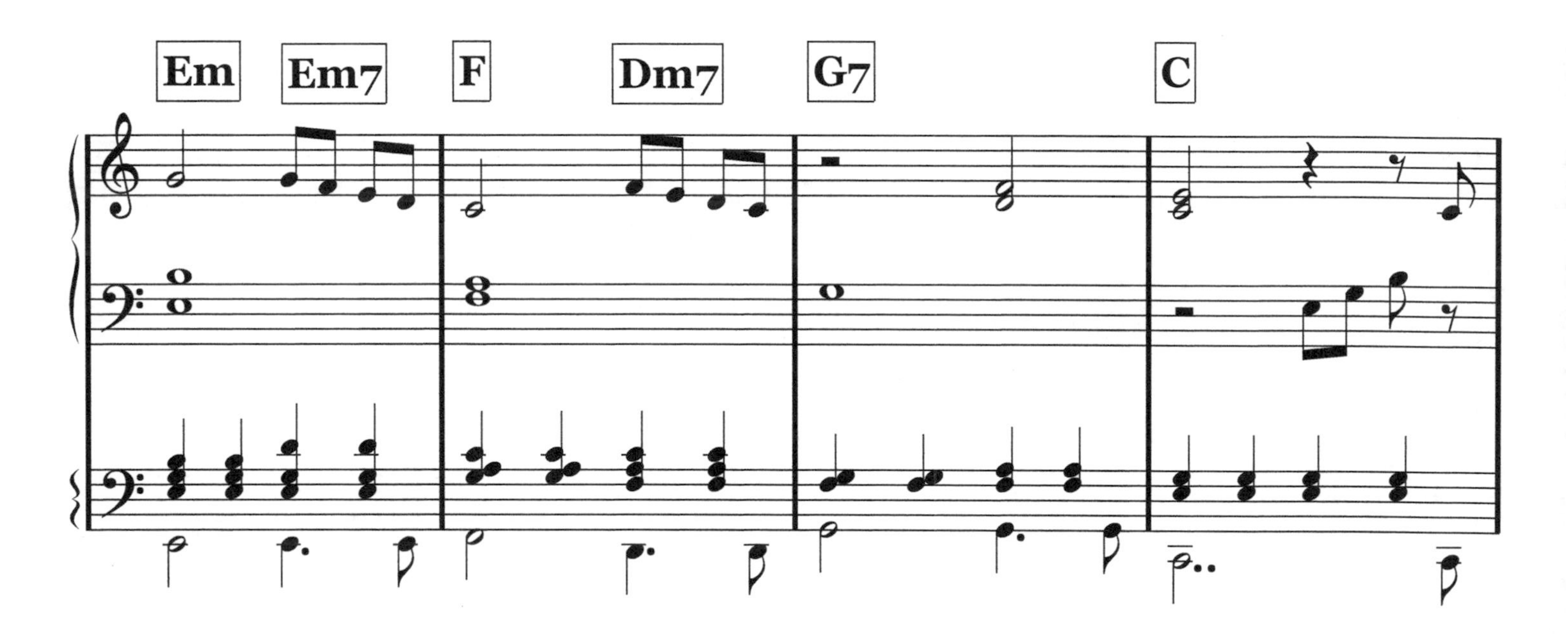
Em
Em7
F
Dm7
G7
C

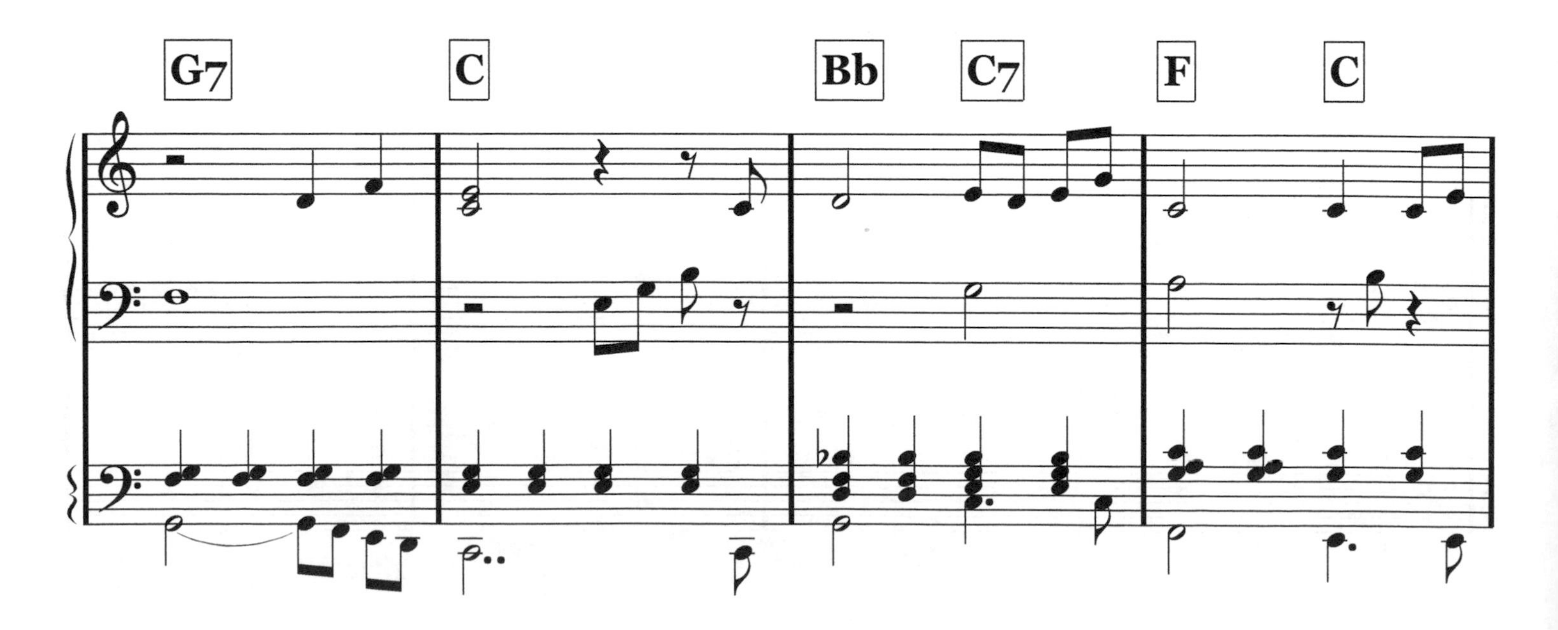
G7
C
Bb
C7
F
C

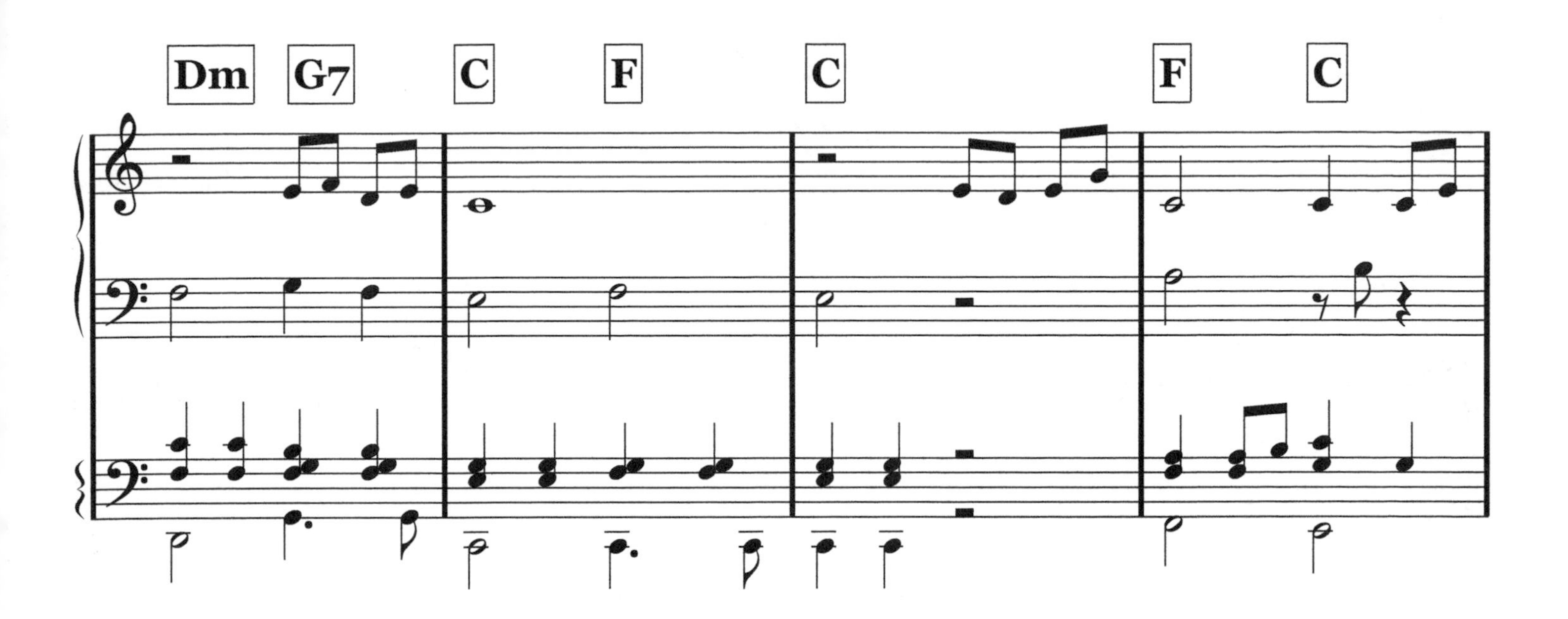
Dm
G7
C
F
C
F
C

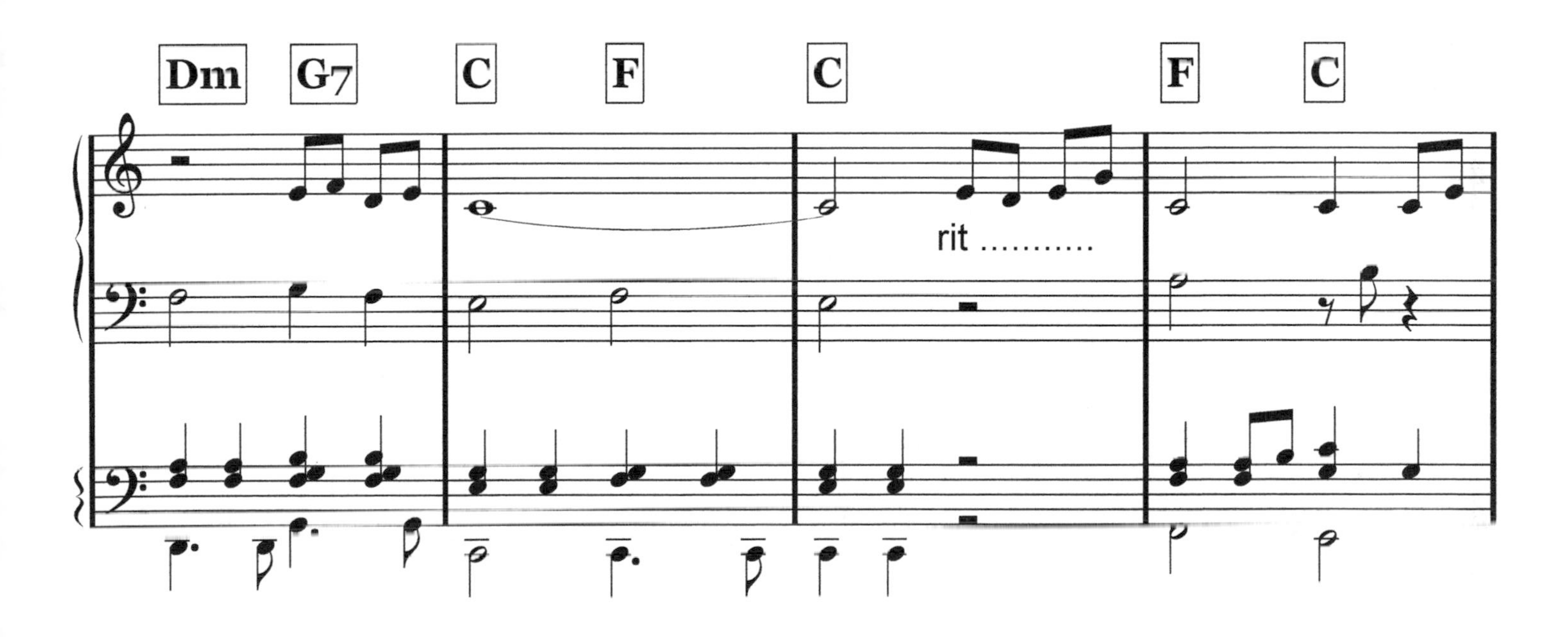
Dm
G7
C
F
C
F
C
rit ....

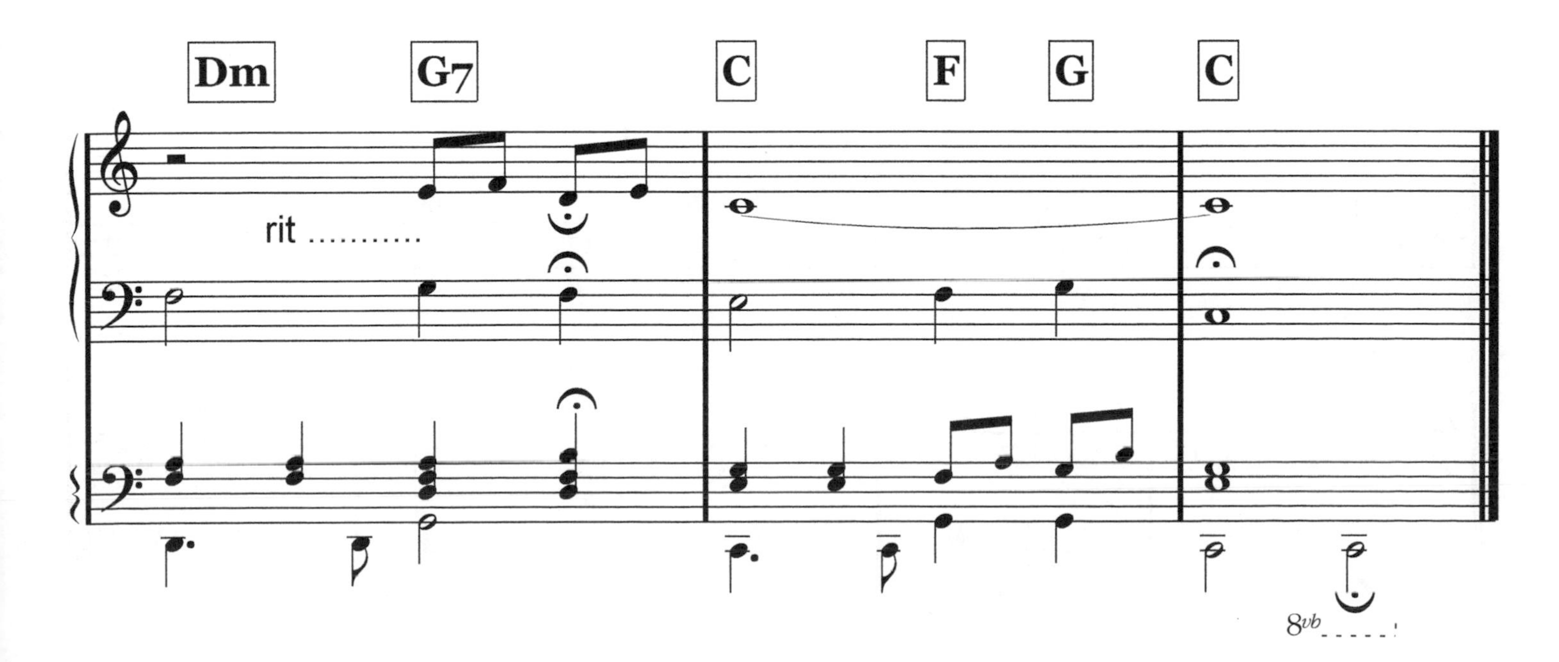
Dm
G7
C
F
G
C
rit ....
8vb

Married Life

BSO "Up"

Michael Giacchino (2009)

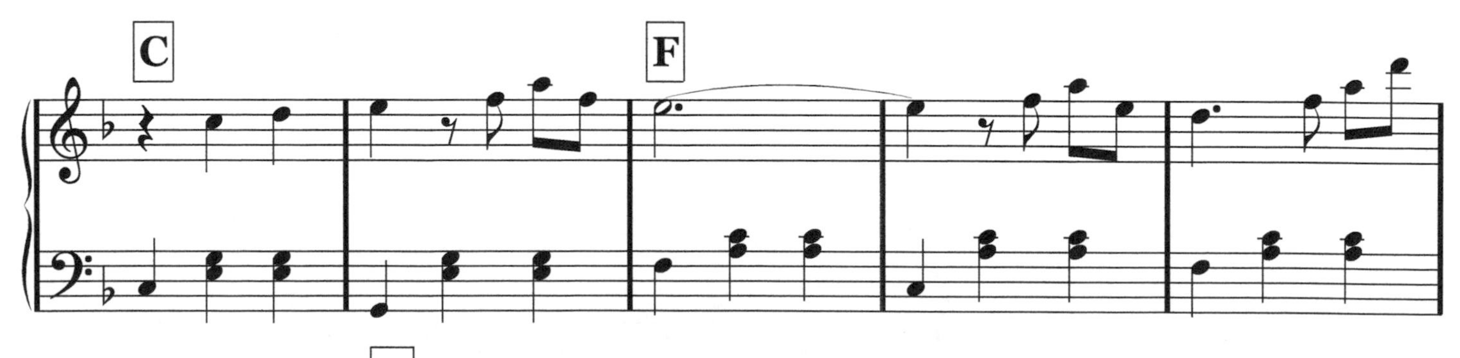

C7
F

C
C7
f

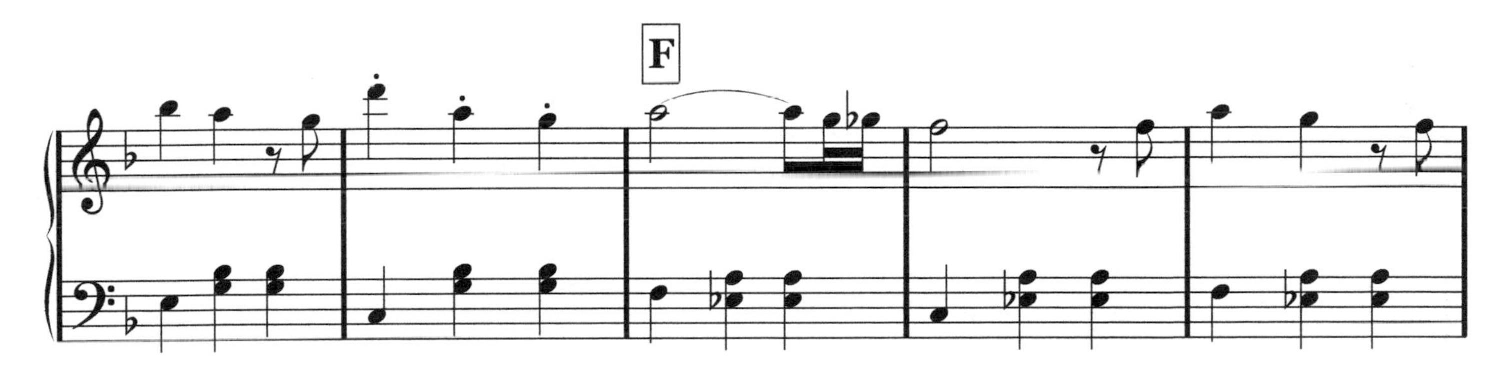
F

D
G

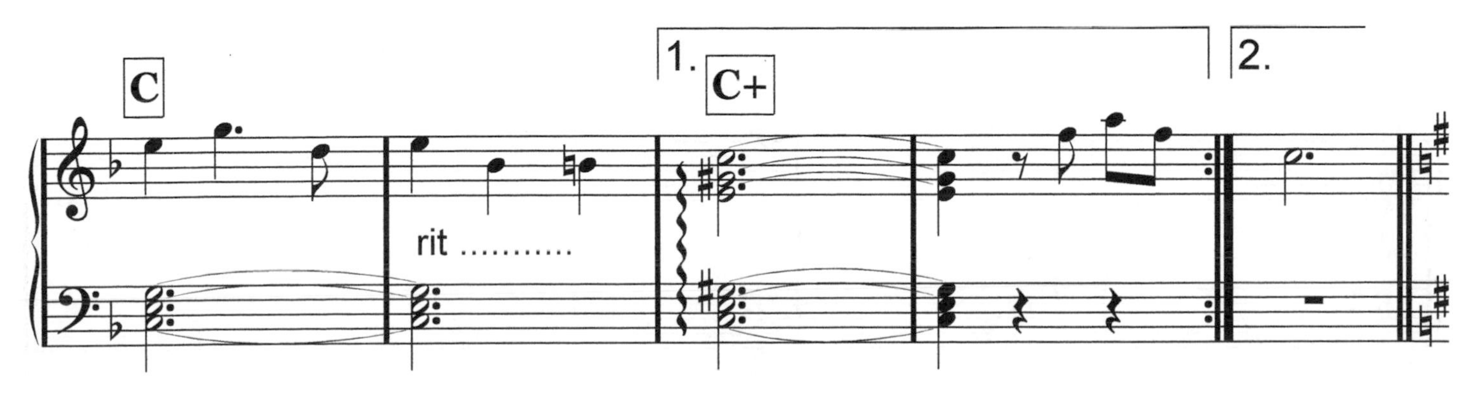
C
1.
C+
2.
rit ....

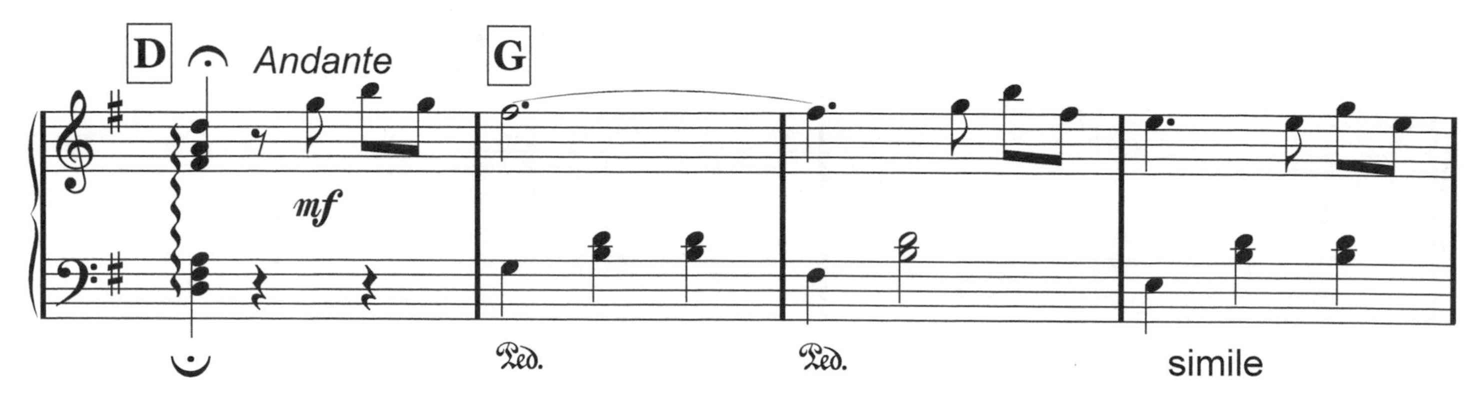
D
Andante
G
mf
Ped.
Ped.
simile

A

D

G
D

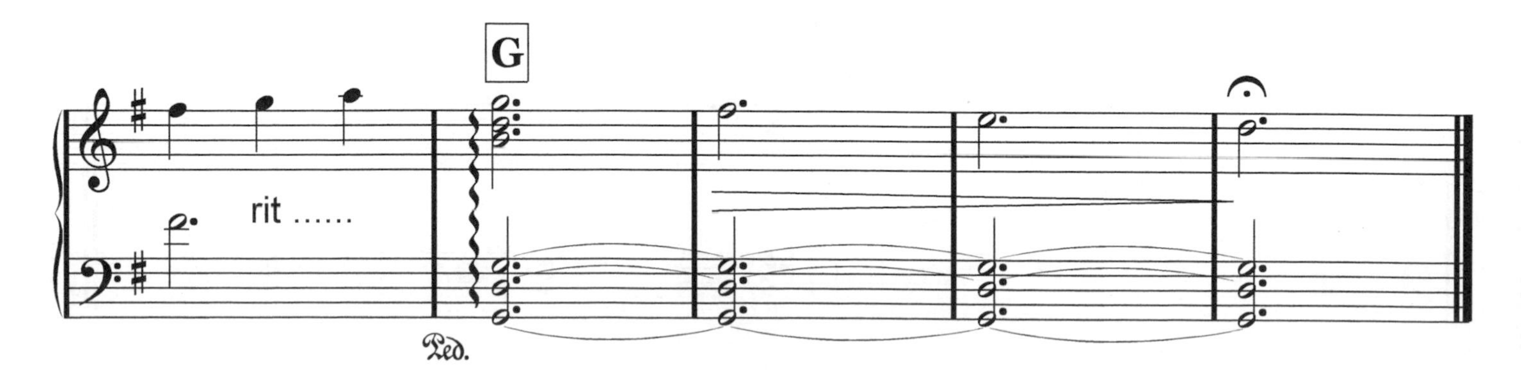
G
rit ......
Ped.

Hazme un muñeco de nieve

BSO "Frozen"

R. Lopez - K. A-Lopez (2013)

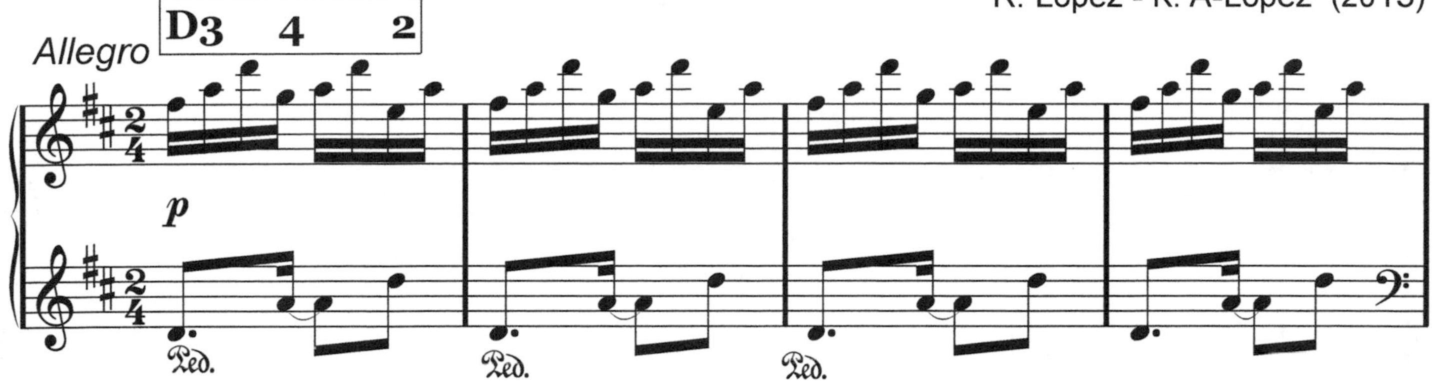

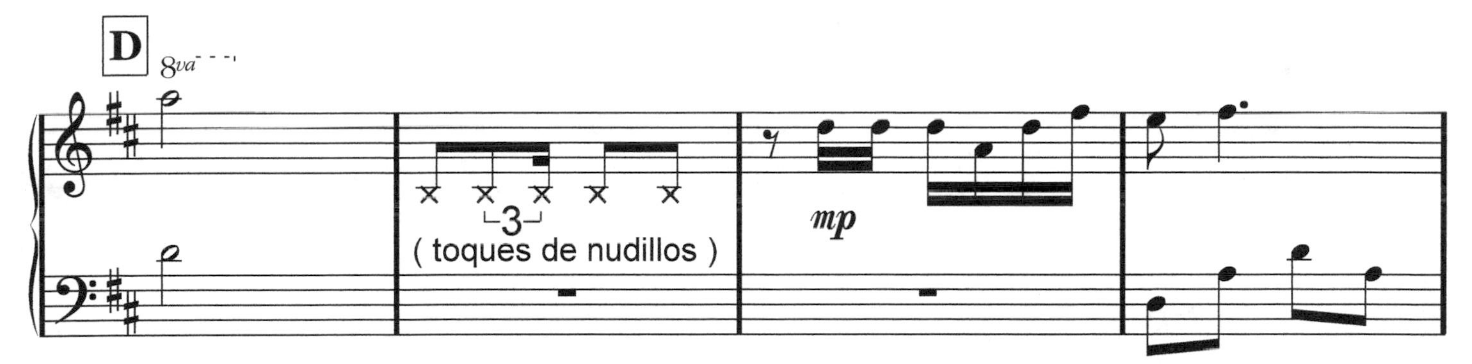

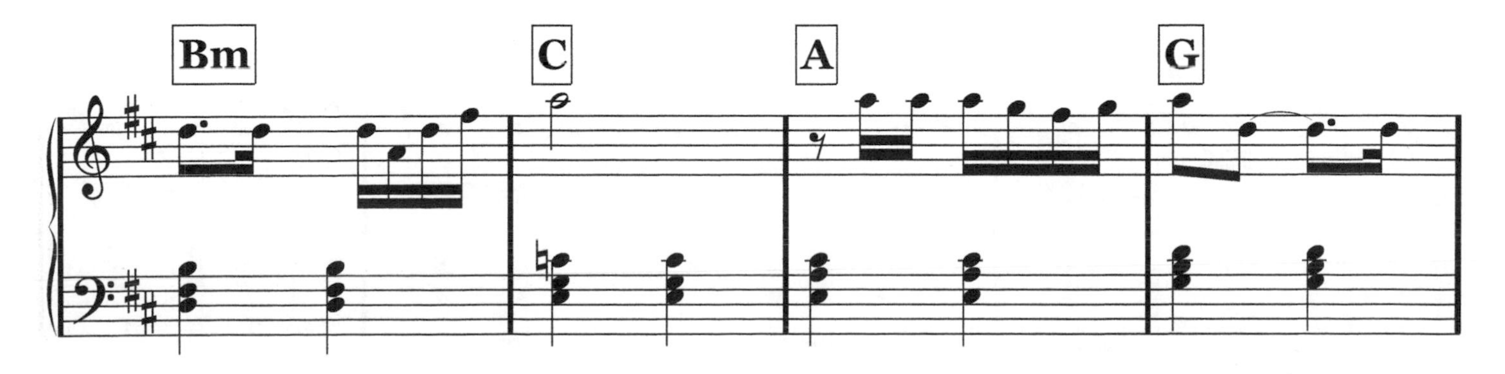

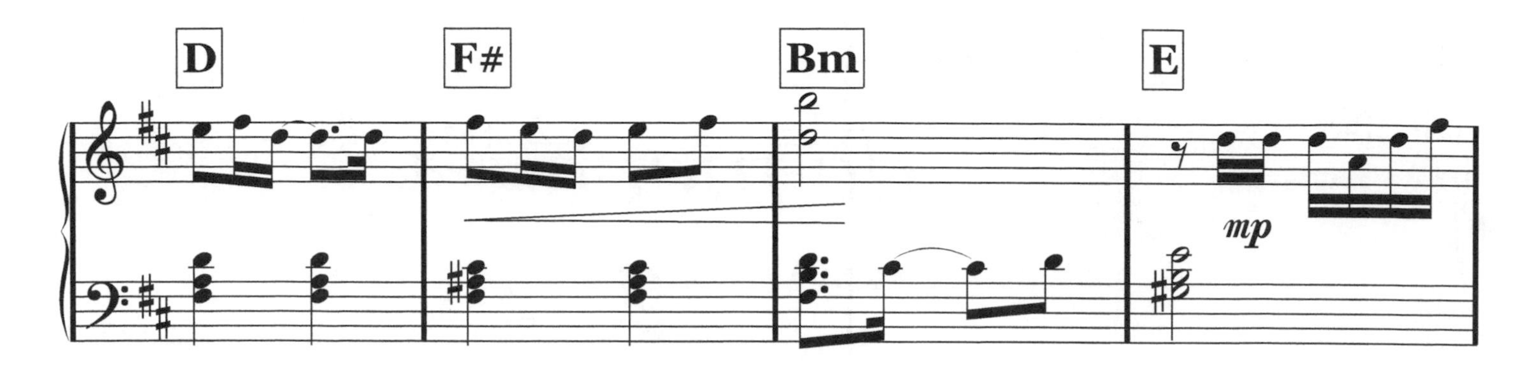
D
F#
Bm
E
mp

Em
Gm

D3 4 2

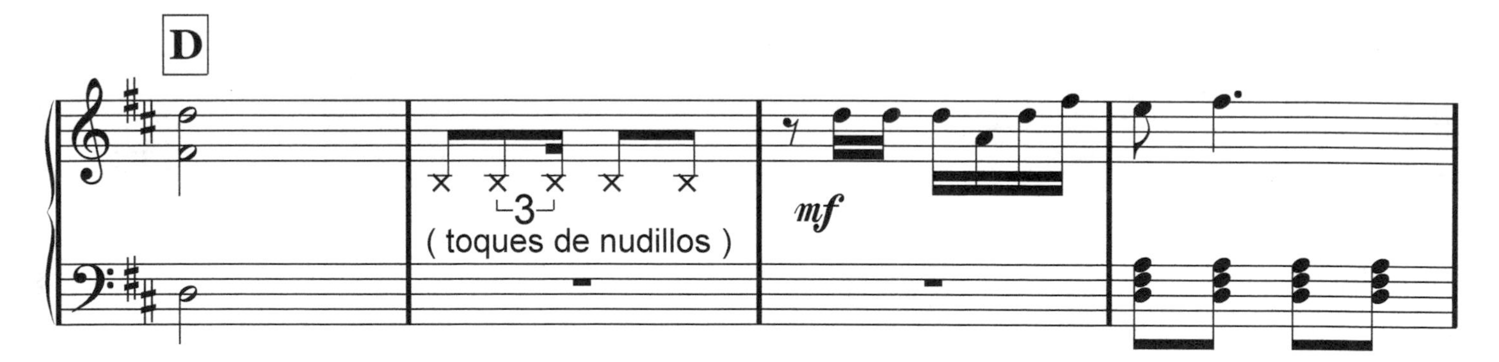
D
3
(toques de nudillos)
mf

A
G

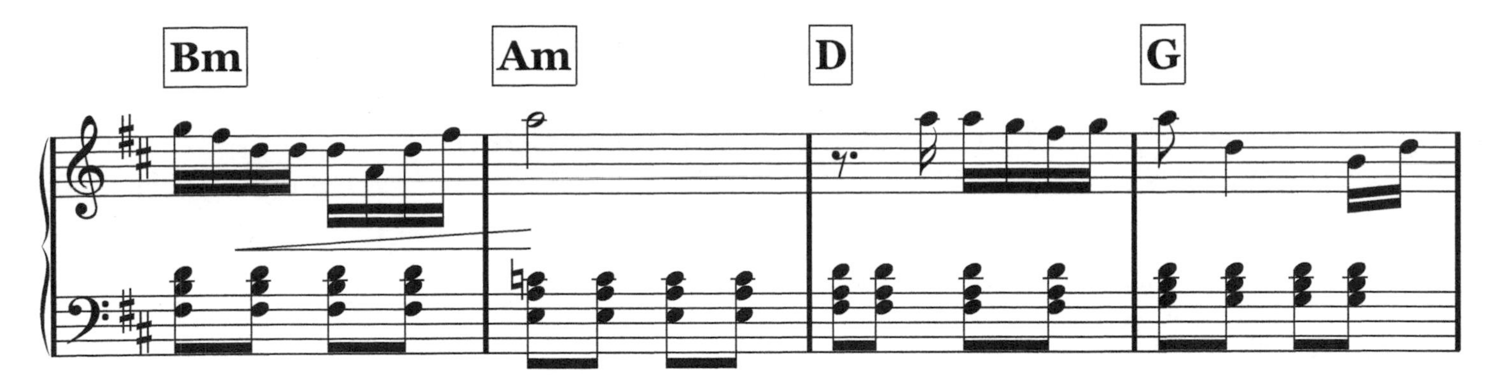
Bm
Am
D
G

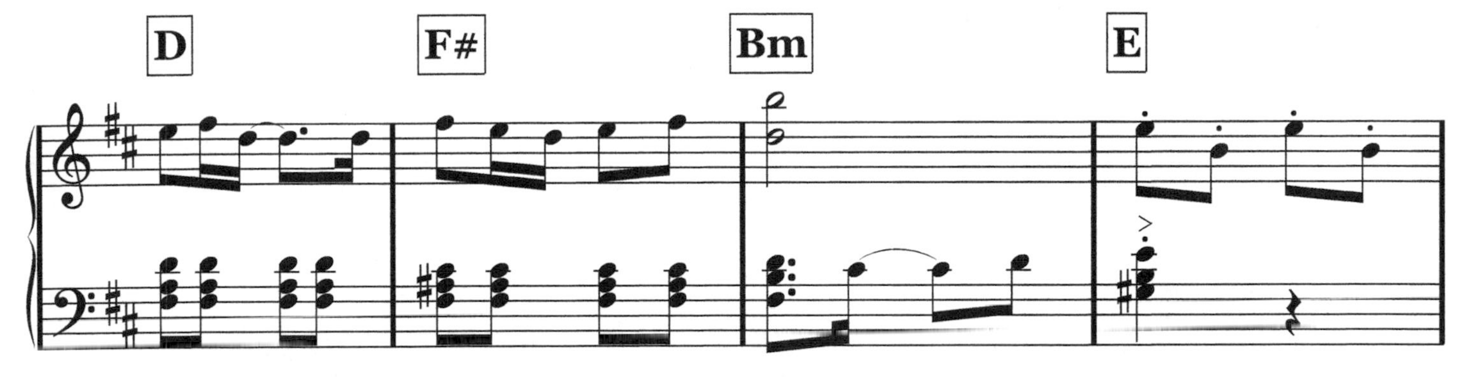
D
F#
Bm
E

D
p
G
8va

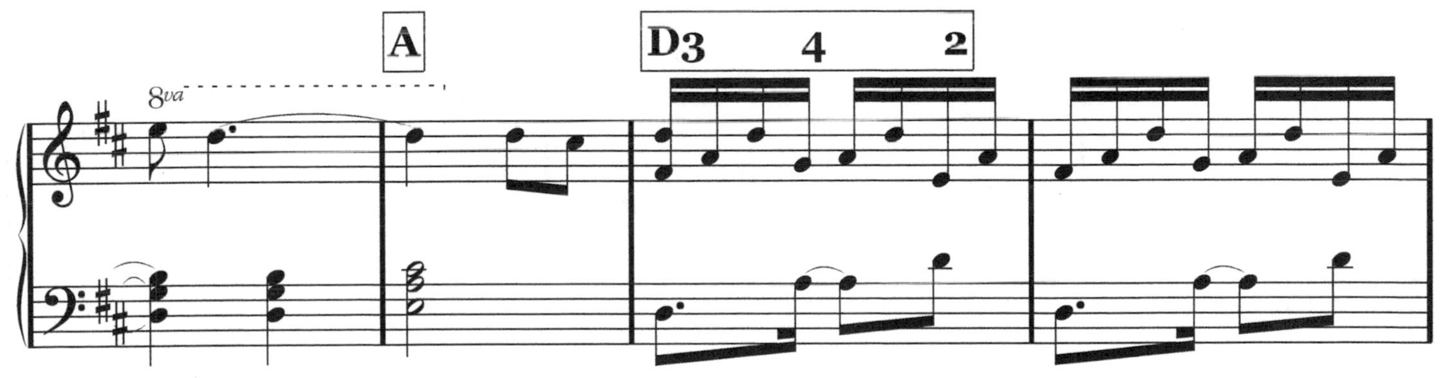
8va
A
D3 4 2

rit .....
D

Cerf-volant

BSO "Los chicos del coro"

Bruno Coulais (2004)

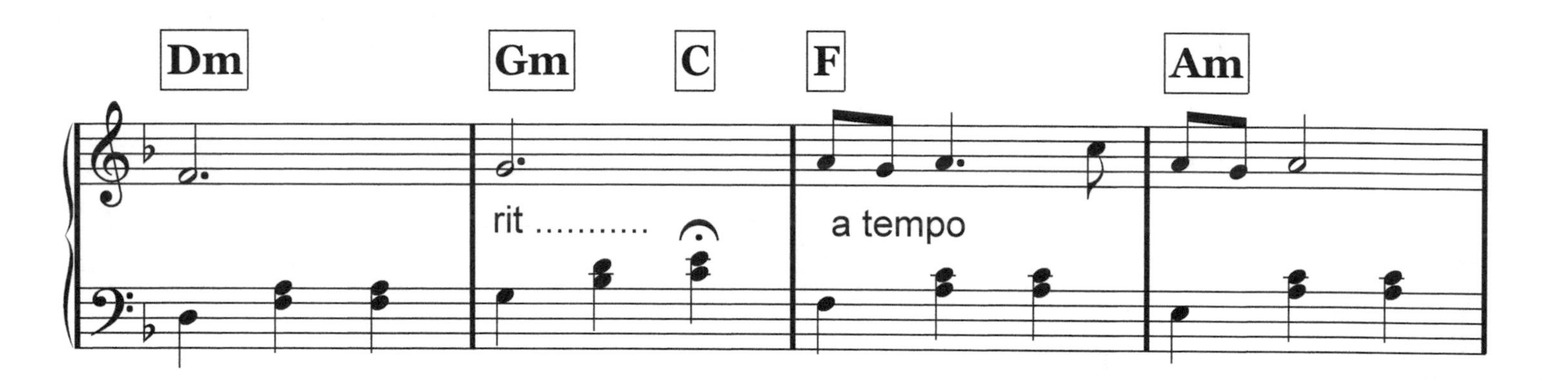

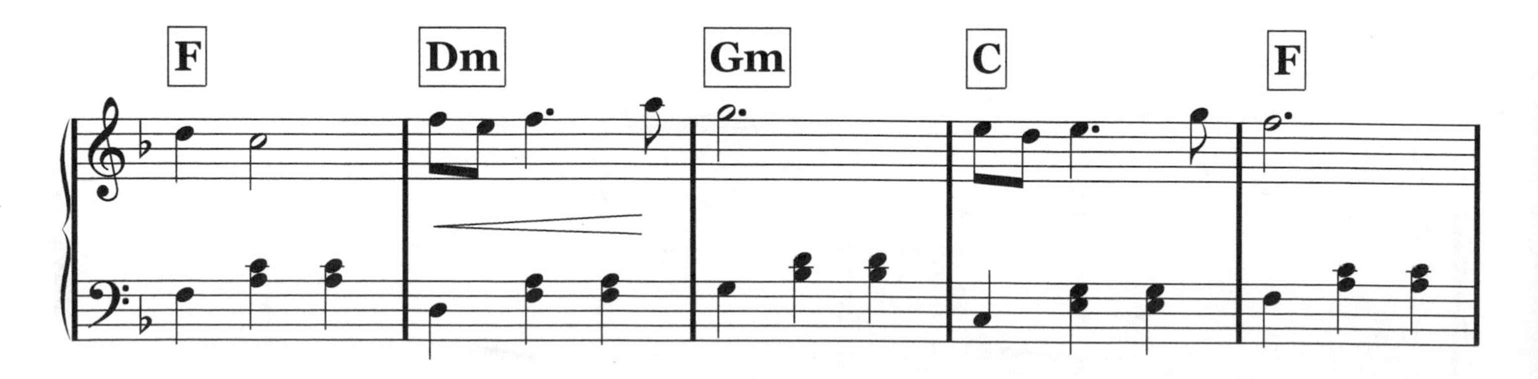

Bb
Am
Bb
C

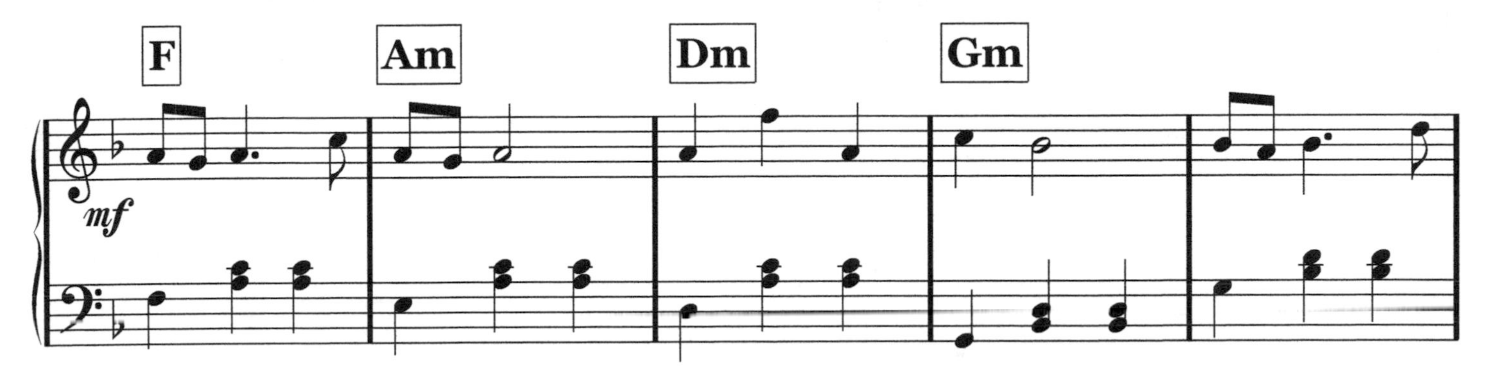
F
Am
Dm
Gm
mf

Bbm
C
F
Bb
C

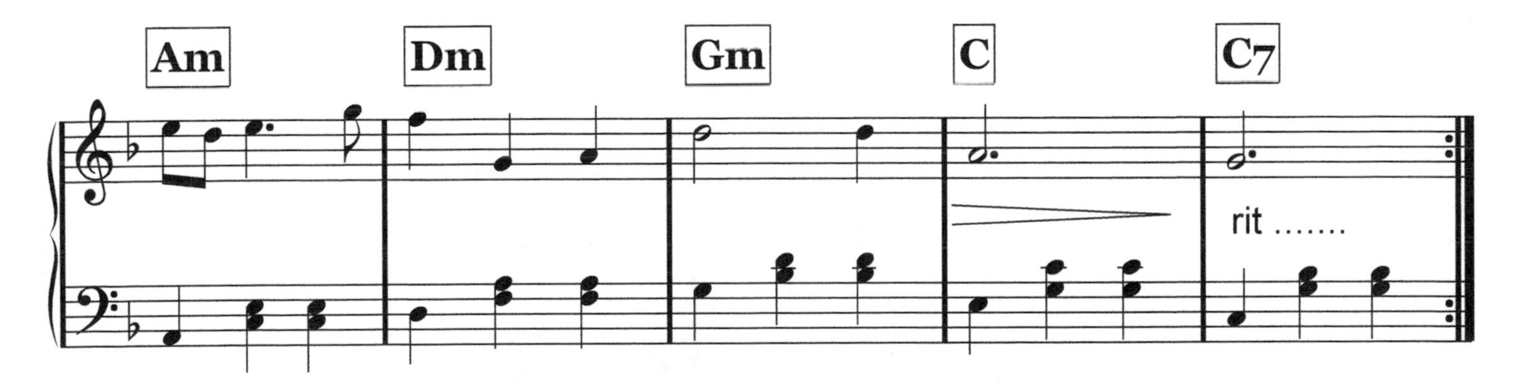
Am
Dm
Gm
C
C7
rit ....

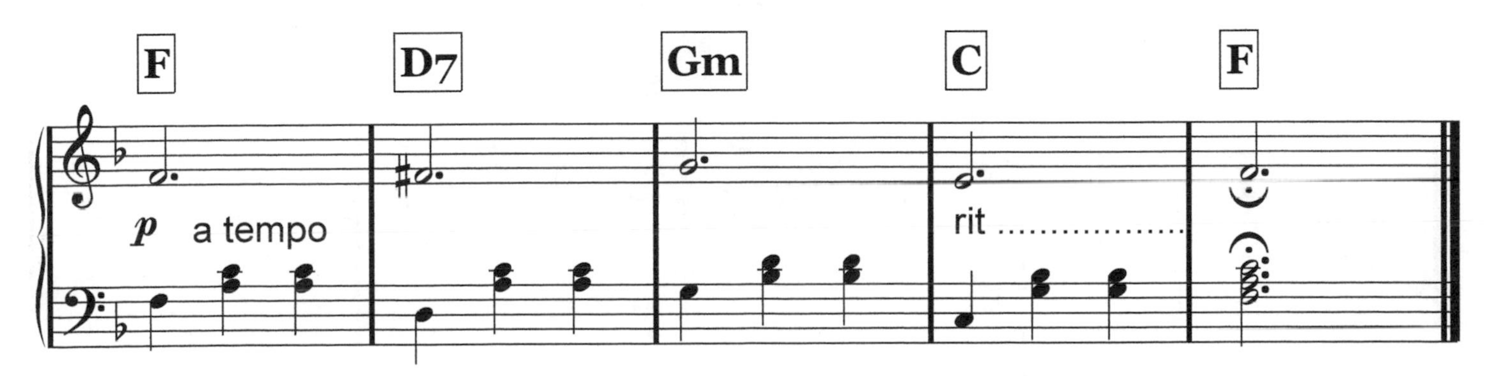
F
D7
Gm
C
F
p
a tempo
rit ....

Piratas del Caribe

BSO "Piratas del Caribe: la maldición de la Perla Negra"

Klaus Badelt (2003)

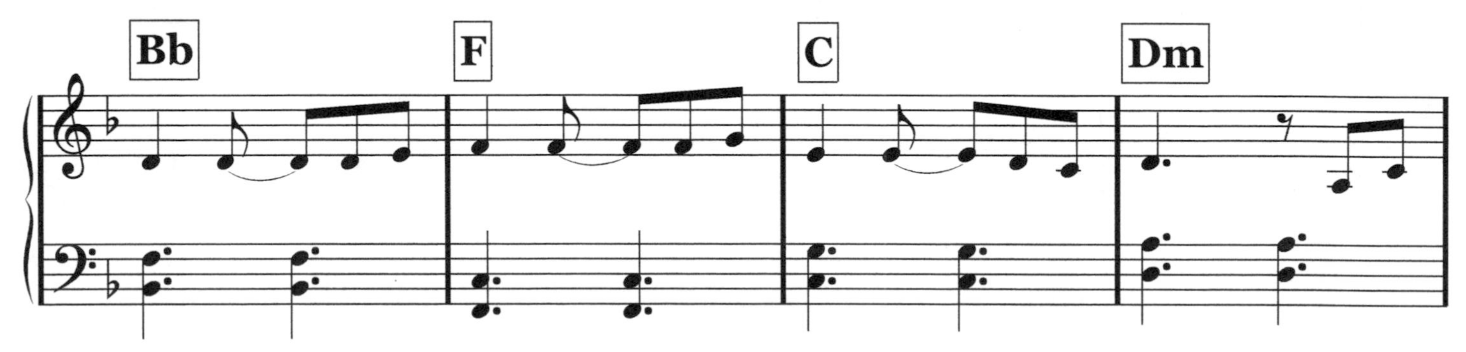

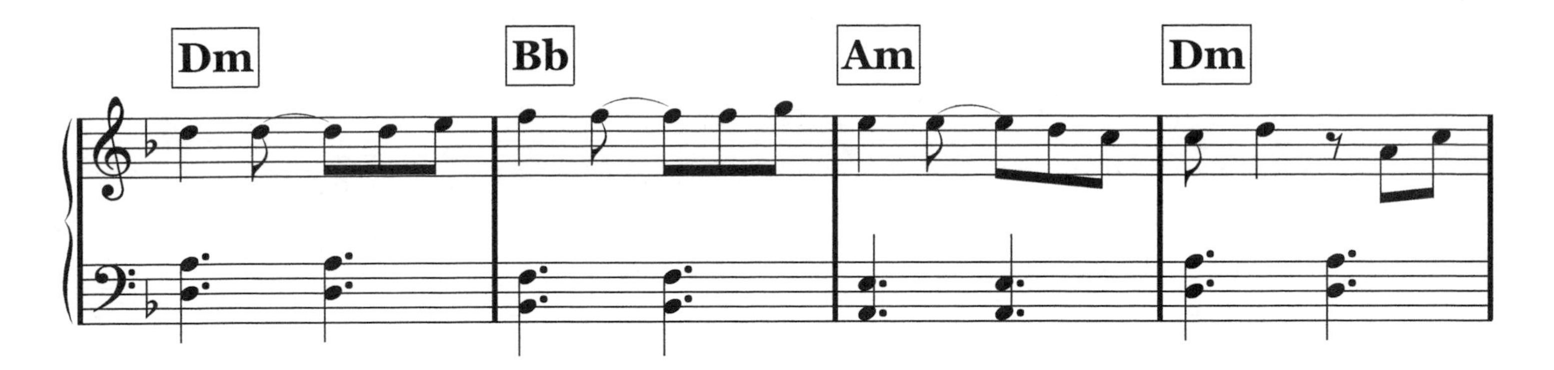
Dm
Bb
Am
Dm

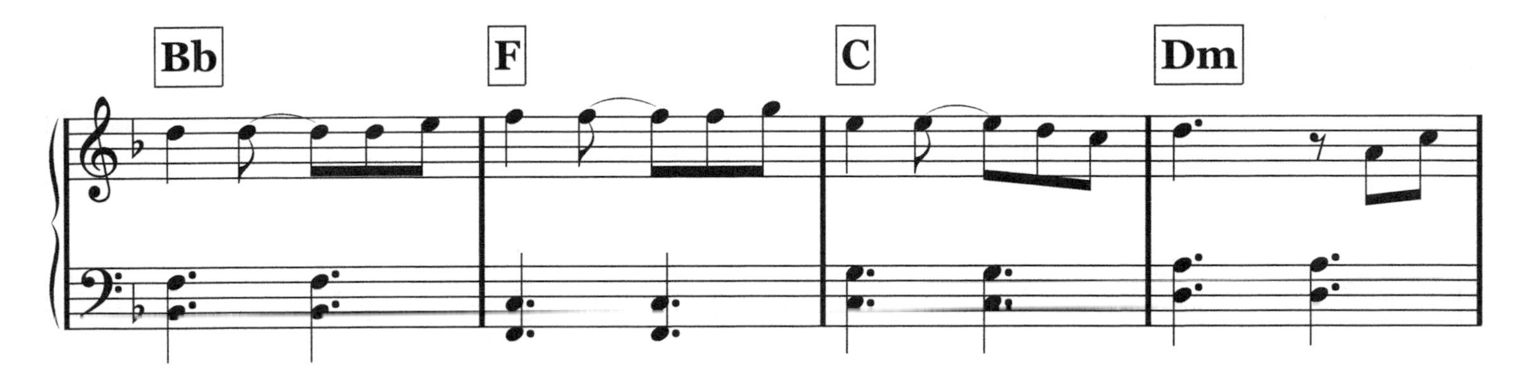
Bb
F
C
Dm

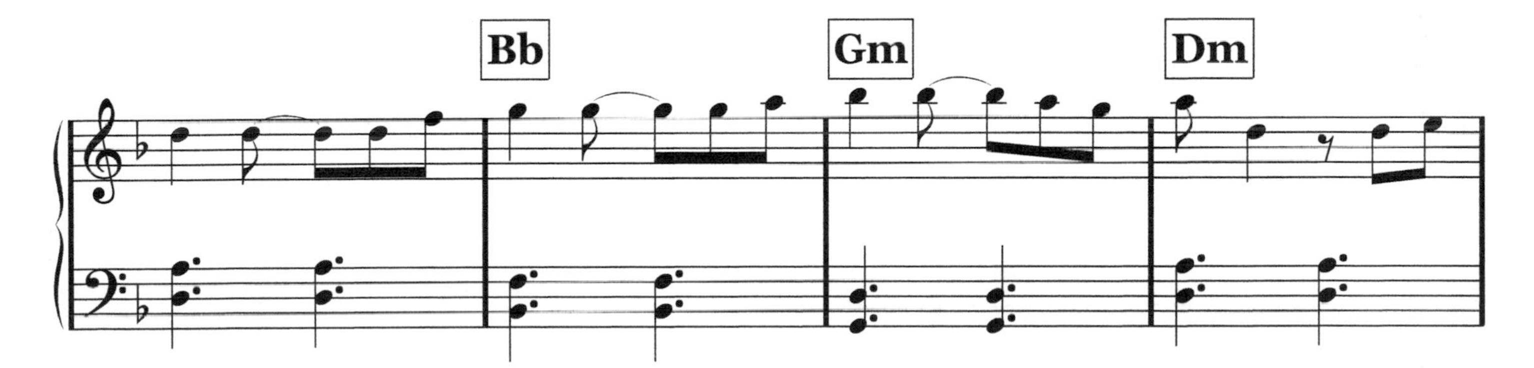
Bb
Gm
Dm

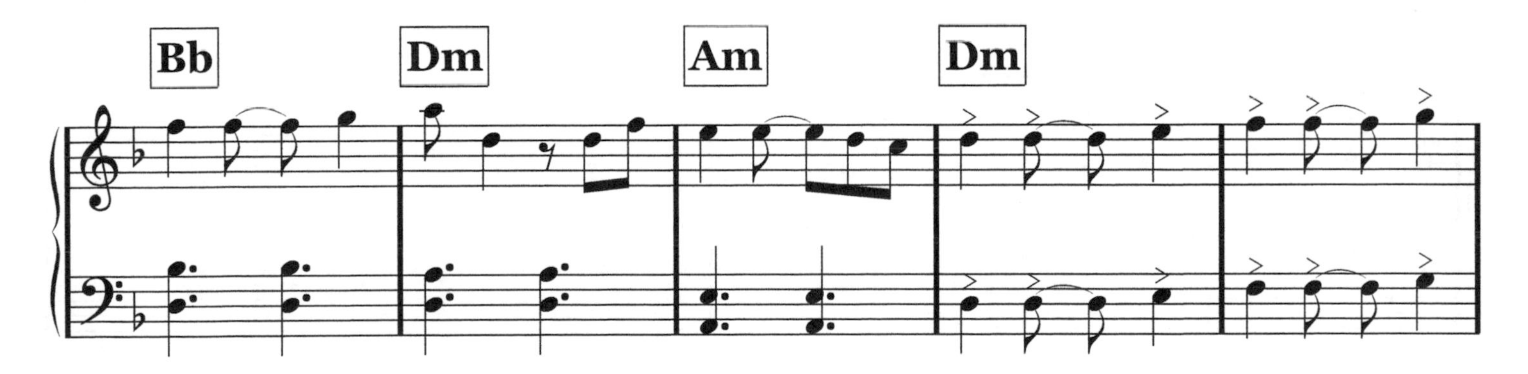
Bb
Dm
Am
Dm

Bb
A
mf

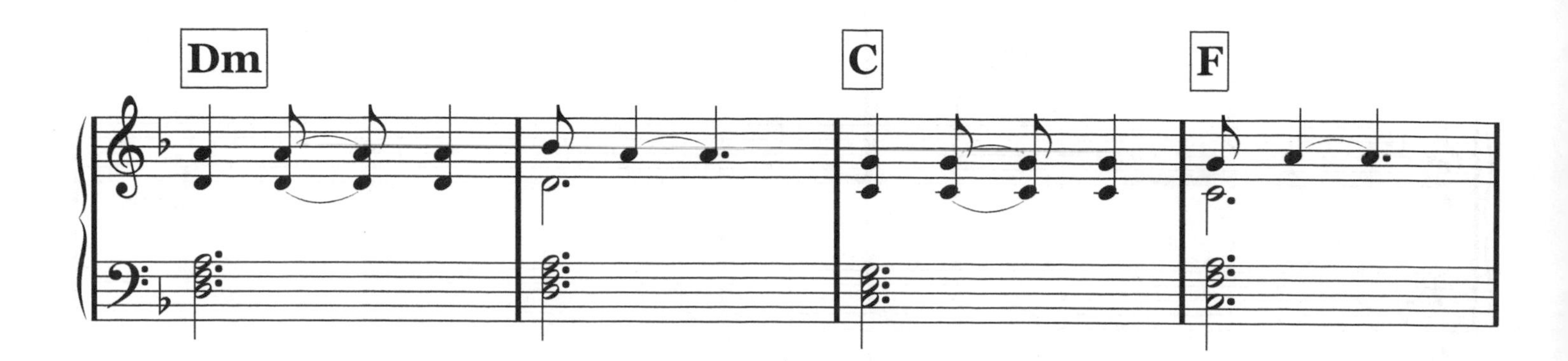
Dm
C
F

Dm
Am
Dm

F
C
F
C

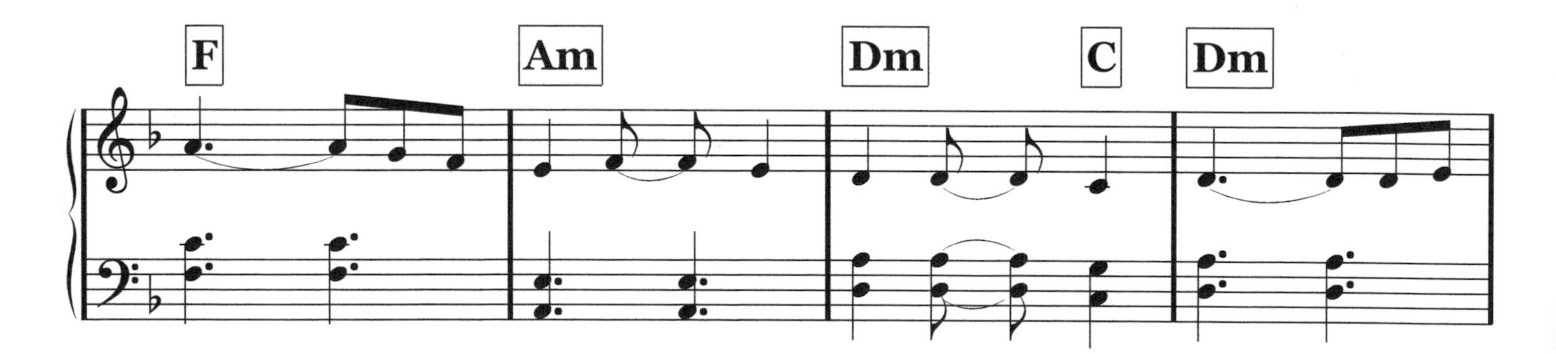
F
Am
Dm
C
Dm

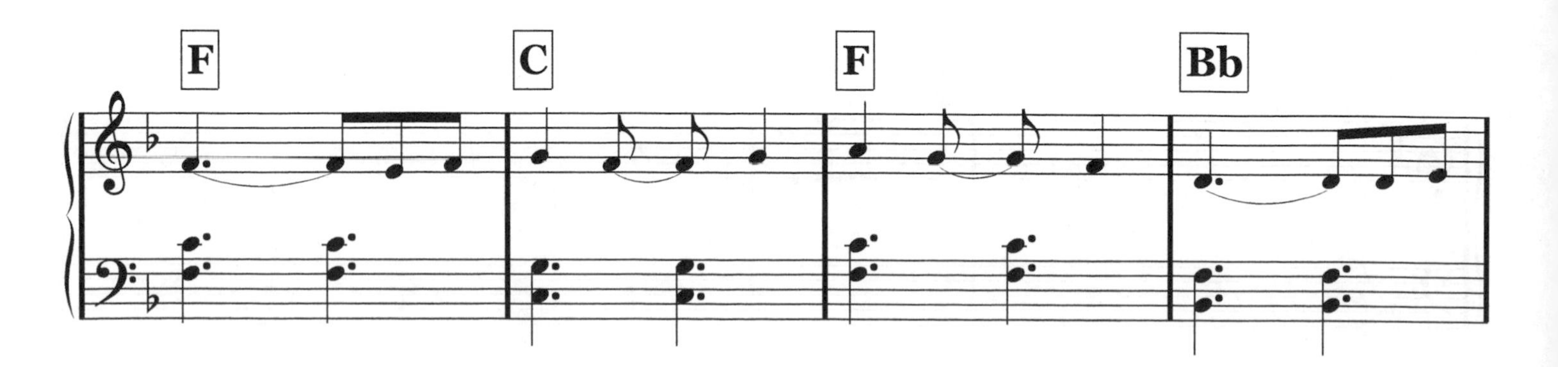
F
C
F
Bb

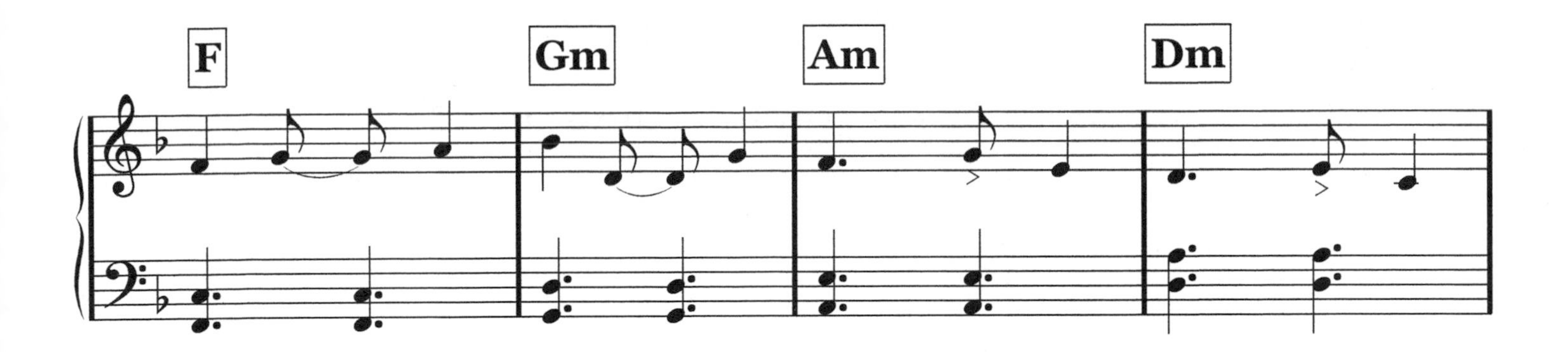
F
Gm
Am
Dm

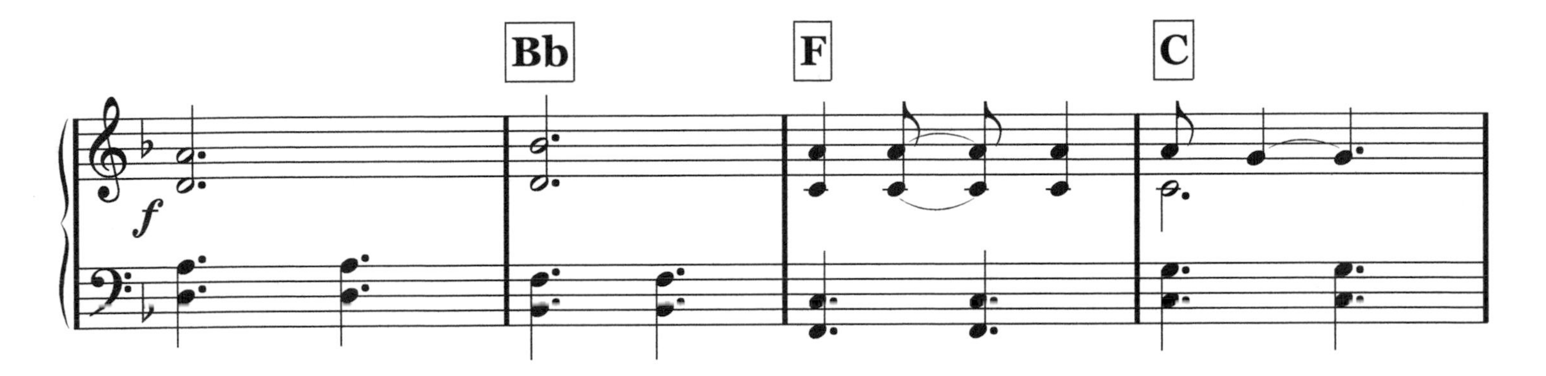
Bb
F
C
f

Gm
Dm
Am
Dm

Bb
F
C

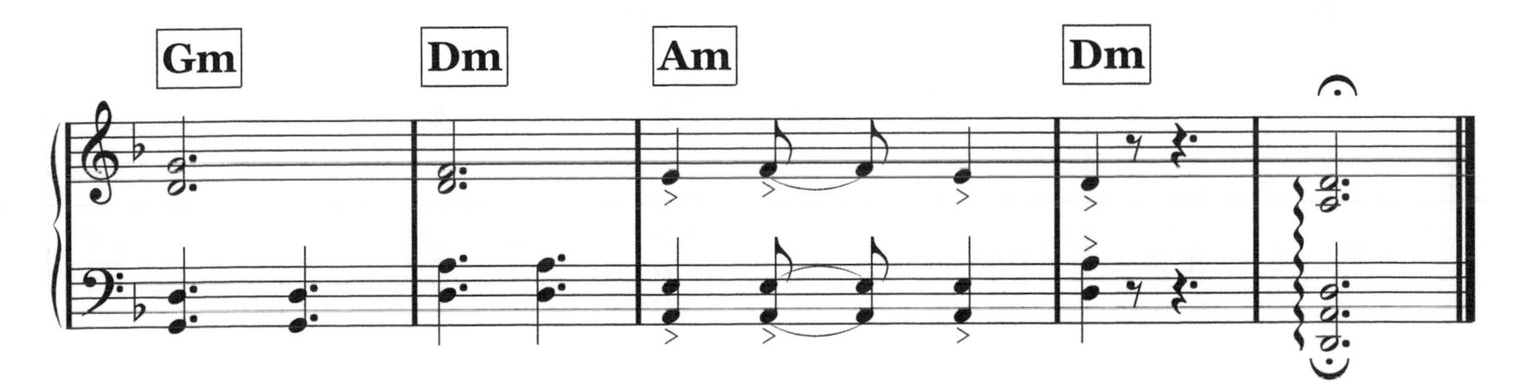
Gm
Dm
Am
Dm

Moon River

BSO "Desayuno con diamantes"

Henry Mancini (1961)

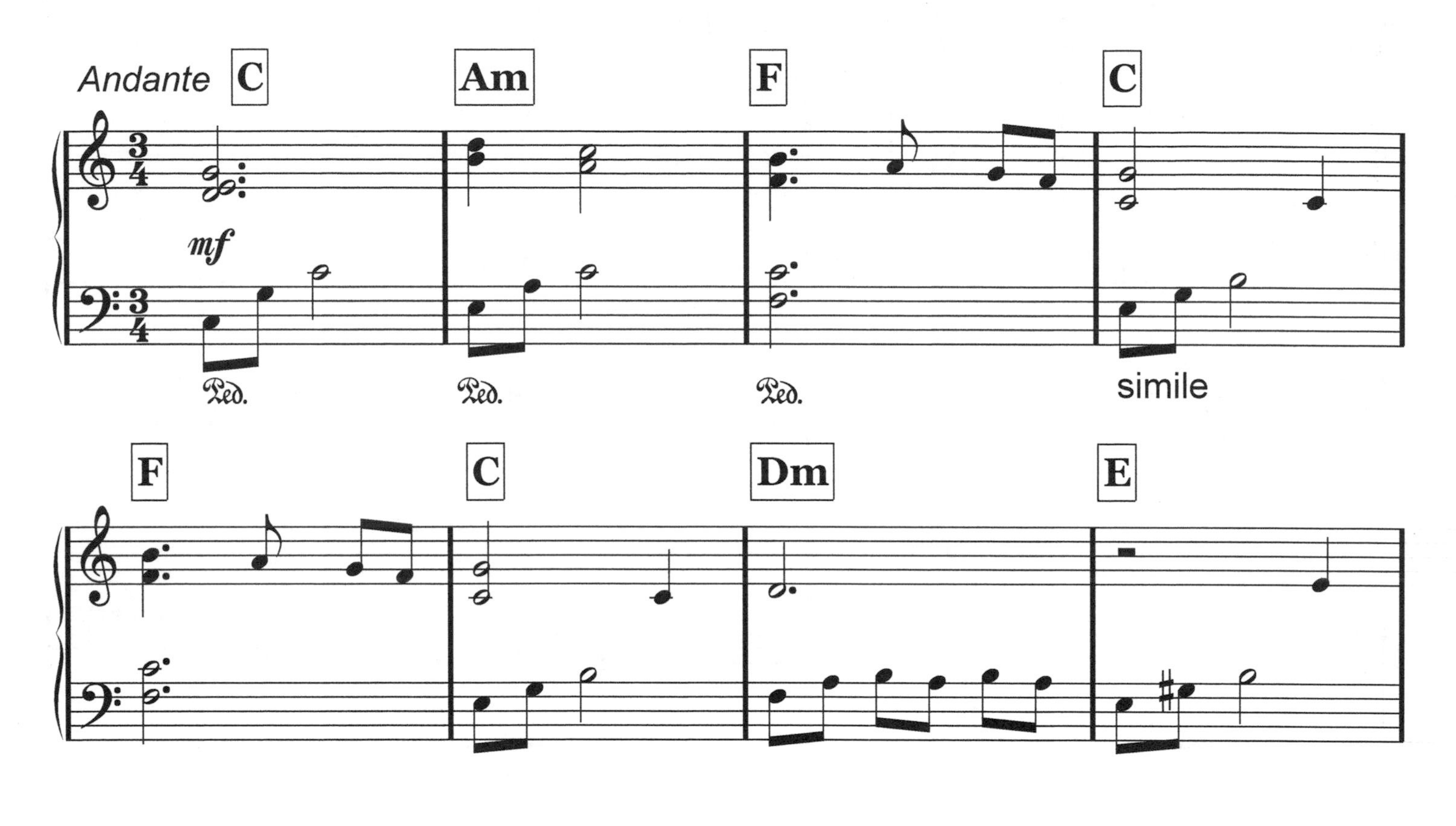

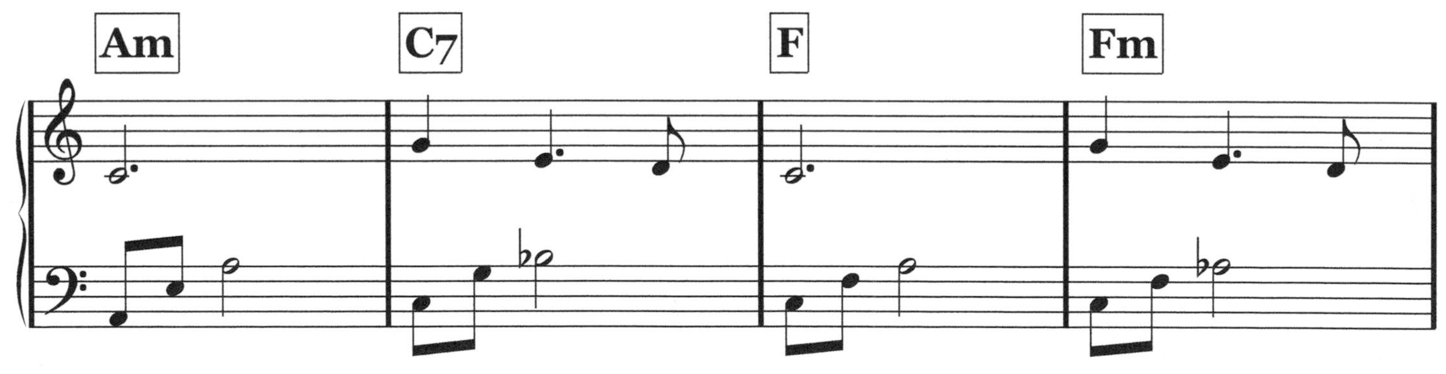

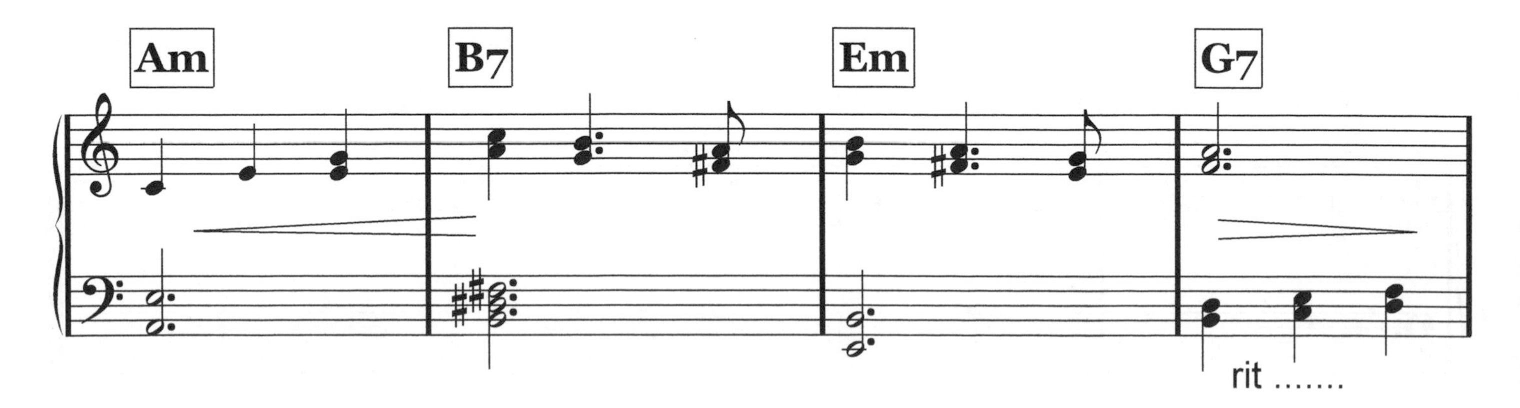

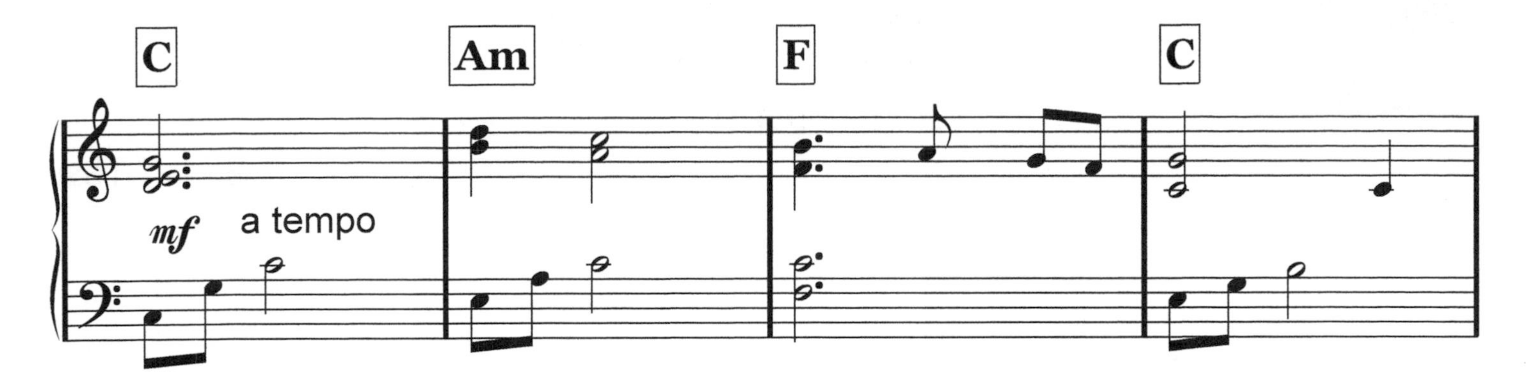
C
Am
F
C
mf
a tempo

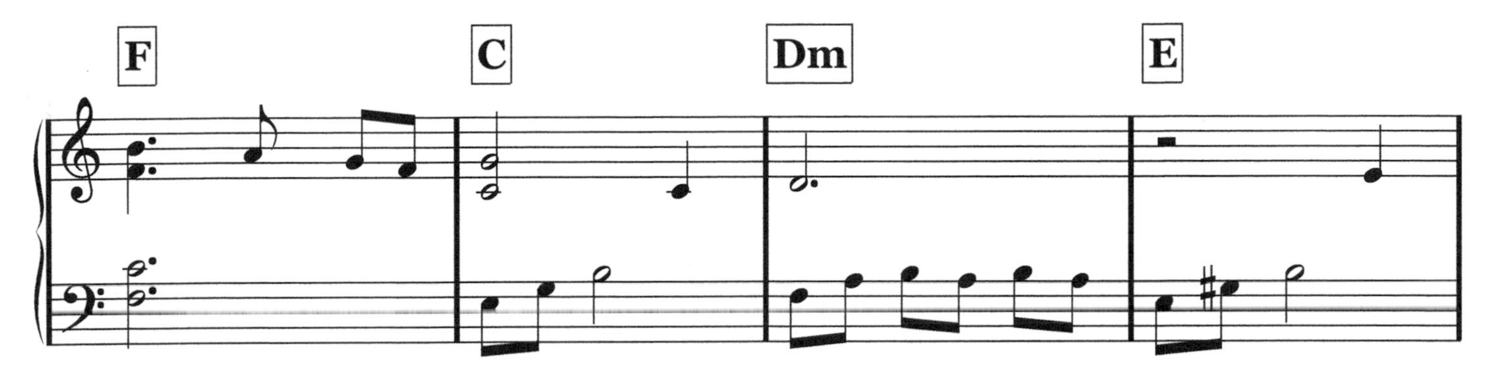
F
C
Dm
E

Am
C
D7
F
f

Em
F
Em
F
mp

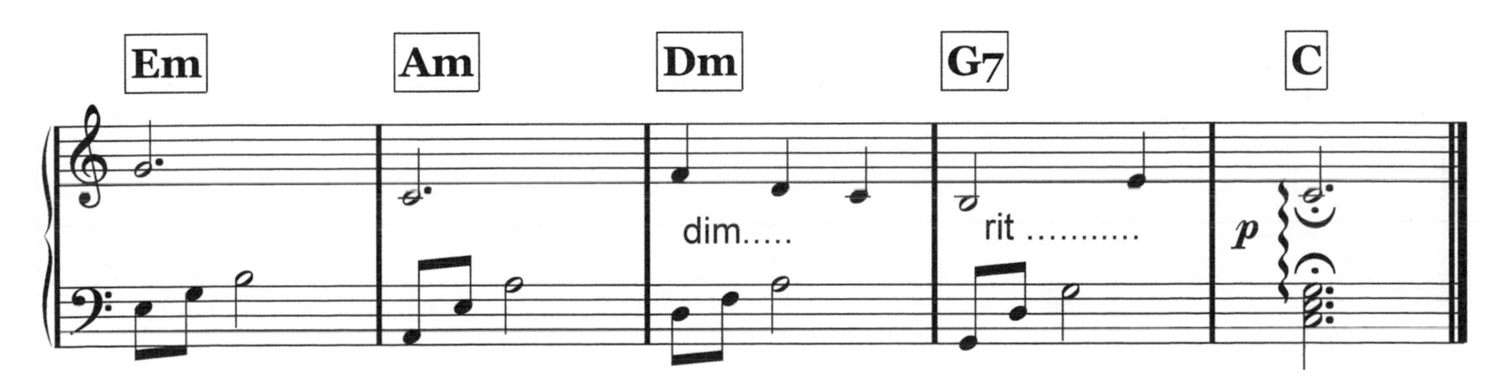
Em
Am
Dm
G7
C
dim.....
rit ....
p

La Pantera Rosa

BSO "La Pantera Rosa"

Henry Mancini (1963)

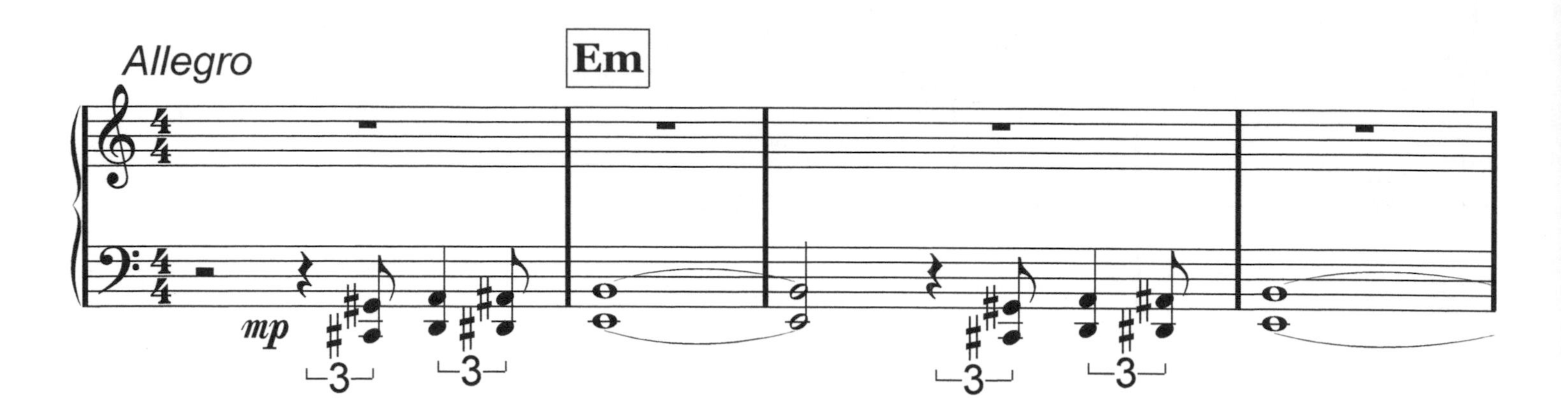

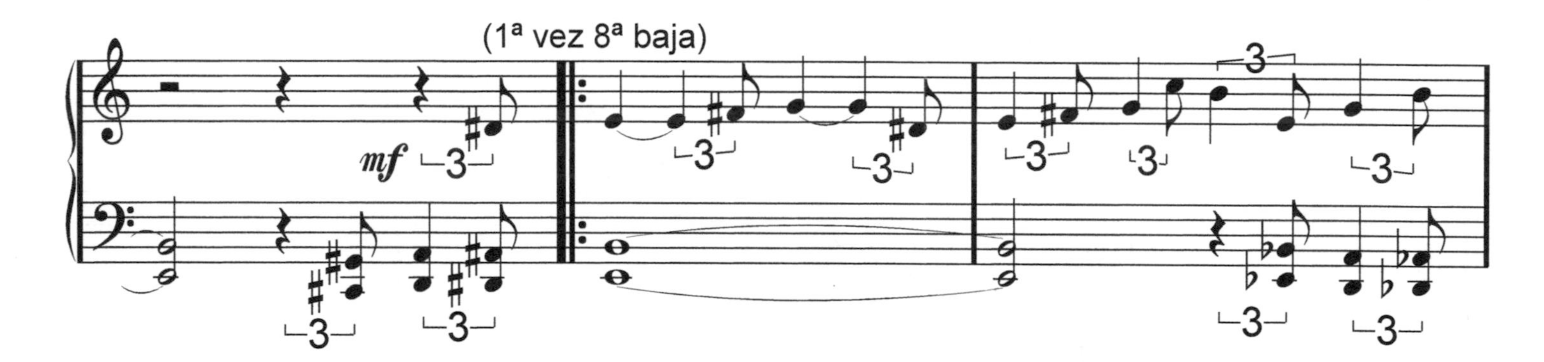

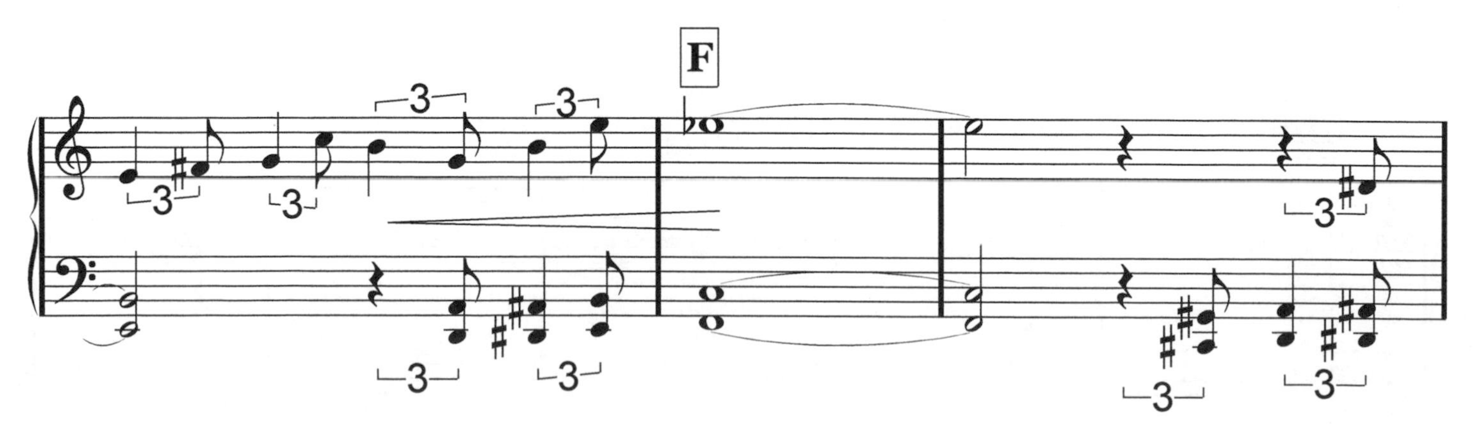

Em
3
3
3
3
3
3
3

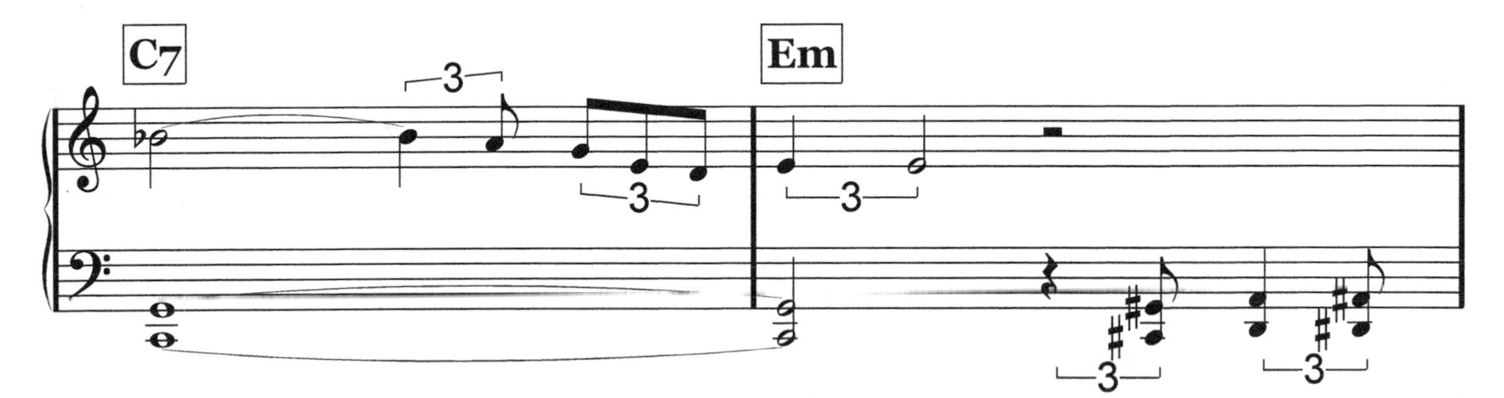
C7
Em
3
3
3
3
3

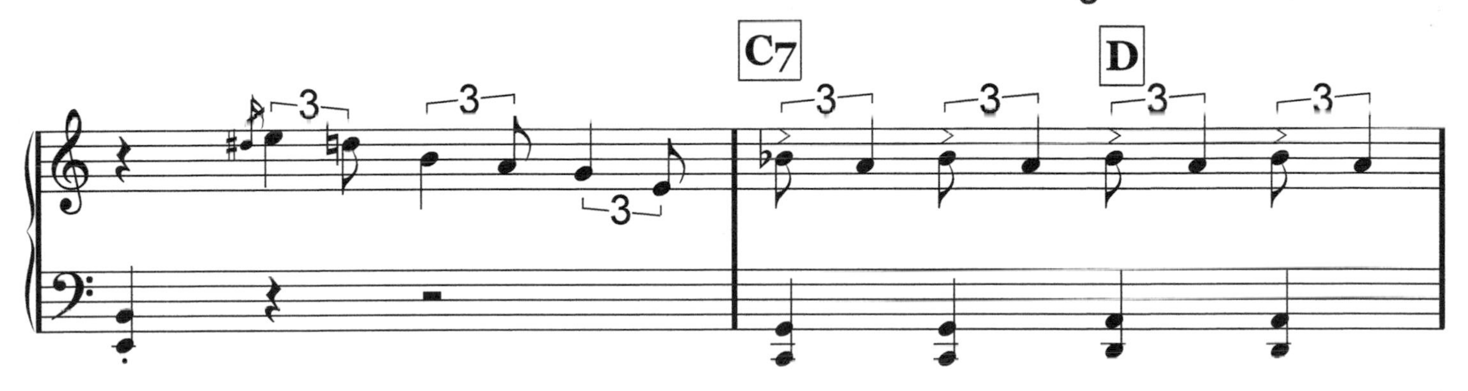
C7
D
3
3
3
3
3
3
3

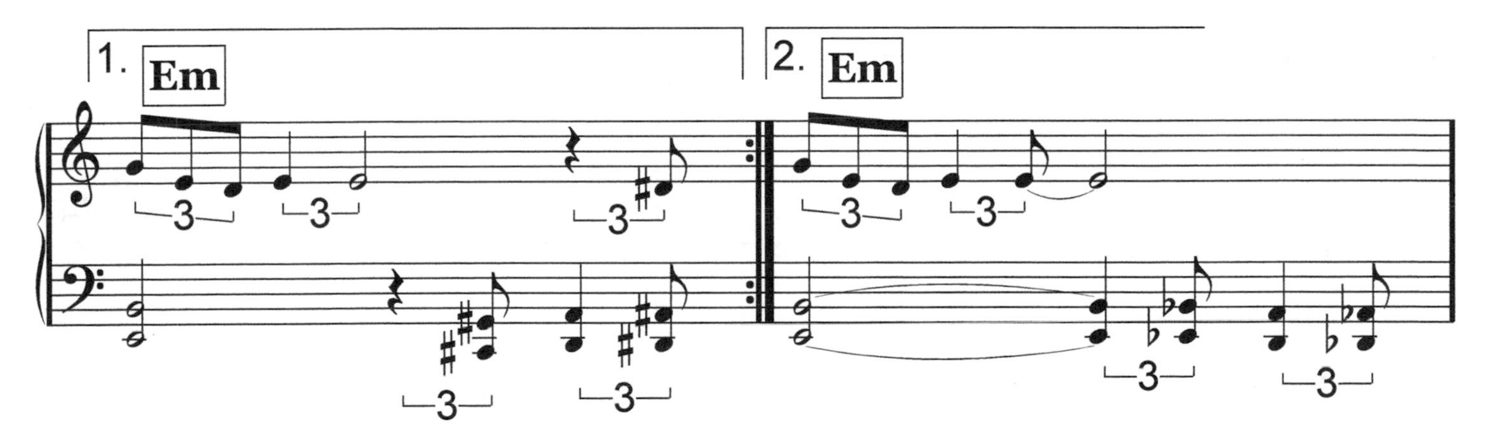
1.
Em
2.
Em
3
3
3
3
3
3
3
3
3

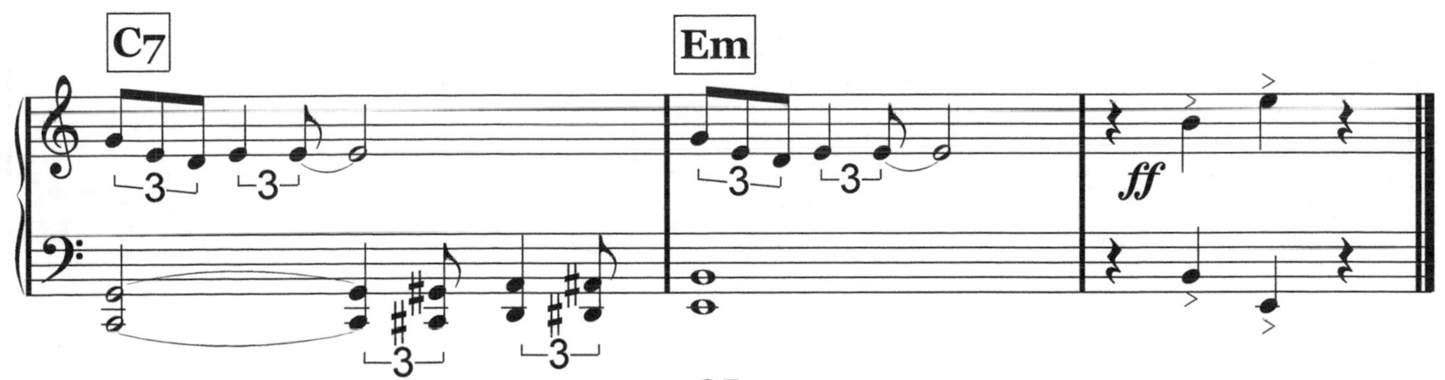
C7
Em
3
3
3
3
3
3
ff

Comptine d'un autre été: l'après-midi

BSO "Amelié"

Yann Tiersen (2001)

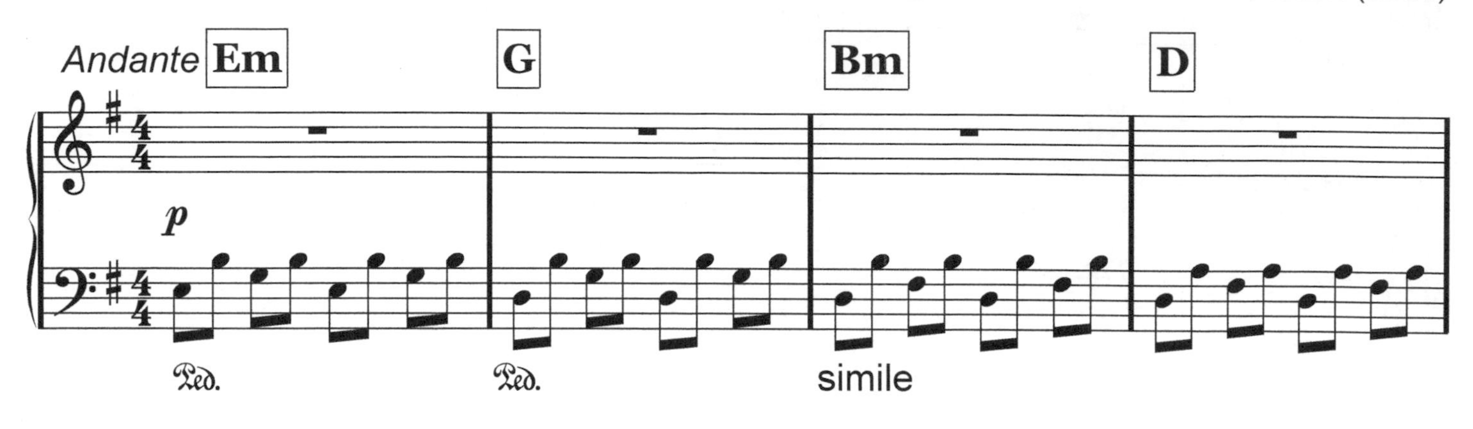

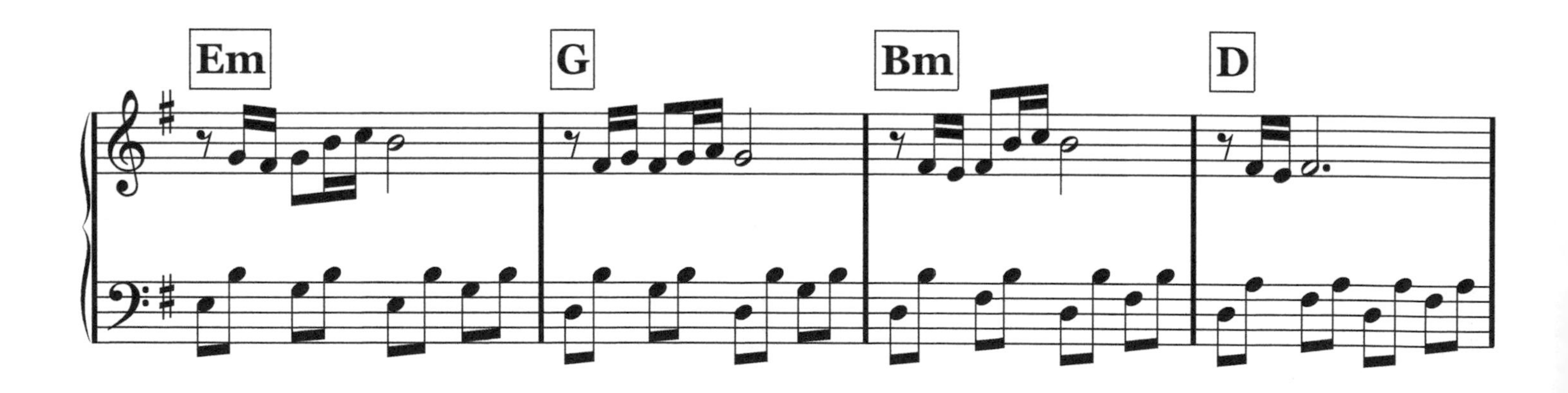

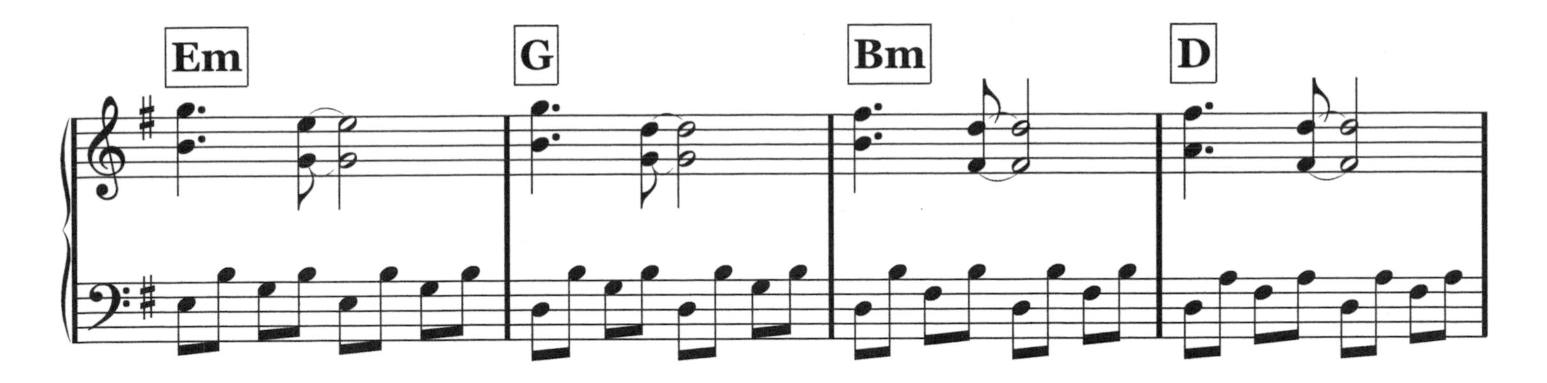
Em
G
Bm
D

Em
G
f

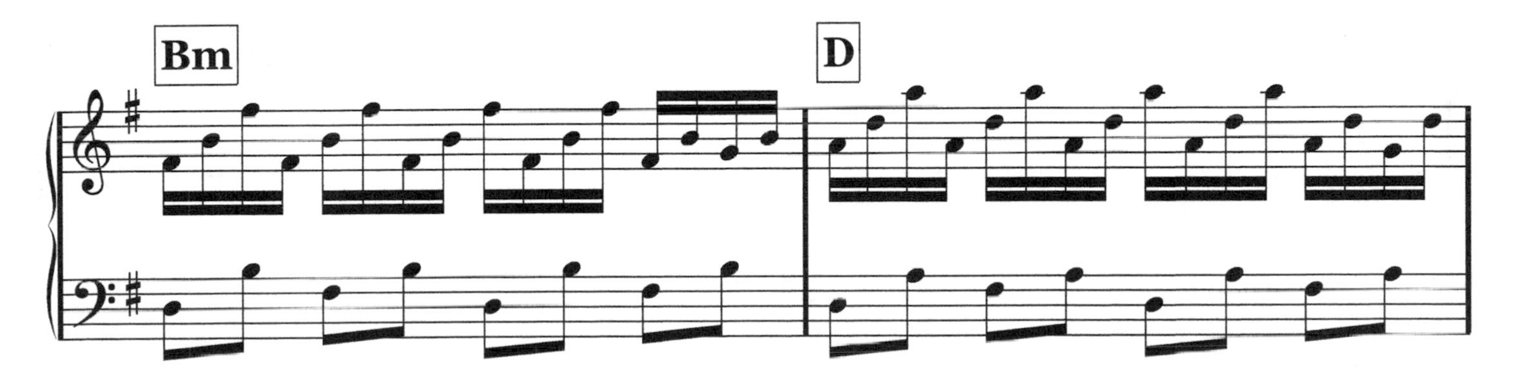
Bm
D

Em
G

Bm
D
Em
mp
2ª vez rit .....

Jurassic Park

BSO "Jurassic Park"

John Williams (1993)

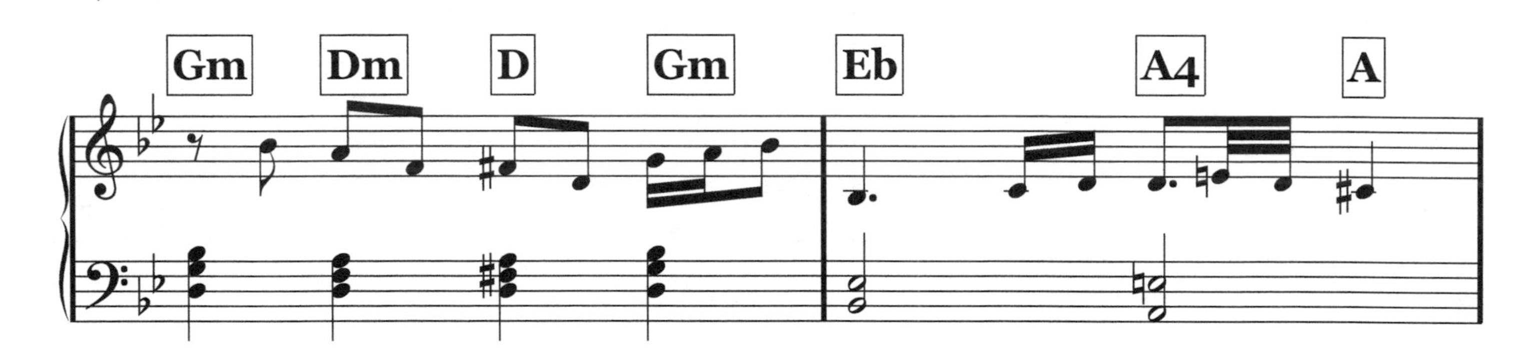

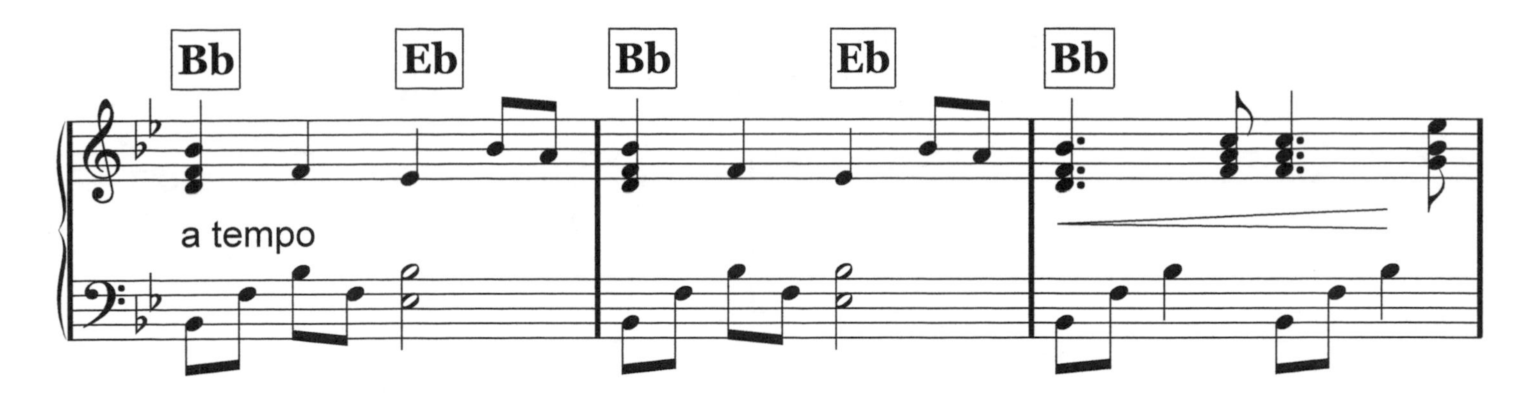
Bb
Eb
Bb
Eb
Bb
a tempo

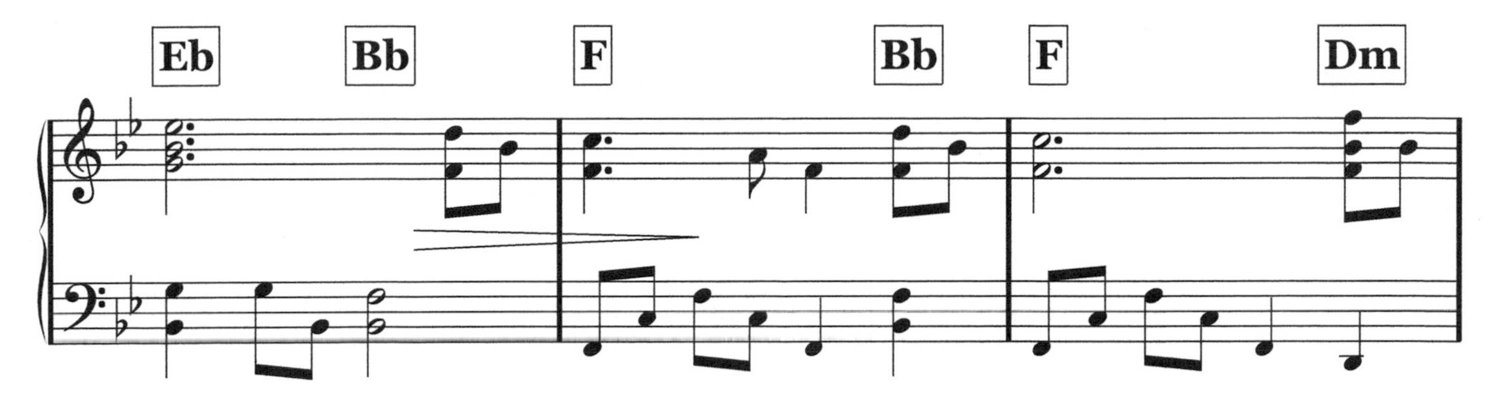
Eb
Bb
F
Bb
F
Dm

Eb
Gm
F
Bb
Eb

Bb
Eb
Bb
Ab

Bb
Eb
Bb
Eb
Dm
Eb
Gm
F

Bb
C
f

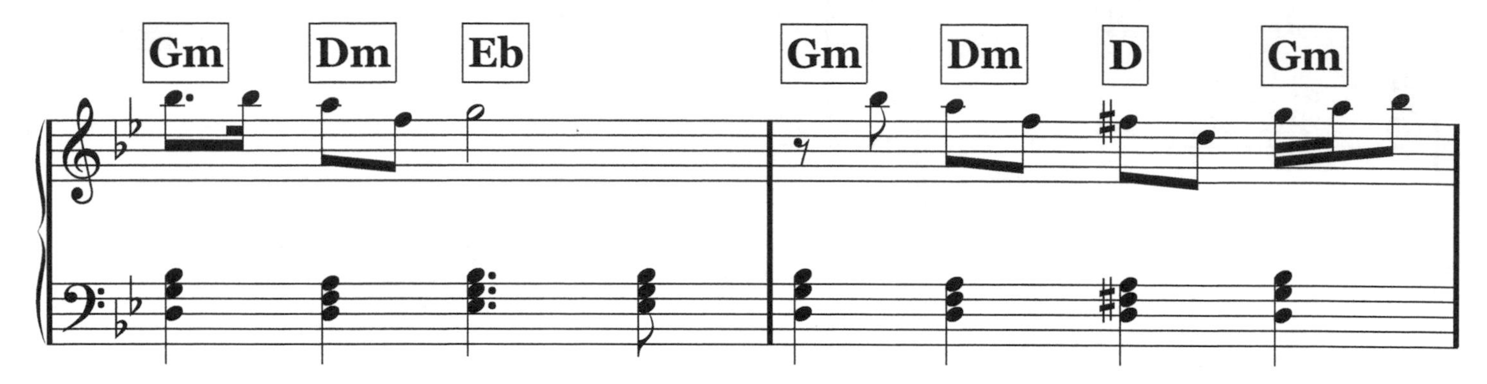
Gm
Dm
Eb
Gm
Dm
D
Gm

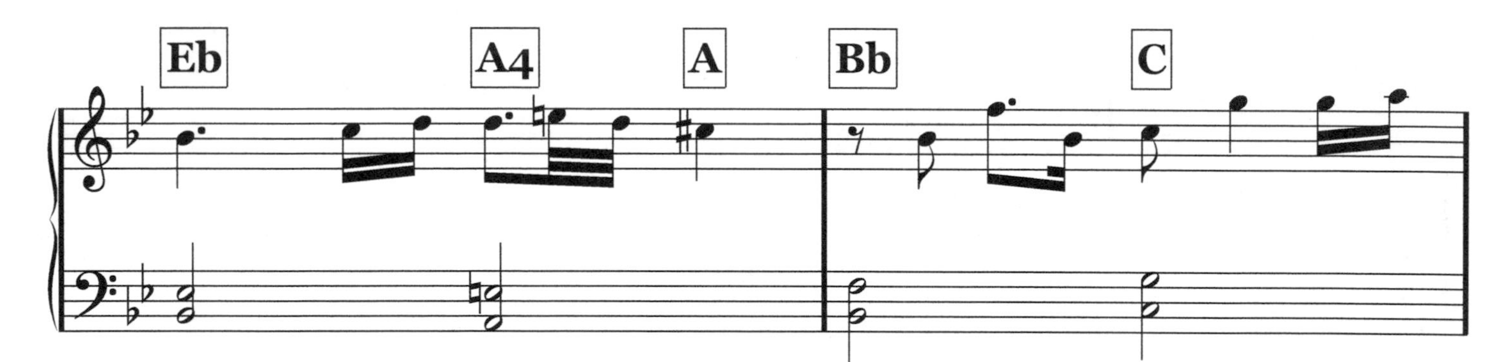
Eb
A4
A
Bb
C

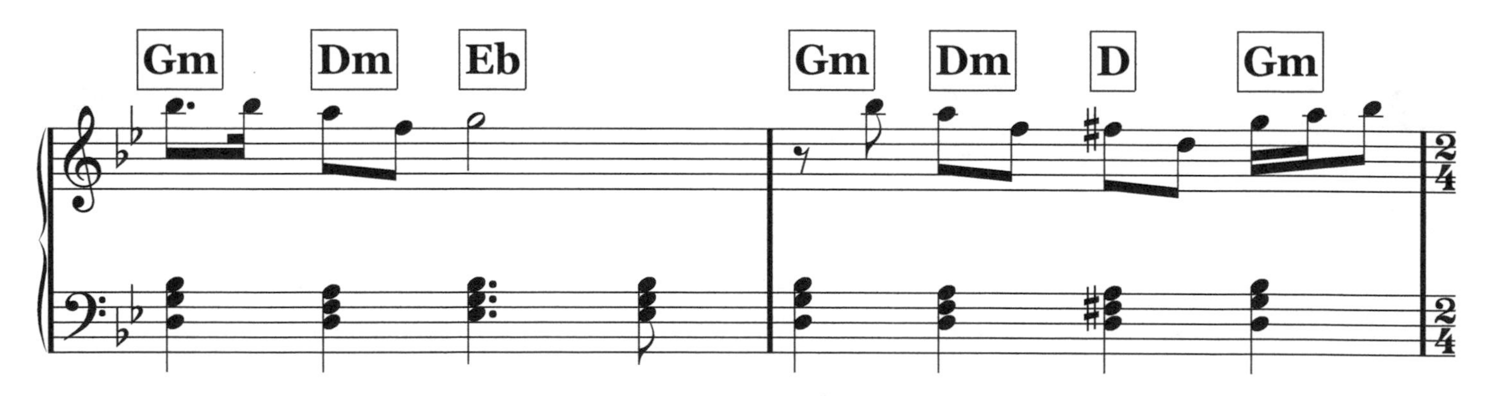
Gm
Dm
Eb
Gm
Dm
D
Gm

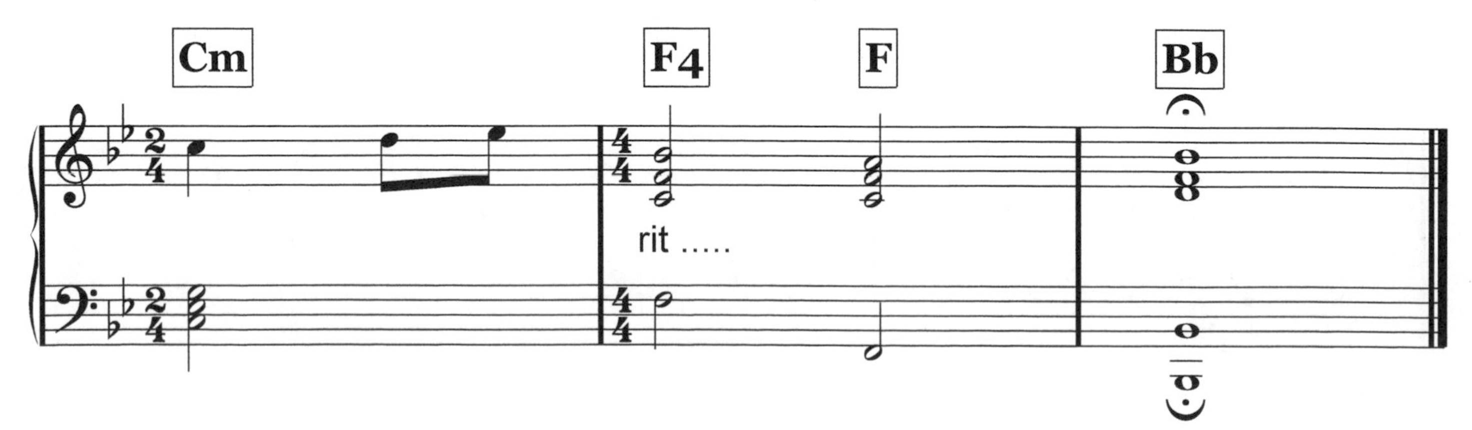
Cm
F4
F
Bb
rit .....

Indiana Jones

BSO "Indiana Jones y el arca perdida"

John Williams (1981)

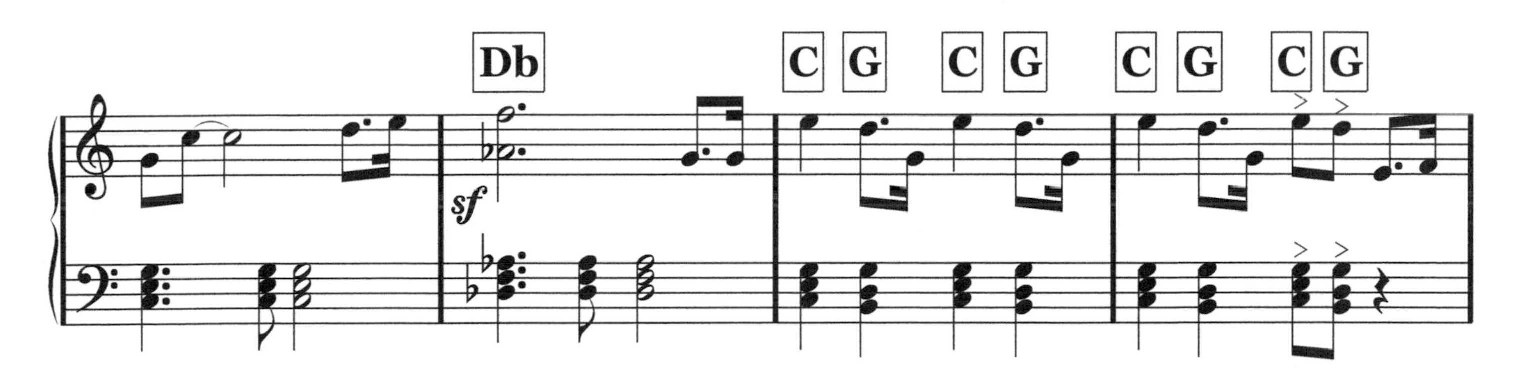

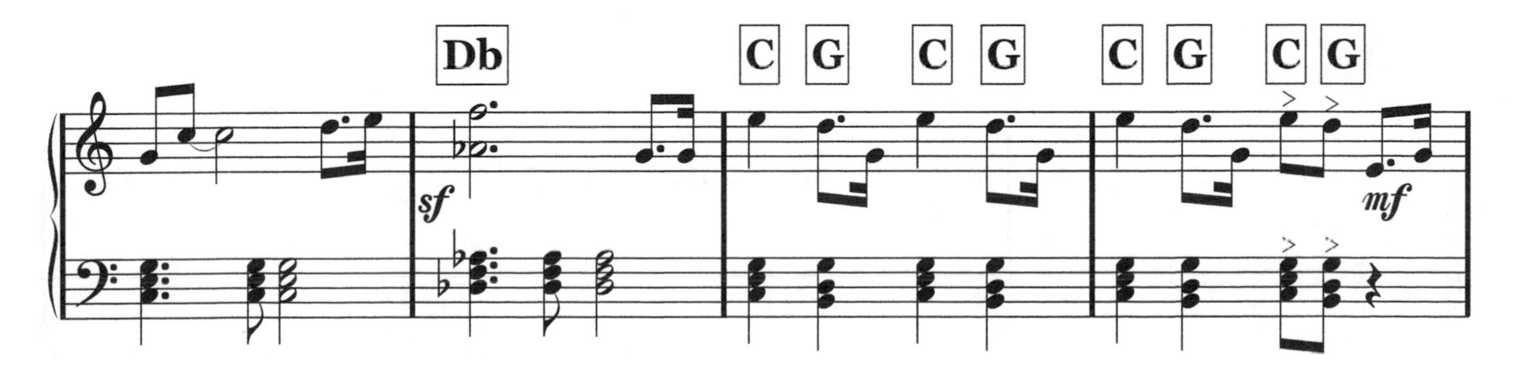

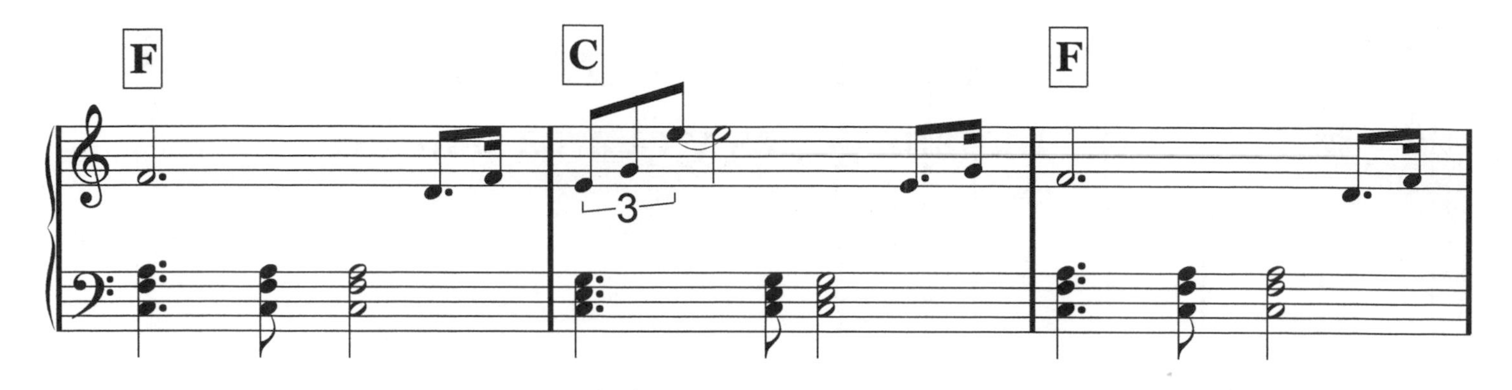
F
C
3
F

C
3
Bb
Ab
3

G
F

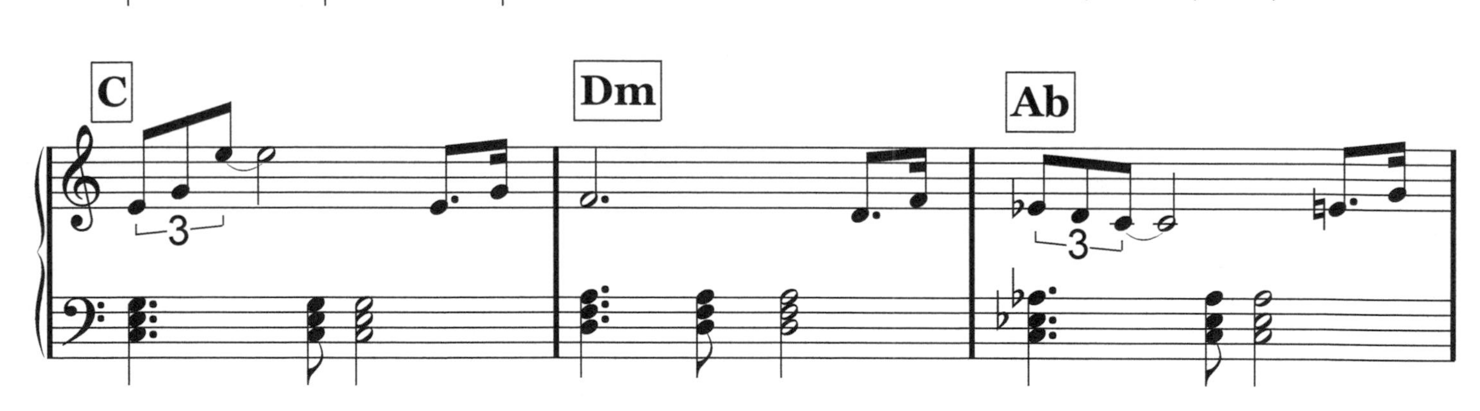
C
3
Dm
Ab
3

F
C
3
Bb

Ab
Bb
Ab

Bb
Ab
G
ff

C
F
G
f

C
G
C
Db
sf

C
G
C
G
F
C
rit .....

Stars Wars

BSO "Stars Wars"

John Williams (1977)

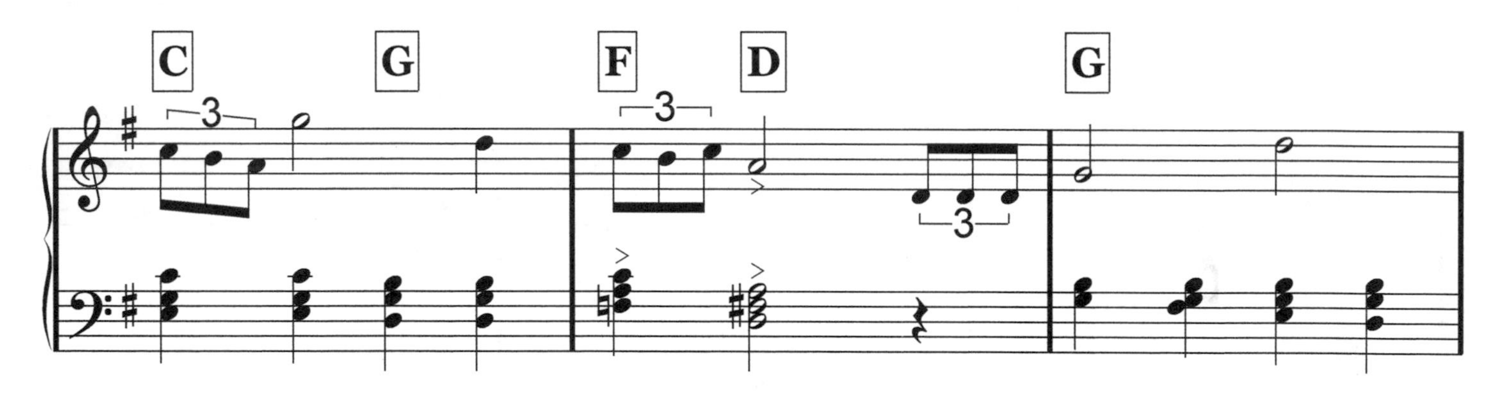

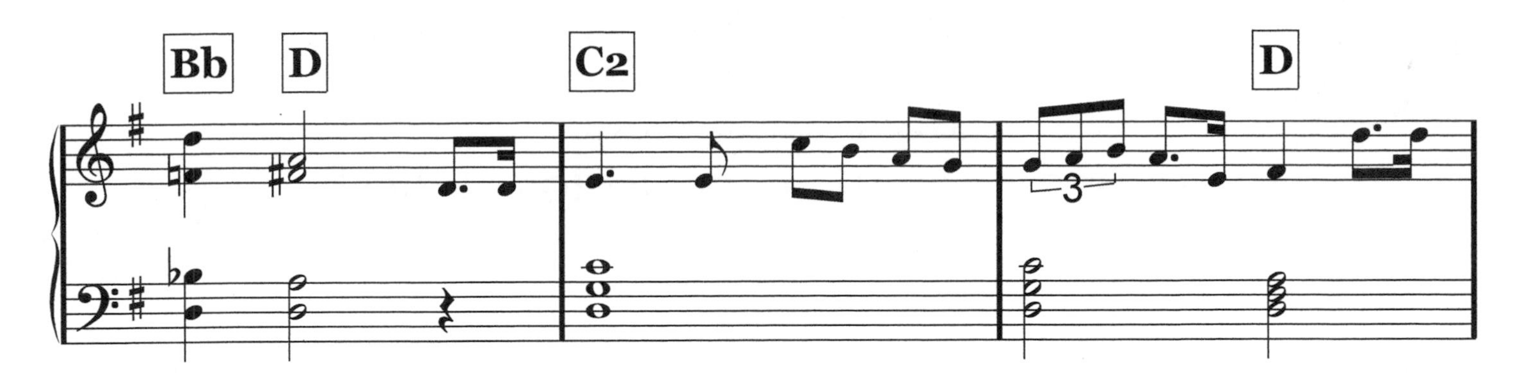
Bb
D
C2
D

Cm
Eb
1.
D
C
D
f

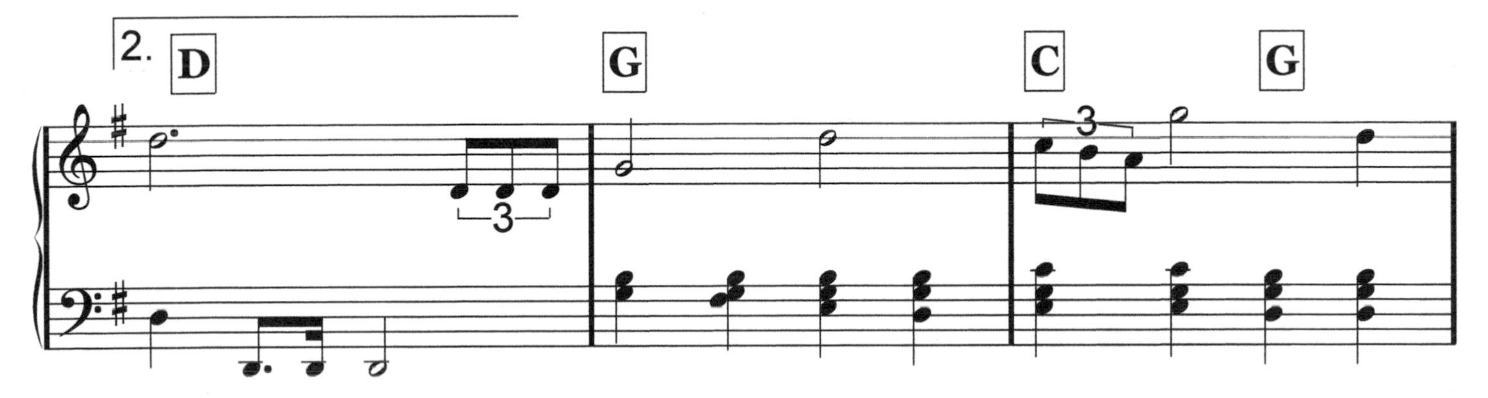
2.
D
G
C
G

C
G
F
D
G

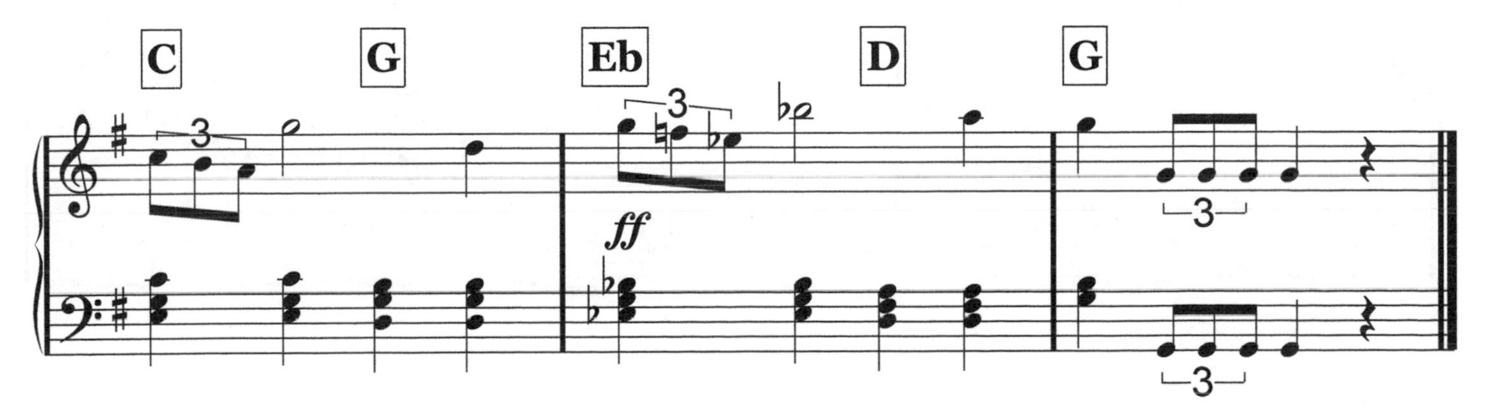
C
G
Eb
D
G
ff

Across the Stars

BSO "Star Wars: episodio II - El ataque de los clones"

John Williams (2002)

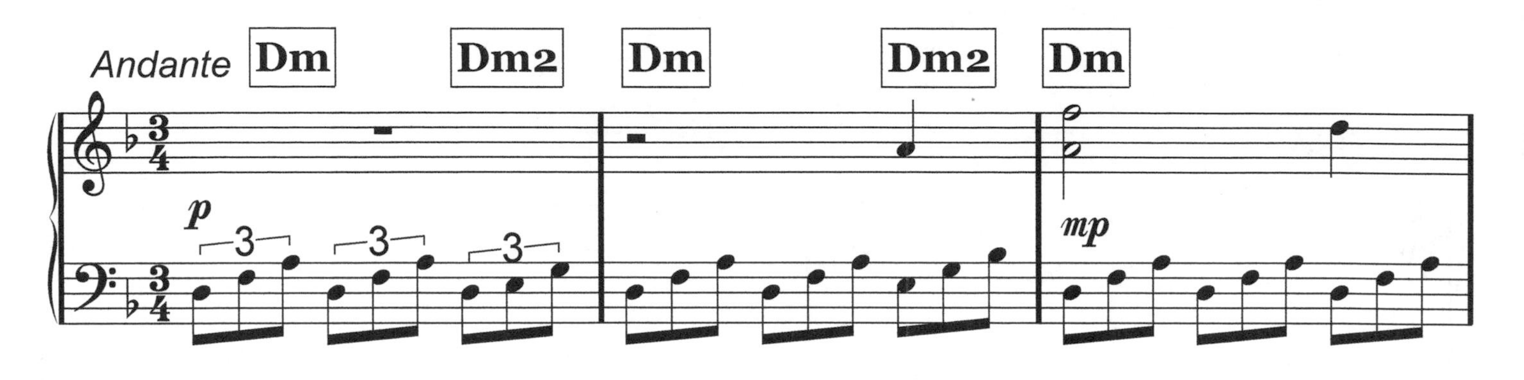

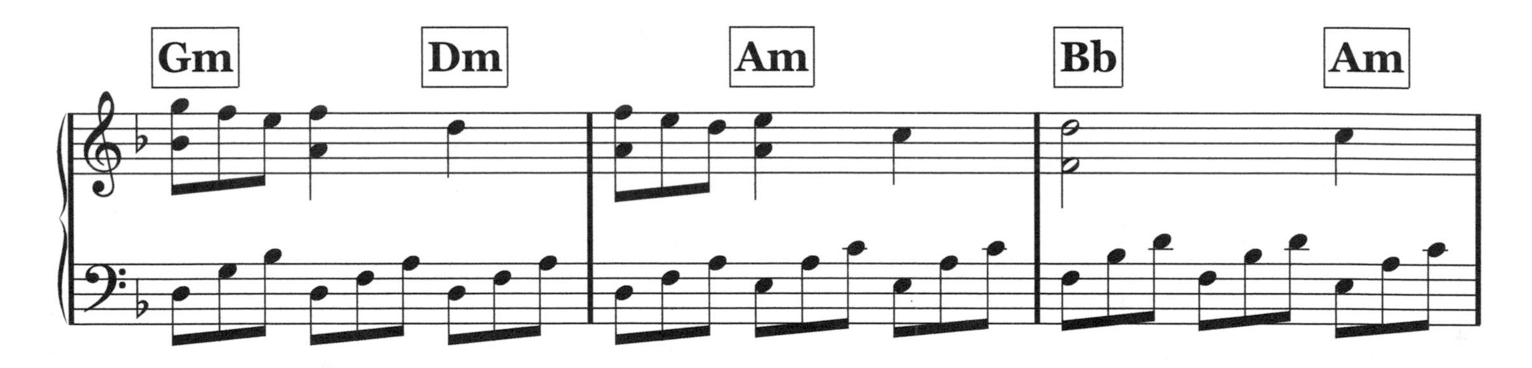

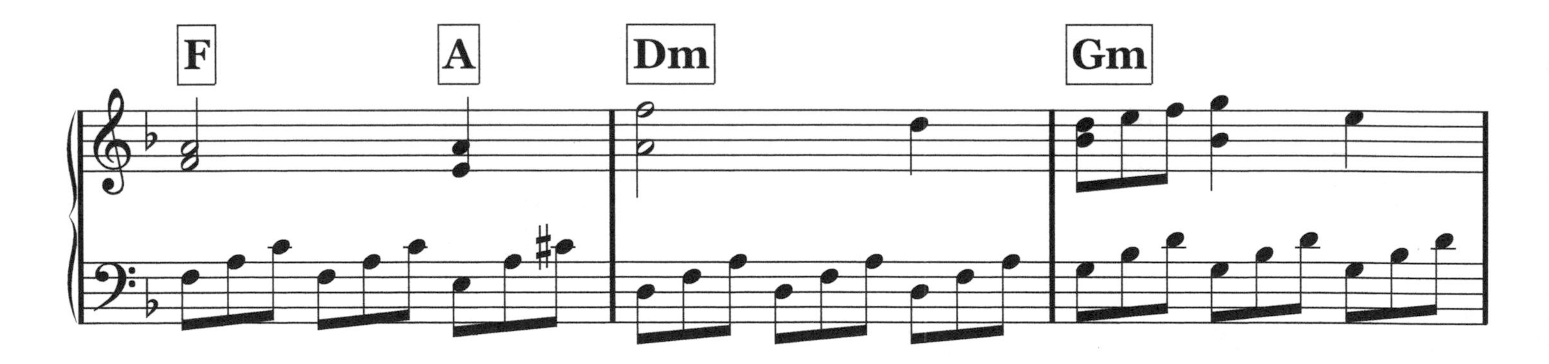

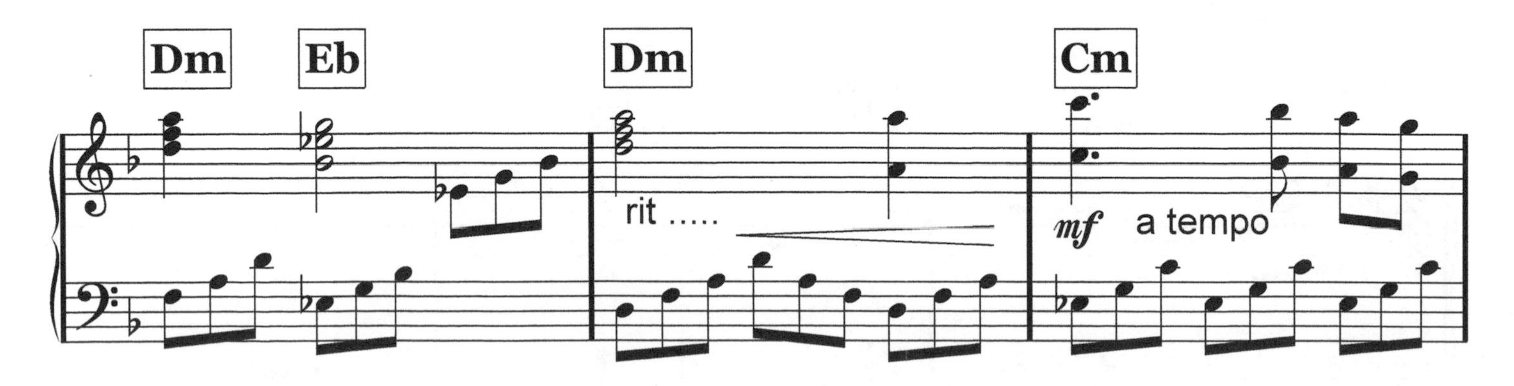

Gm
Cm
D

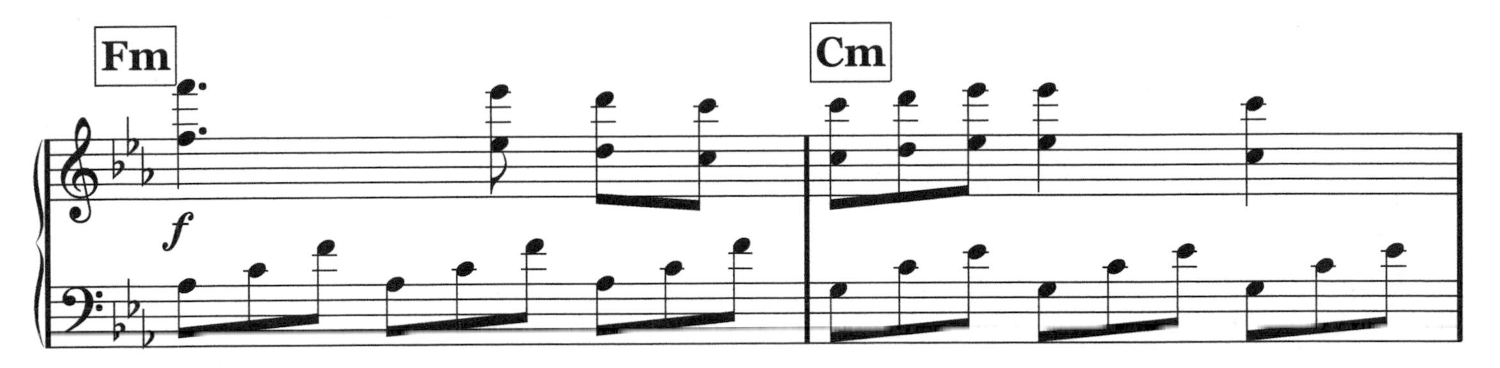
Fm
Cm
f

Fm
G

Cm
G
rit .....
(m. dcha.)
Cm
Fm
Cm
f a tempo

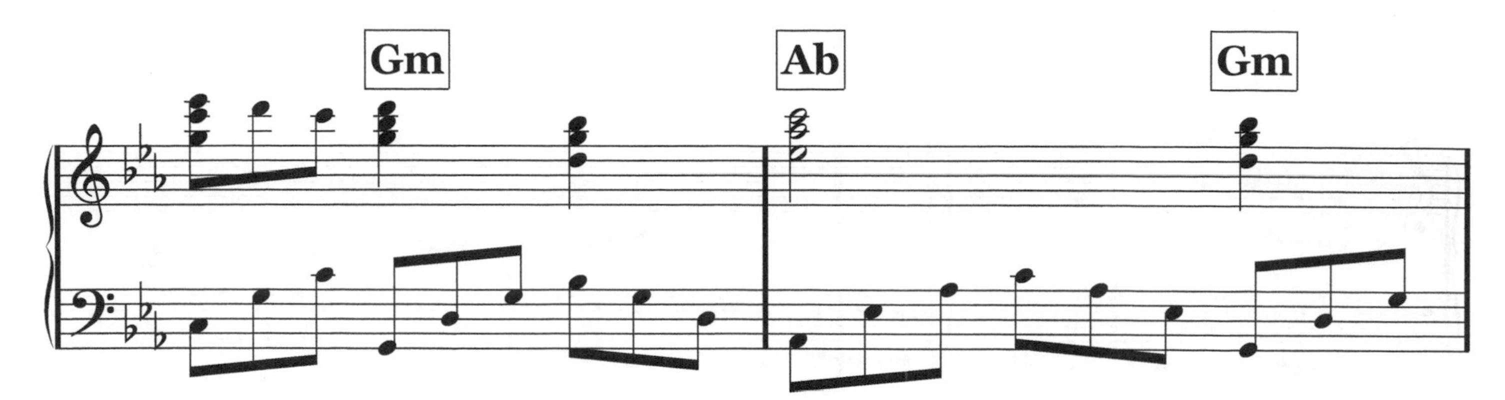
Gm
Ab
Gm

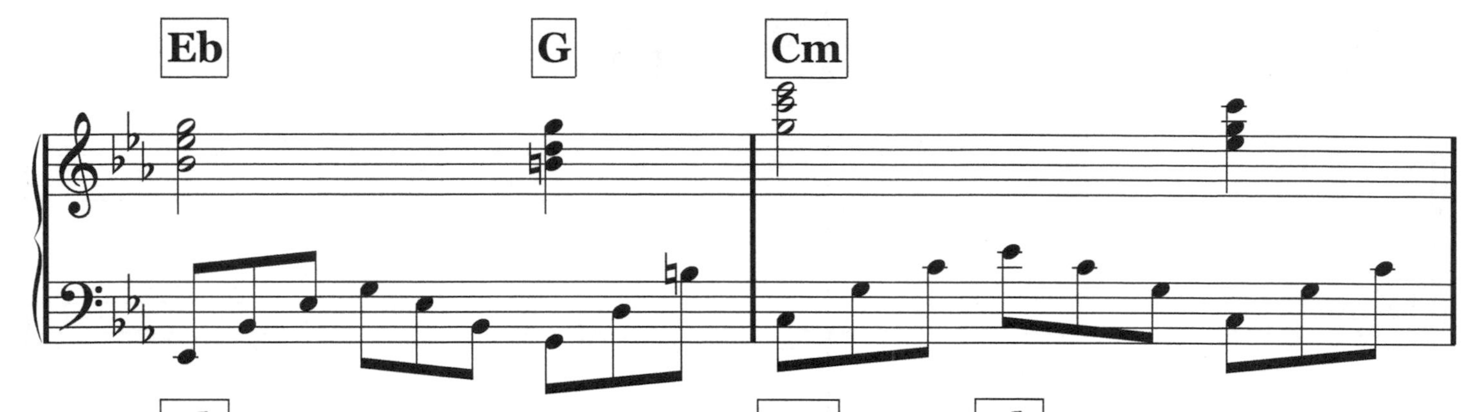
Eb
G
Cm

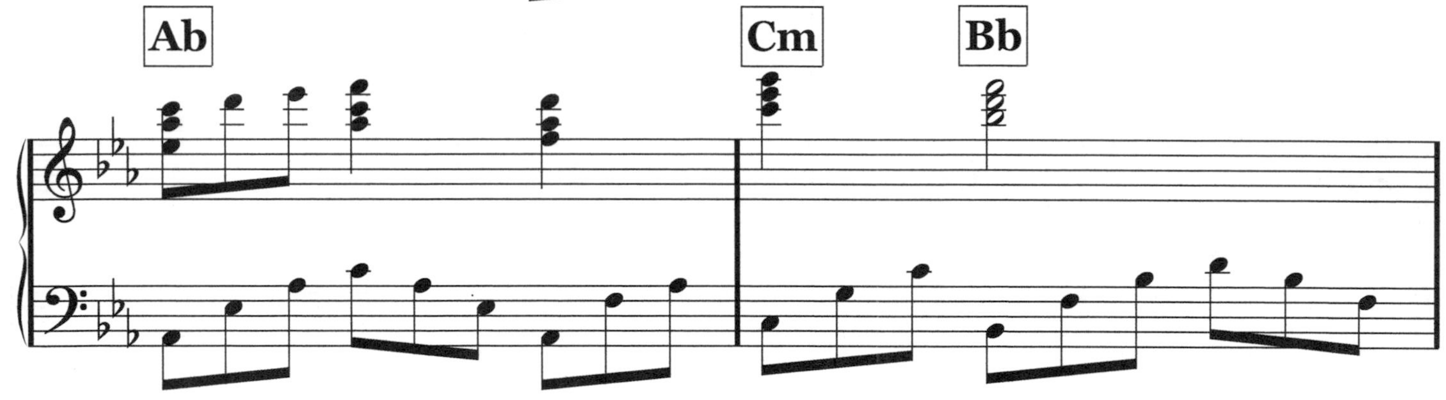
Ab
Cm
Bb

Cm
Fm
mp

Cm
Fm
G
rit .....
mp

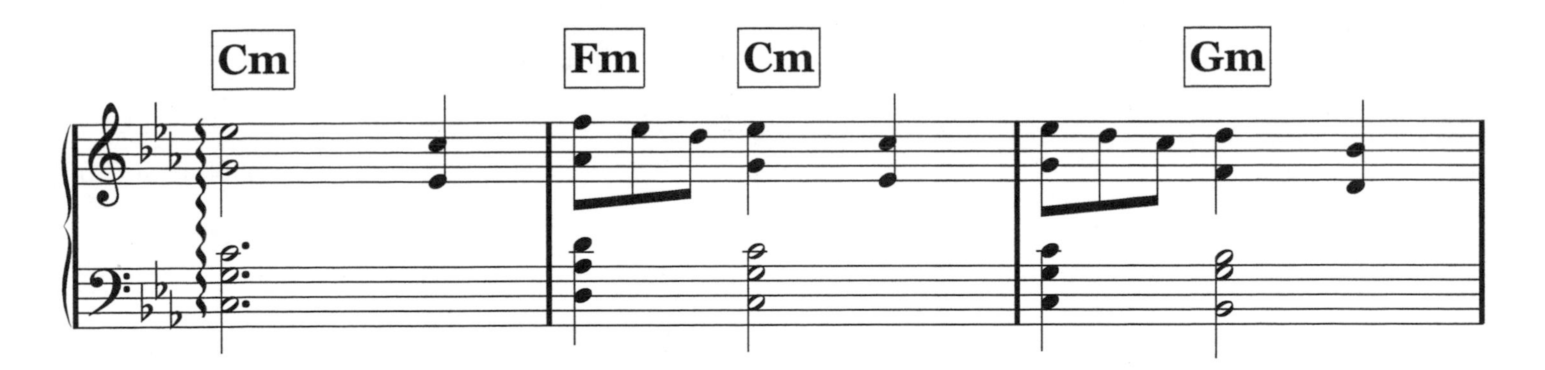

Cm
Fm
Cm
Gm

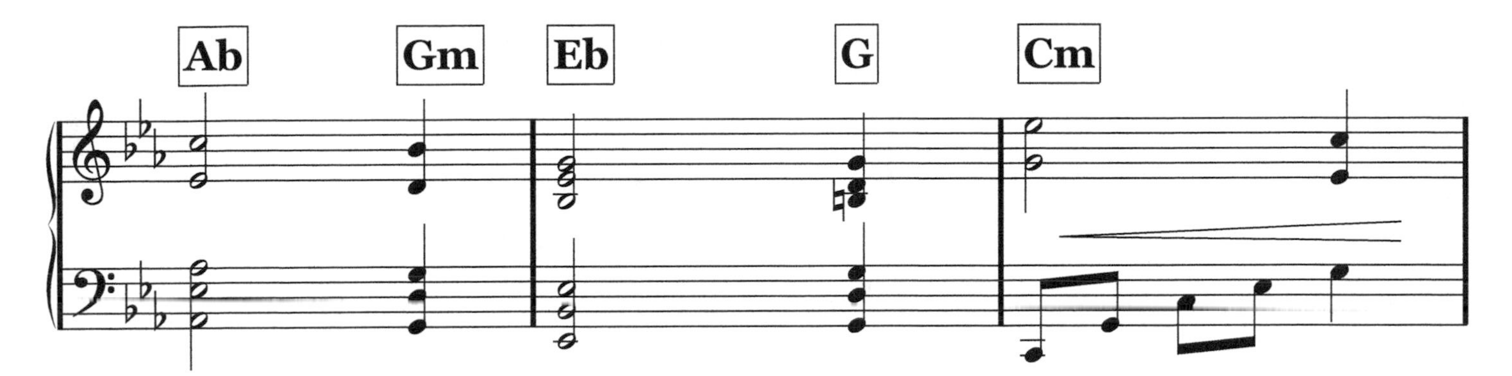

Ab
Gm
Eb
G
Cm

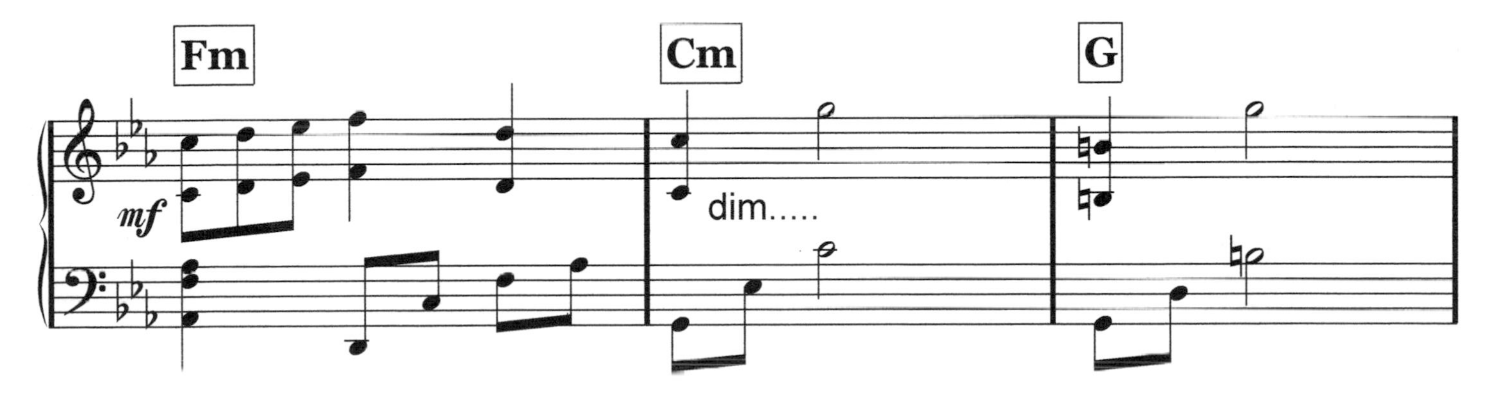

Fm
Cm
G
mf
dim.....

Cm
mp

Fm
Cm
Bb
Cm
rit .....

Unchained Melody

BSO "Ghost"

Alex North (1955)

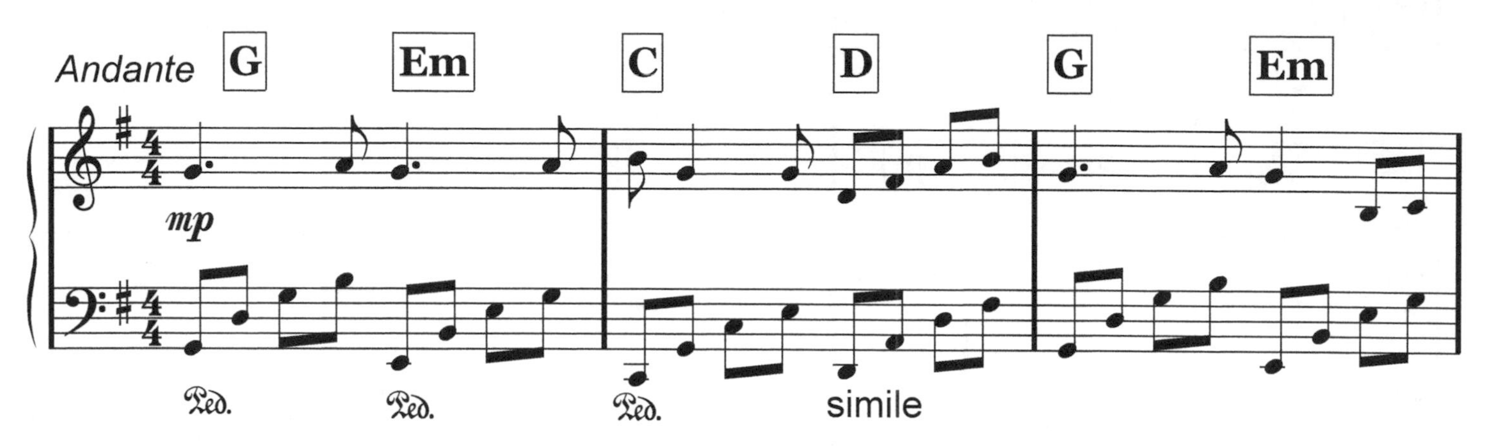

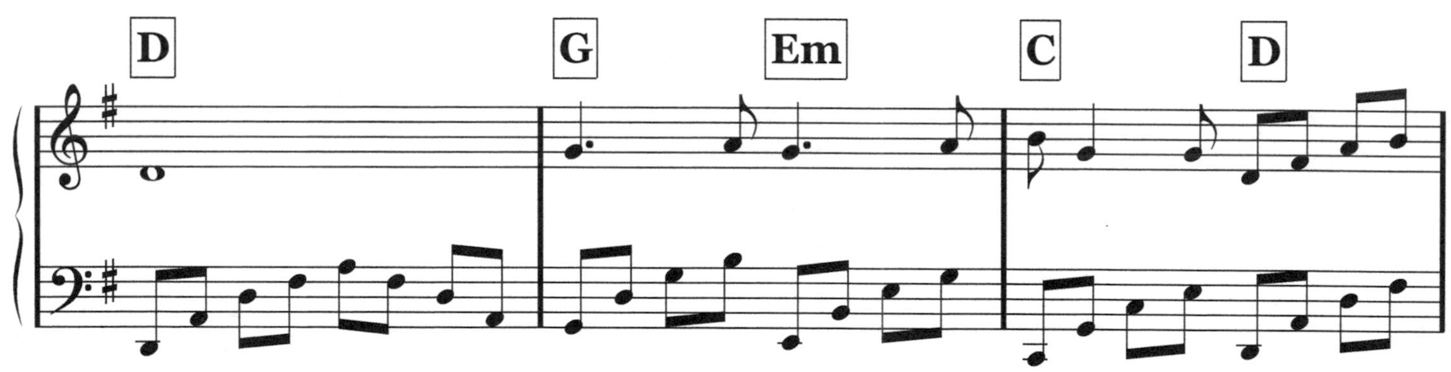

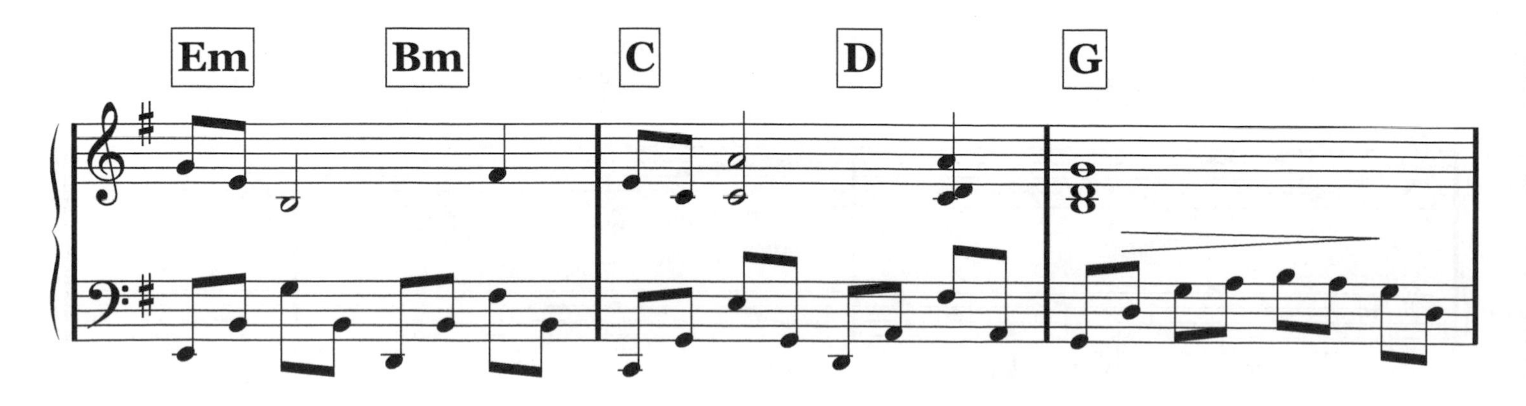

C
D
C
Bb
C
D
G
mf

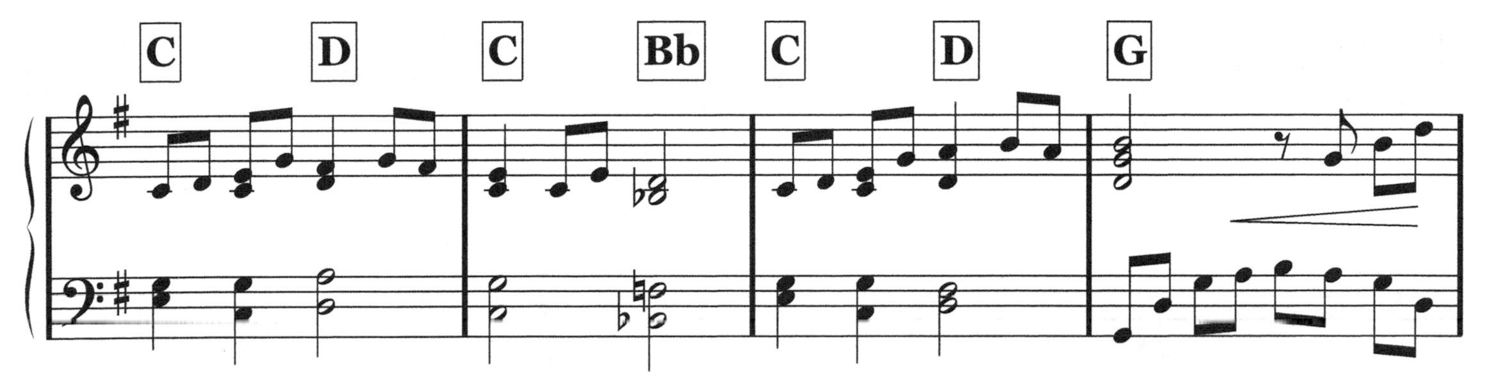
C
D
C
Bb
C
D
G

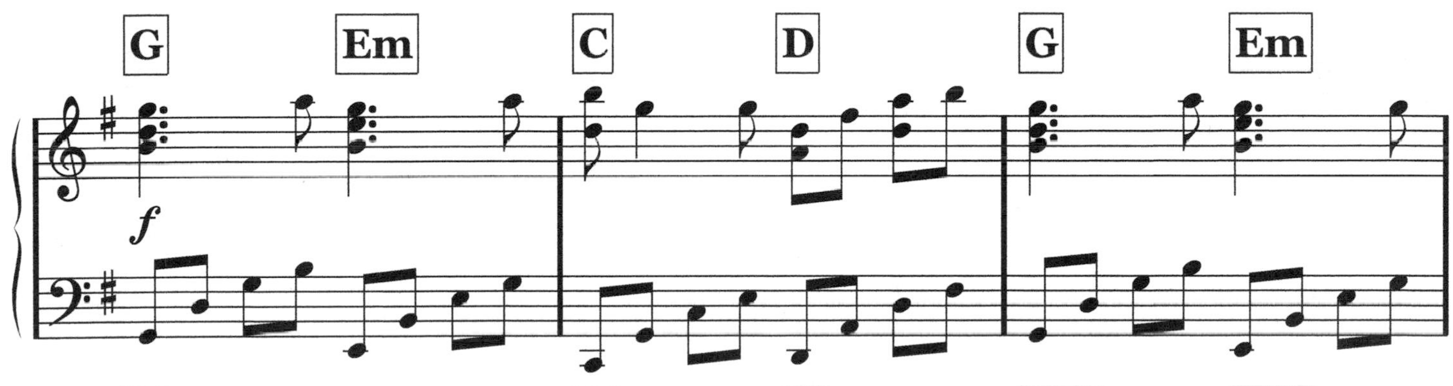
G
Em
C
D
G
Em
f

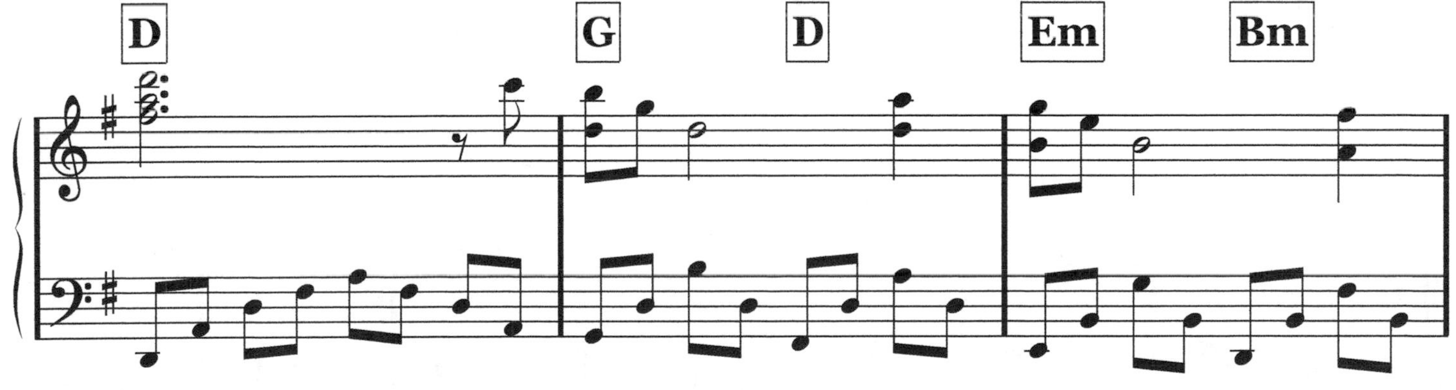
D
G
D
Em
Bm

C
D
G

Doctor Zhivago

BSO "Doctor Zhivago"

Maurice Jarre (1965)

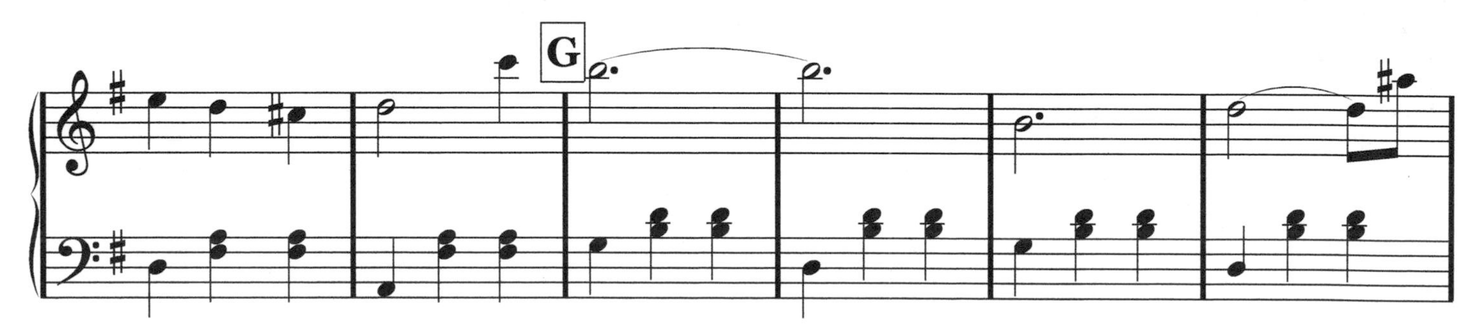

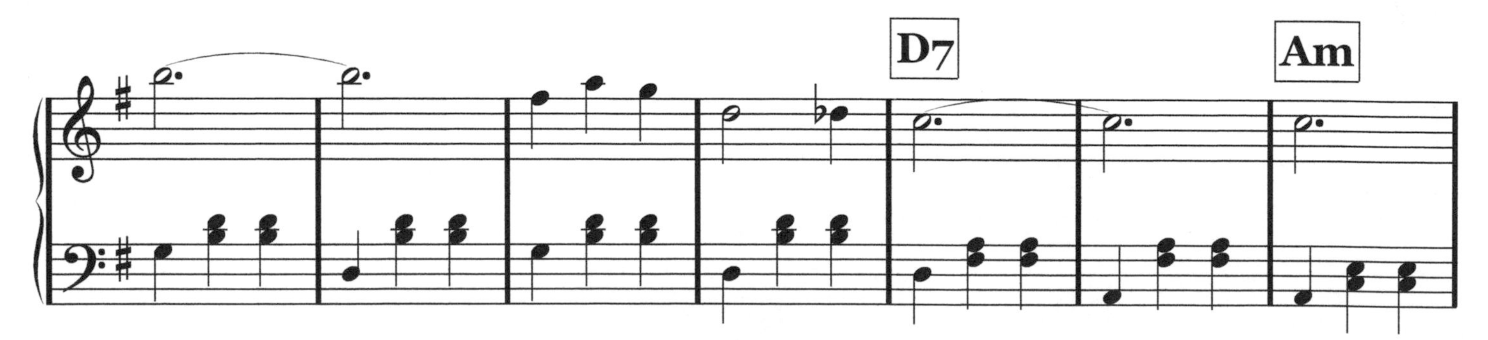

C
G
mp

Bb
F
cresc.

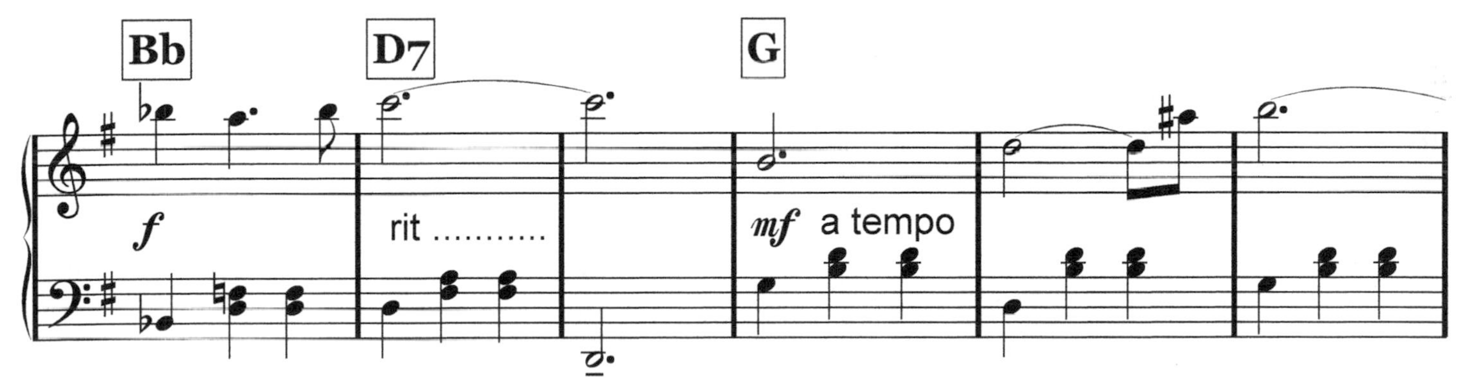
Bb
D7
G
f
rit ....
mf a tempo

D7
Am

D7
G
rit ....

Memorias de África

BSO "Memorias de África"

John Barry (1985)

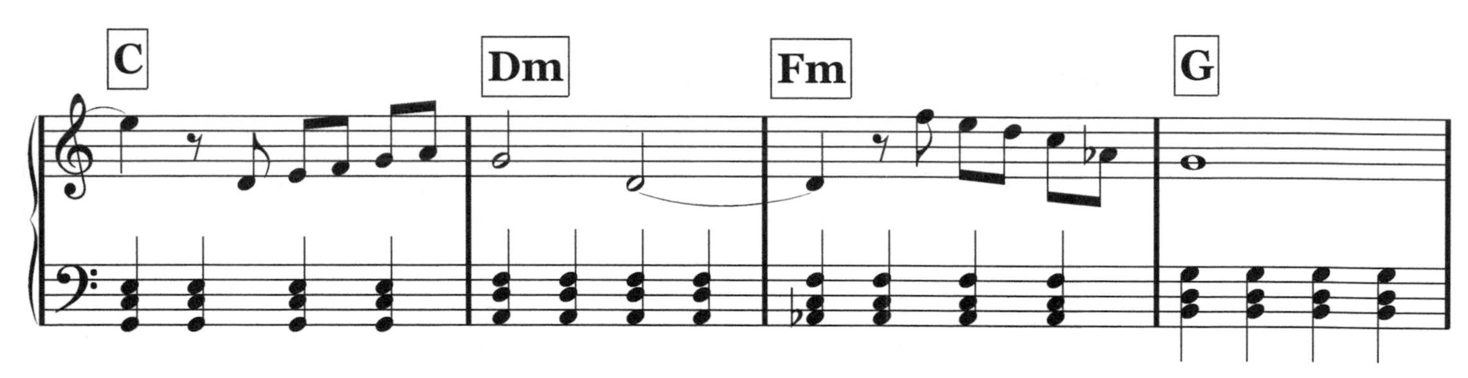

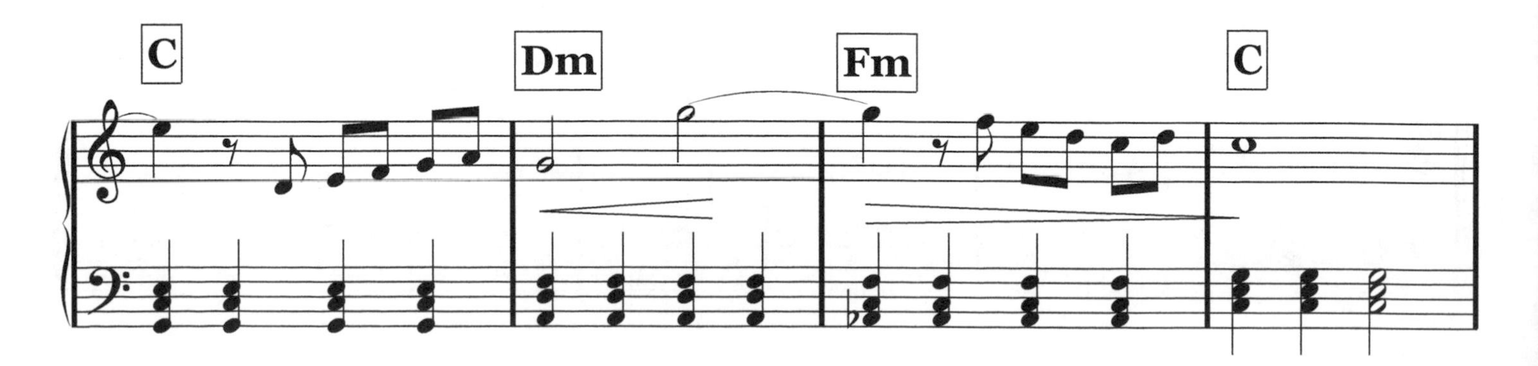

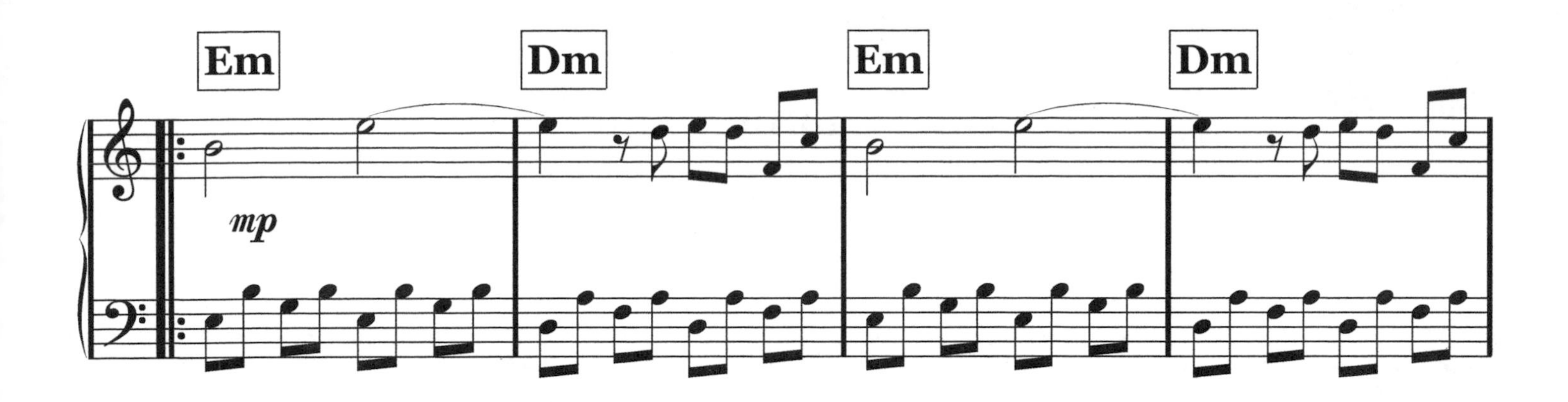
Em
Dm
Em
Dm
mp

C
Am
F
G
f rit ......

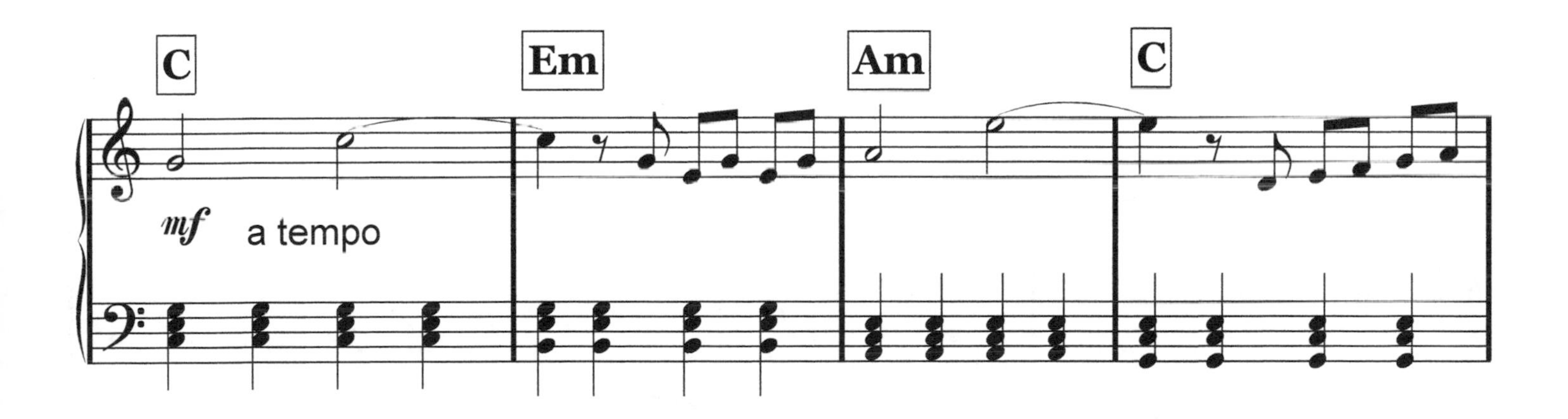
C
Em
Am
C
mf a tempo

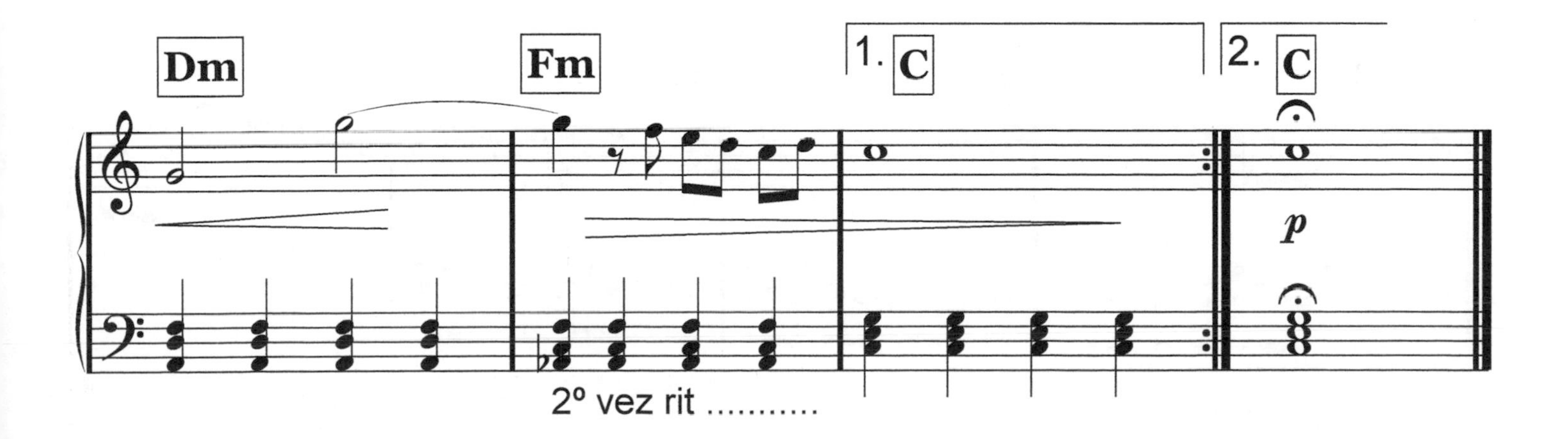
Dm
Fm
1. C
2. C
p
2º vez rit ....

Sparkle

BSO "Your Name"

Radwimps (2016)

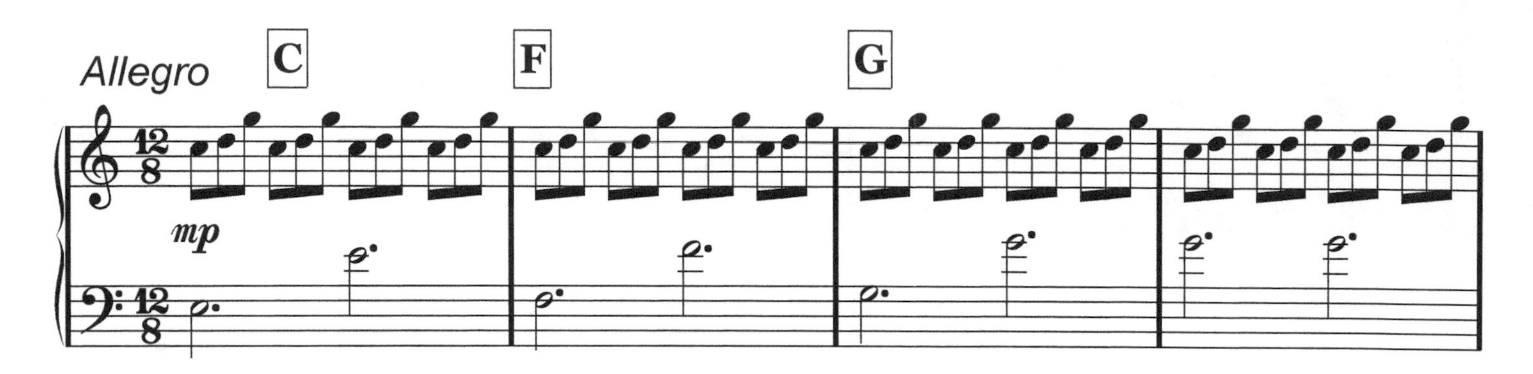

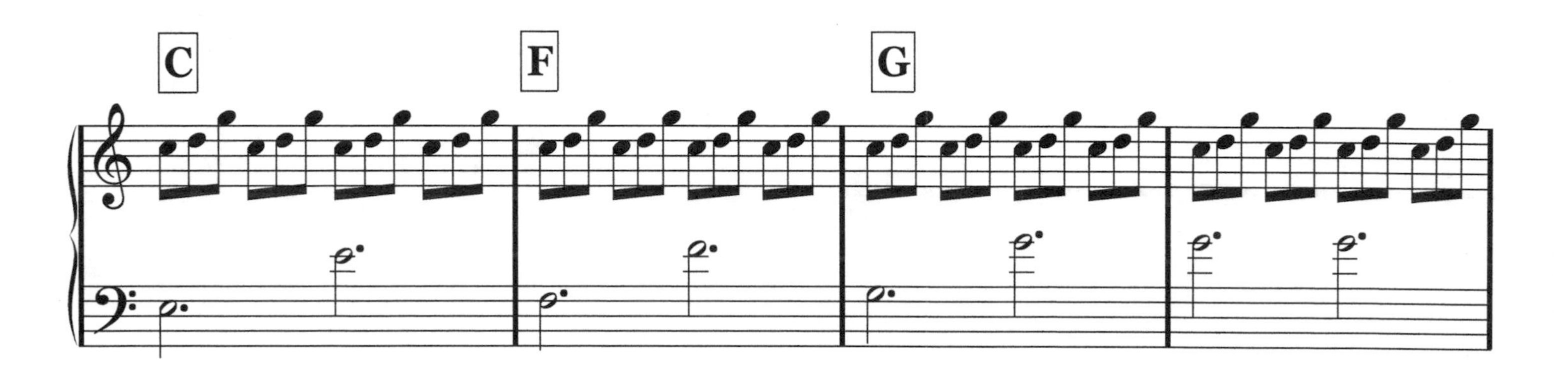

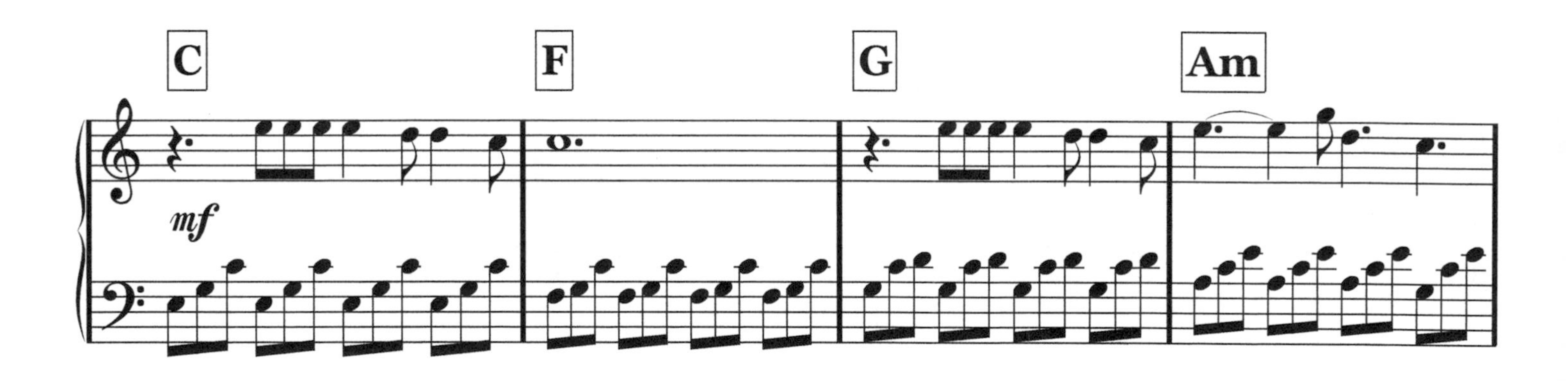

C
F
G

Am
C
F

G
C
Am
f

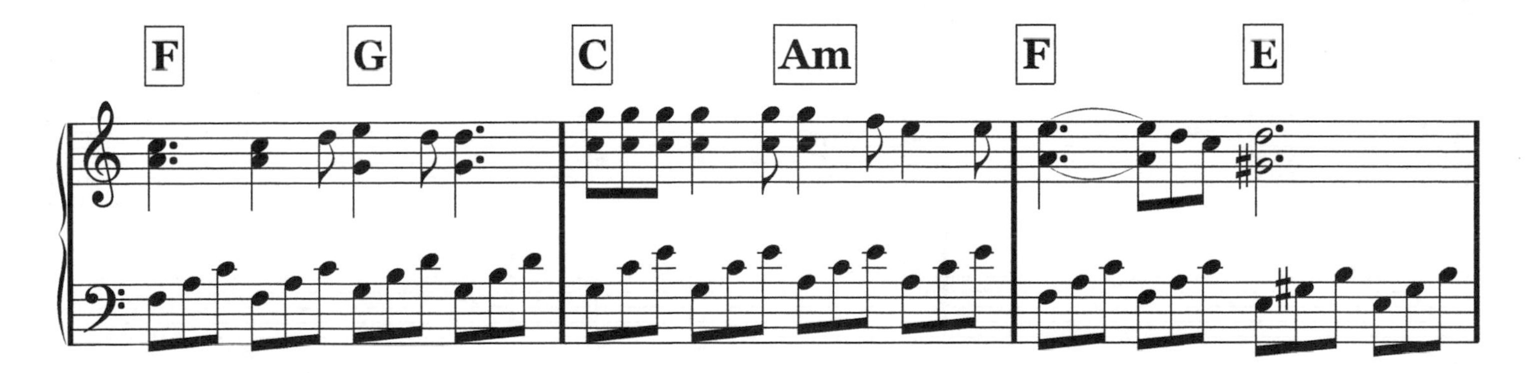
F
G
C
Am
F
E

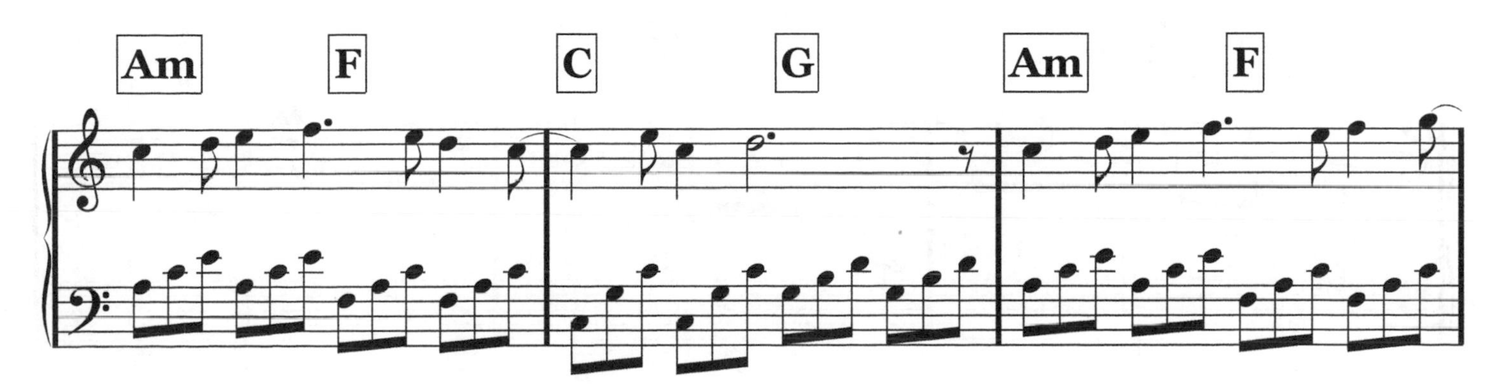
Am
F
C
G
Am
F

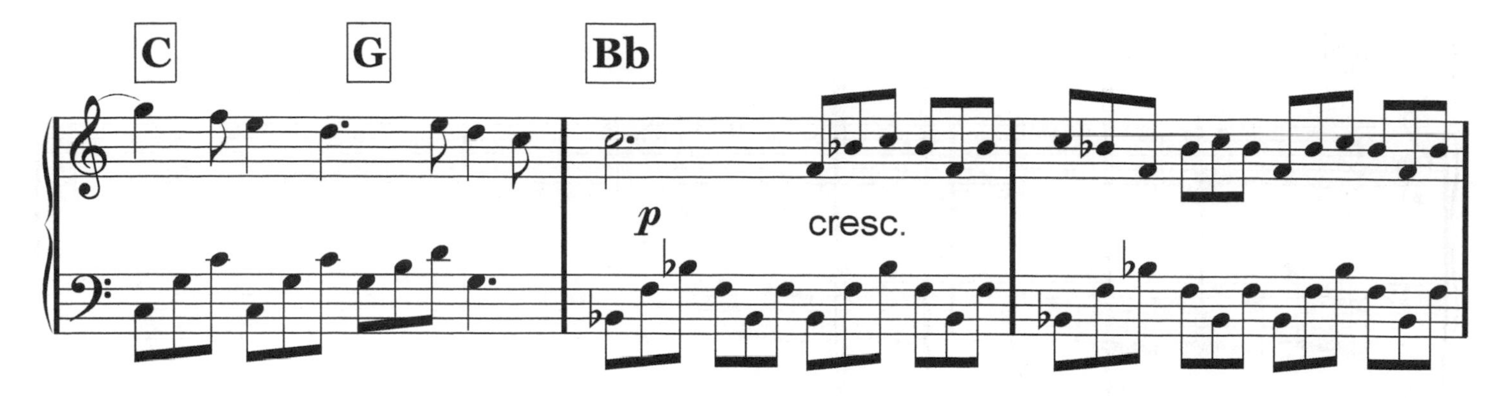
C
G
Bb
p
cresc.

G

C
F
G
E
ff

Am
C
F
C

D
Dm
G4
G
C

F
G
E
Am
C
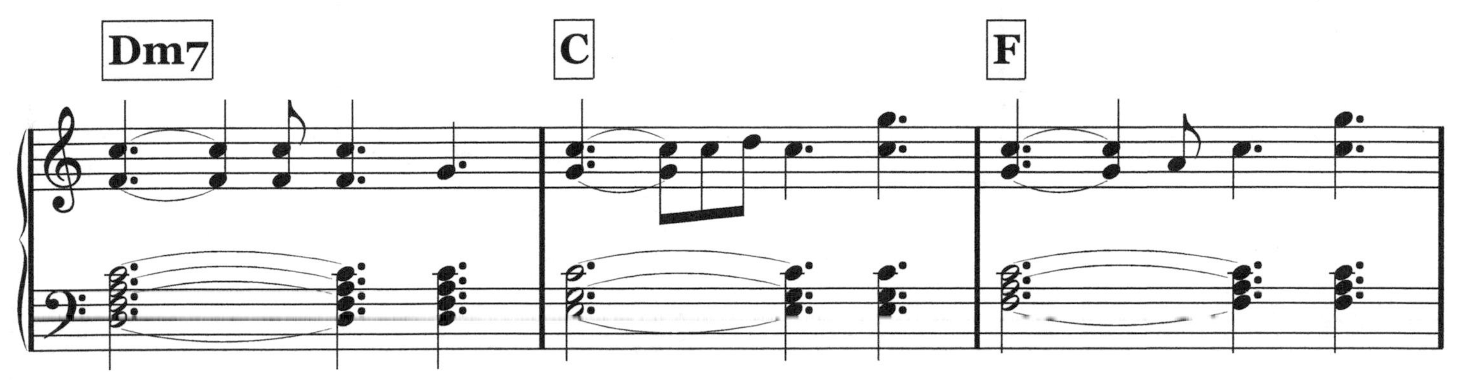
Dm7
C
F
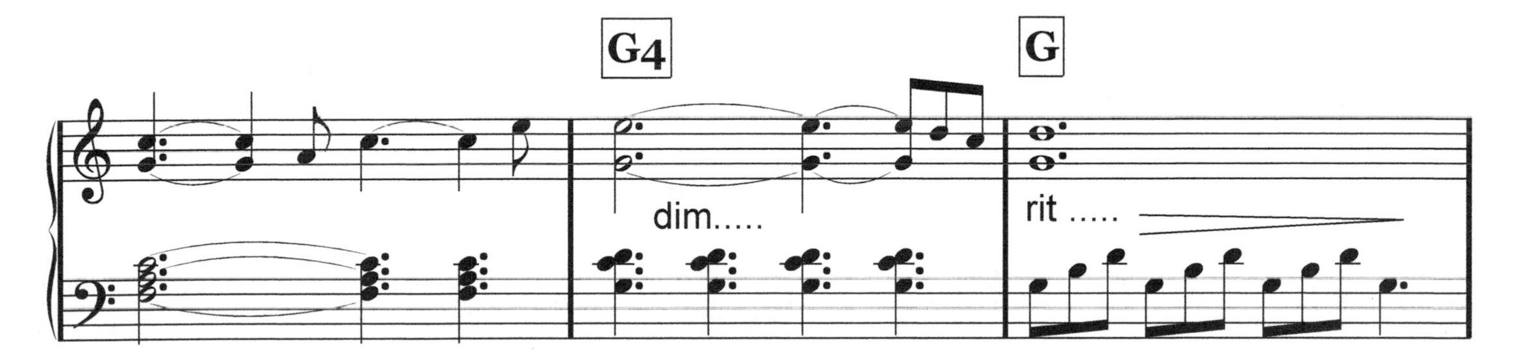
G4
G
dim.....
rit .....
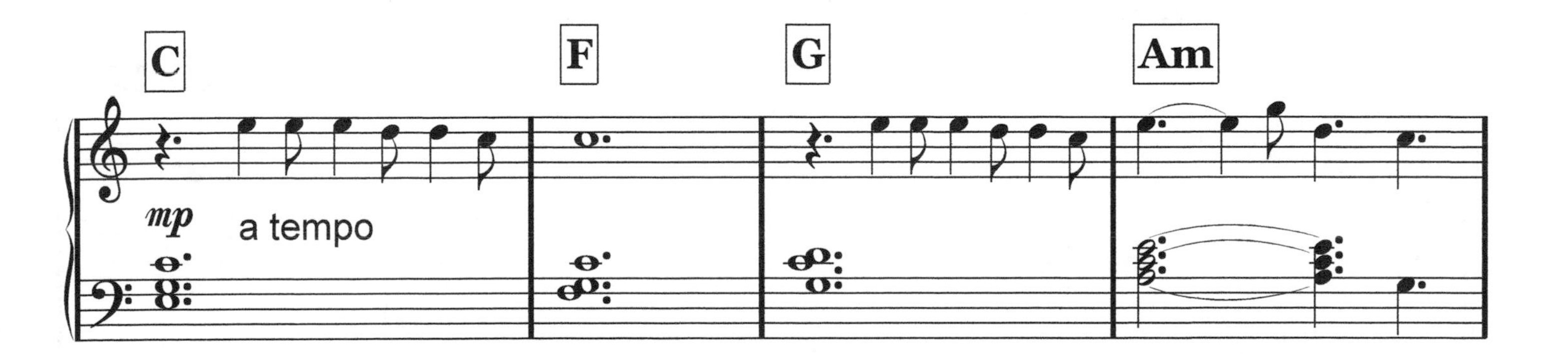
C
F
G
Am
mp
a tempo
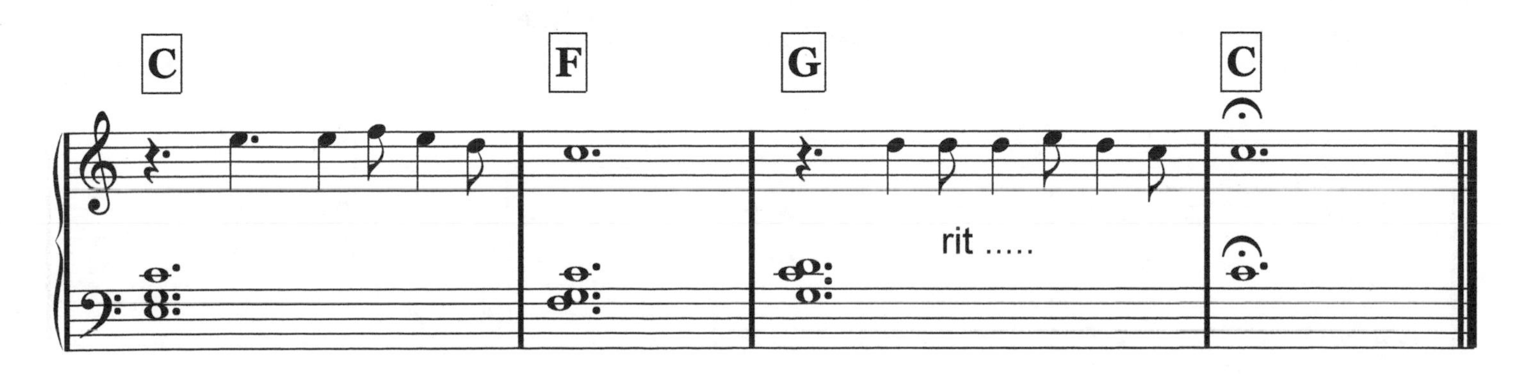
C
F
G
C
rit .....

A Million Dreams

BSO "The Greatest Showman"

B. Pasek & J. Paul (2017)

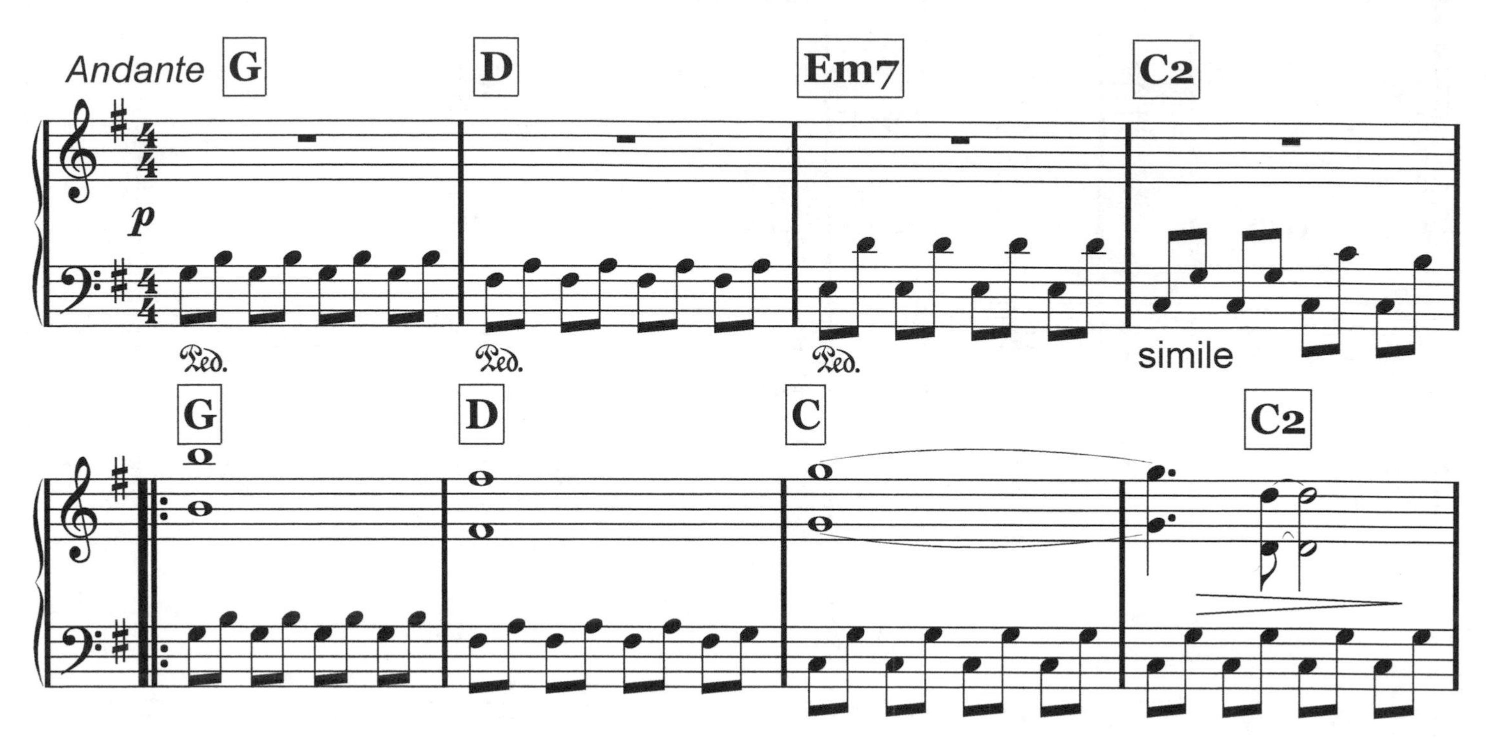

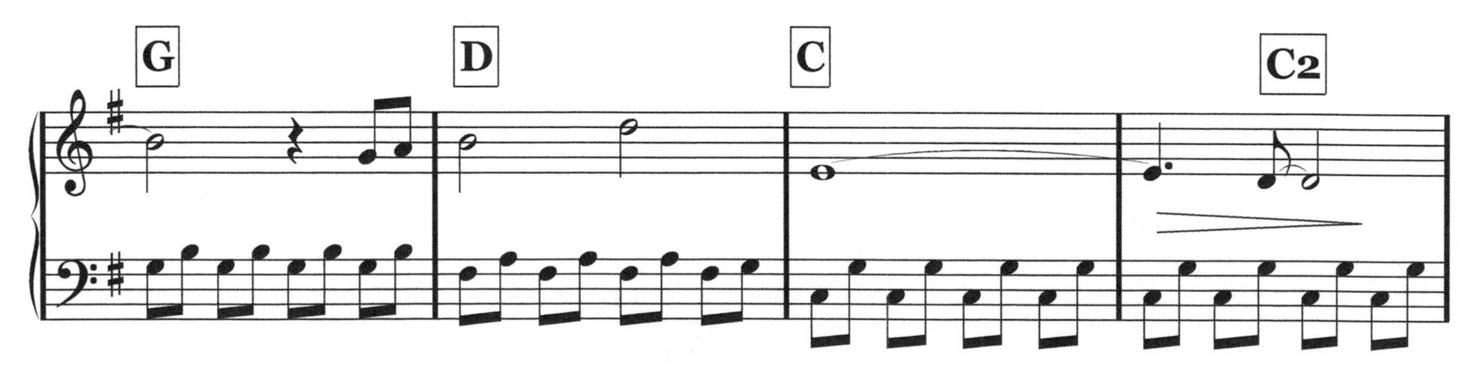

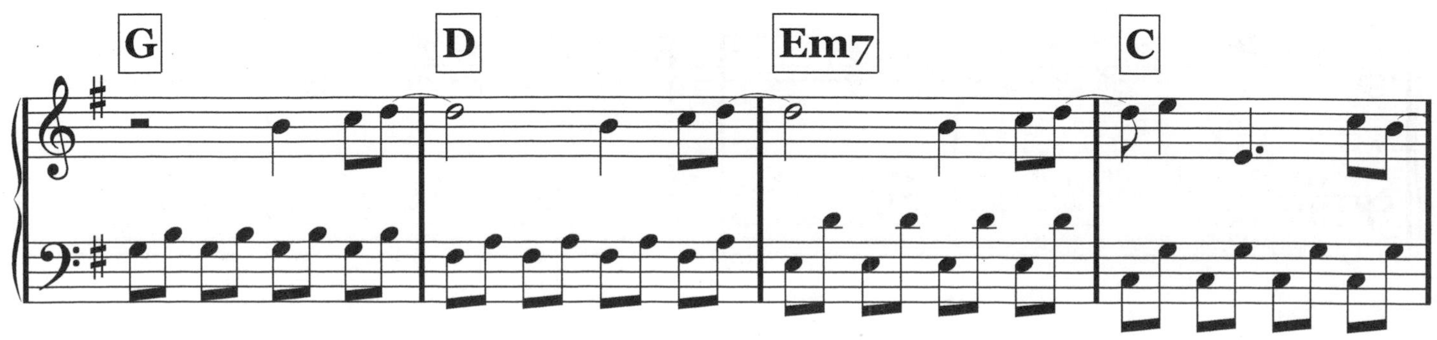

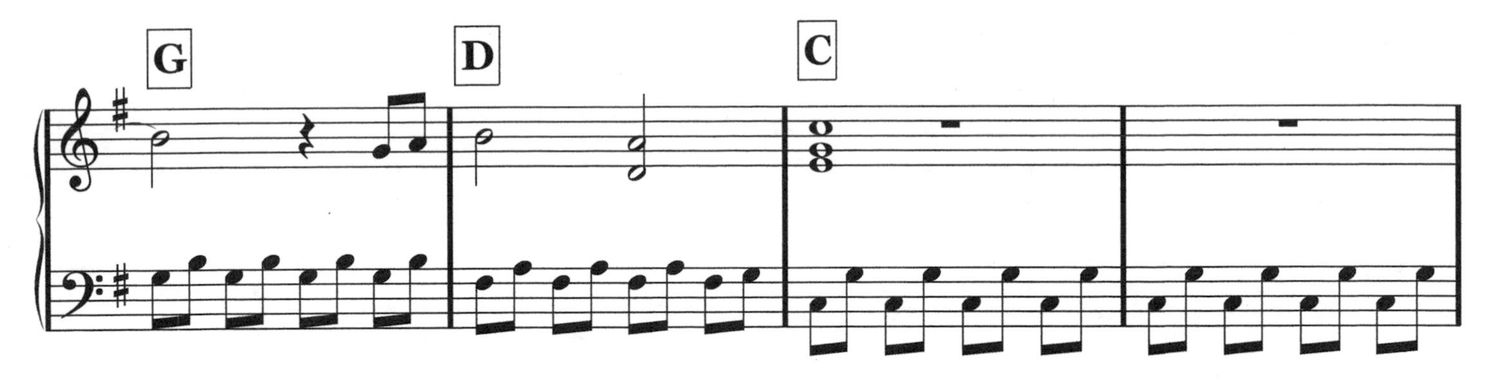
G
D
C

D
Em
C
mf

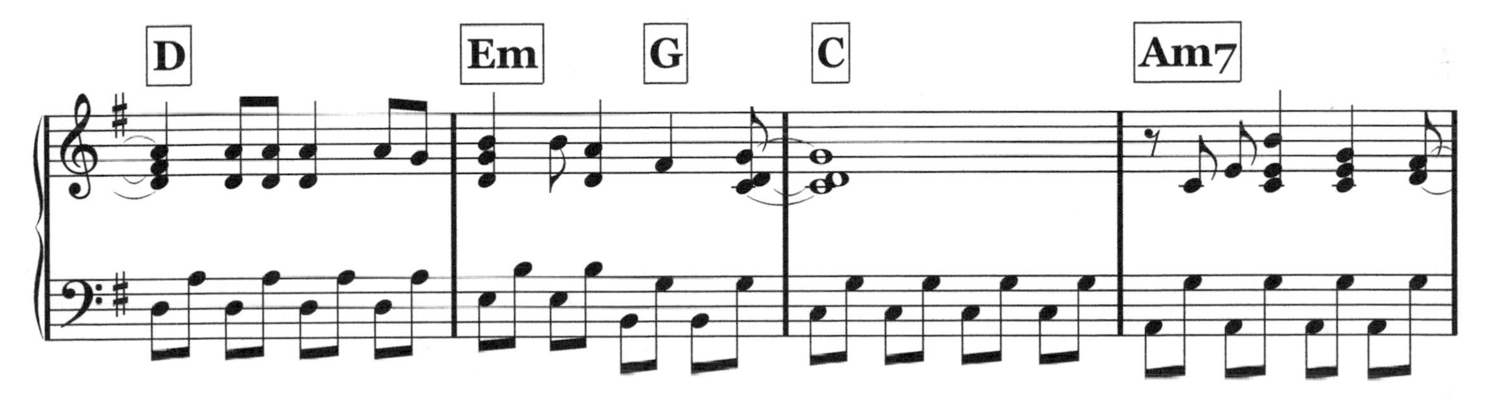
D
Em
G
C
Am7

D
Em
C

D
Em
G
C
C2

G
D
f

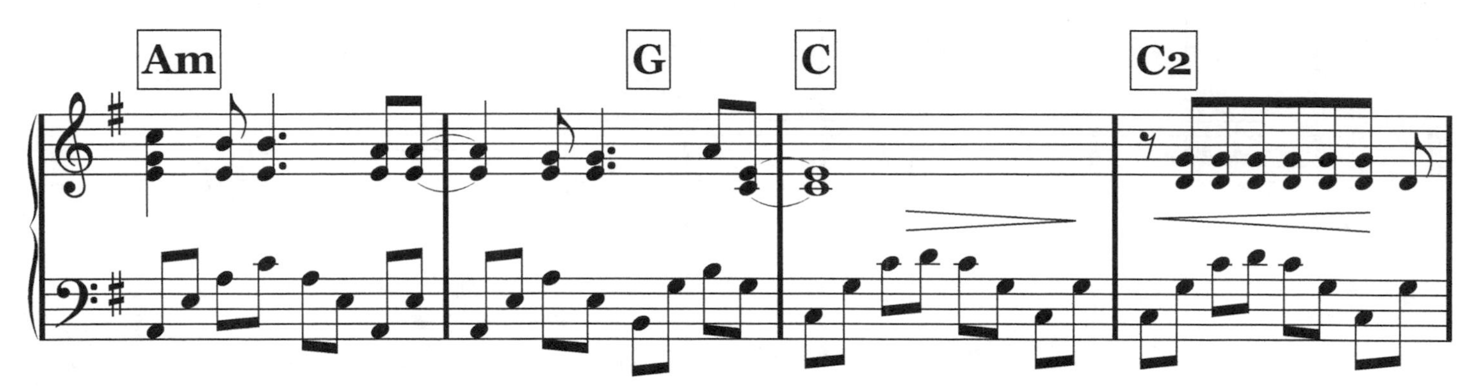
Am
G
C
C2

G
D

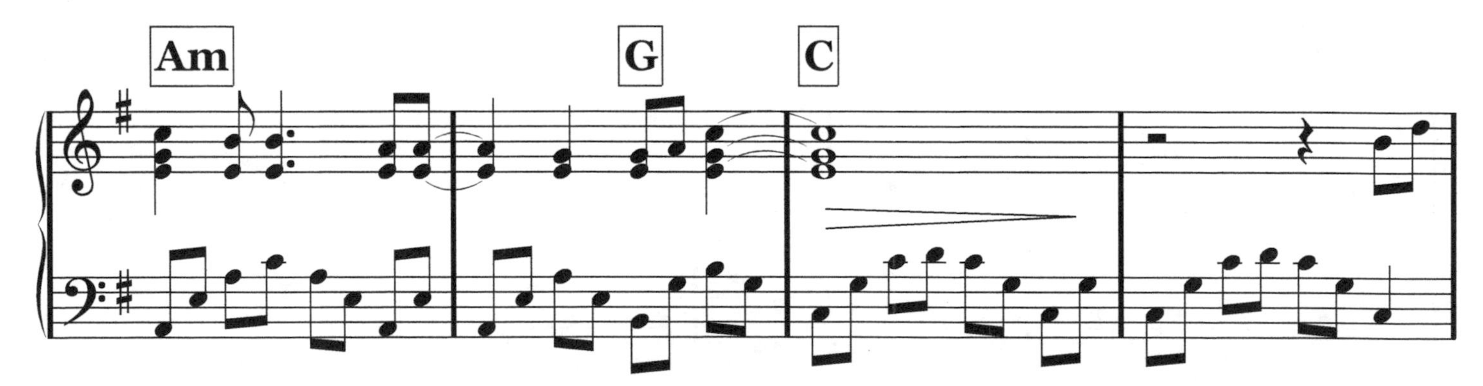
Am
G
C

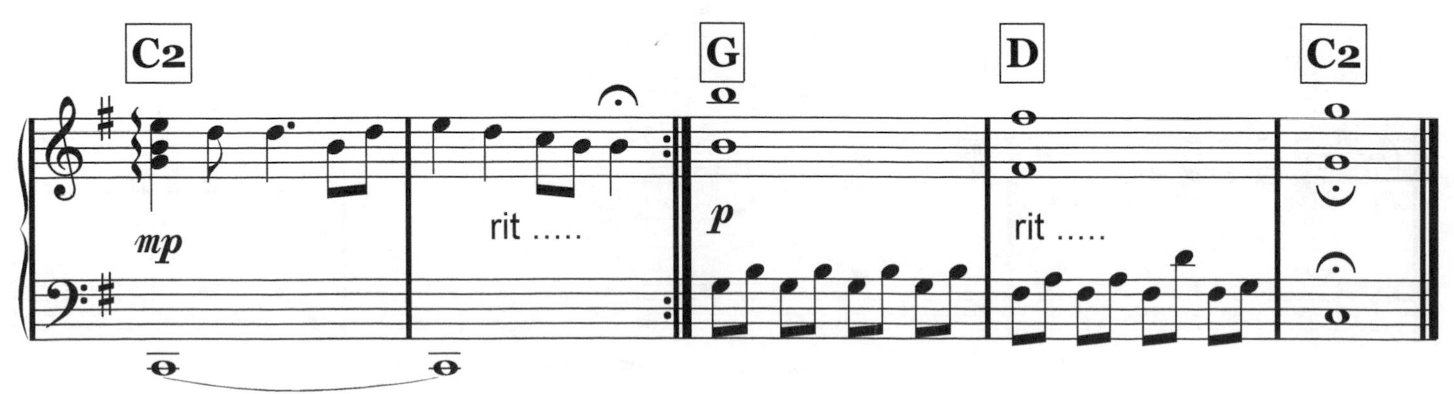
C2
G
D
C2
mp
rit .....
p
rit .....

Don´t Cry for Me Argentina

BSO "Evita"

Andrew Lloyd Webber (1976)

Andante C F

mp

Ped. Ped. simile

C
a tempo

G
Am

Cmaj7
Fmaj7

C
(m. i.)
F
p
(m. d.)

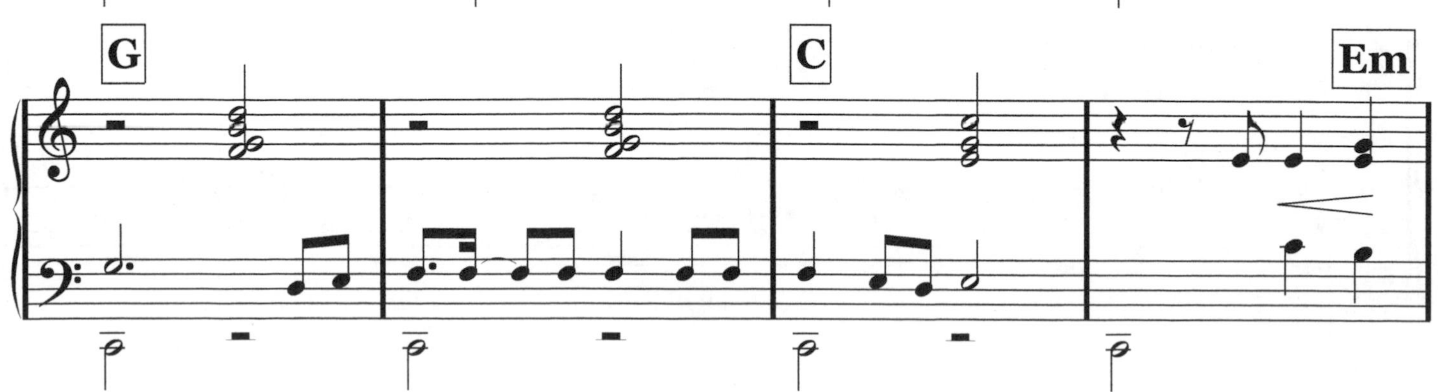
G
C
Em

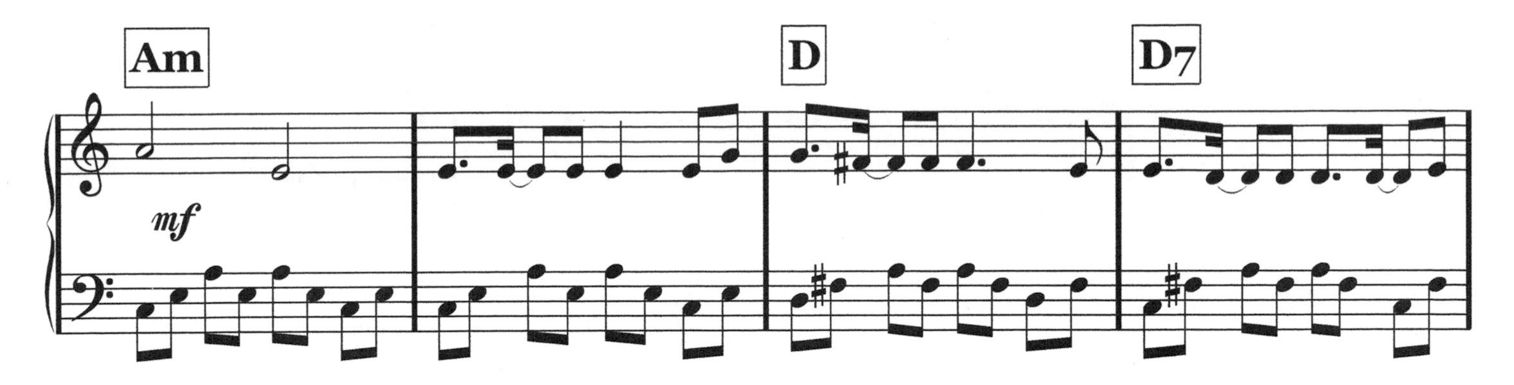
Am
D
D7
mf

G
D
G
rit .....

C
a tempo

G
Am

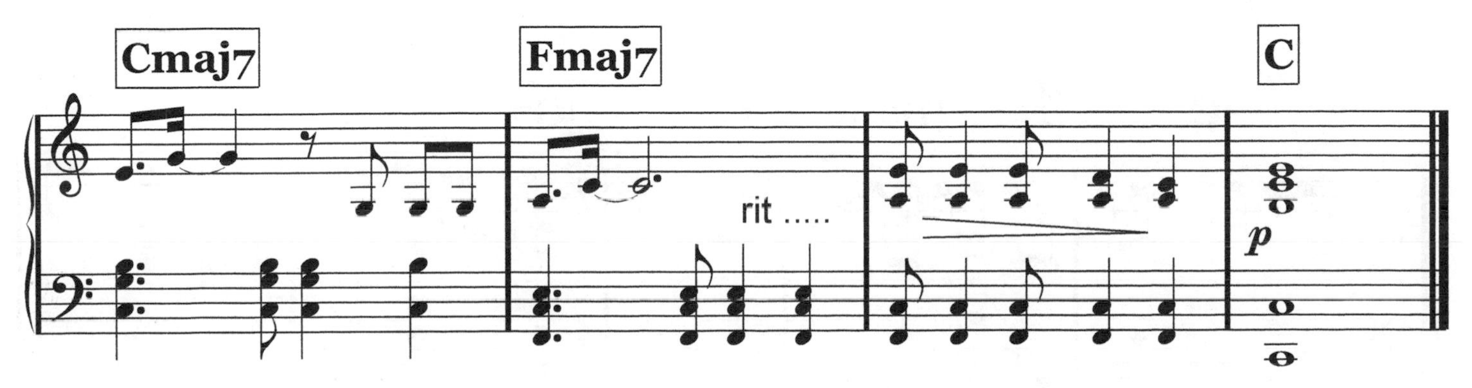
Cmaj7
Fmaj7
C
rit .....
p

The Music of the Night

BSO "El fantasma de la ópera"

Andrew Lloyd Webber (1986)

Bb
Eb
Ab
D
D7
f

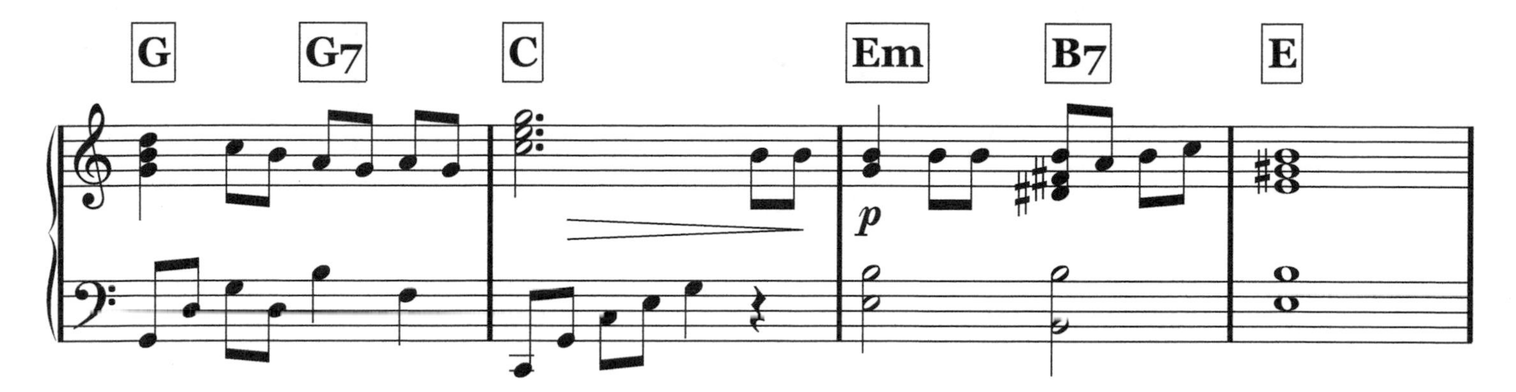
G
G7
C
Em
B7
E
p

C
G
F
G
C
G
F
G
mf

F
C
F
C
F
Bb
F
C

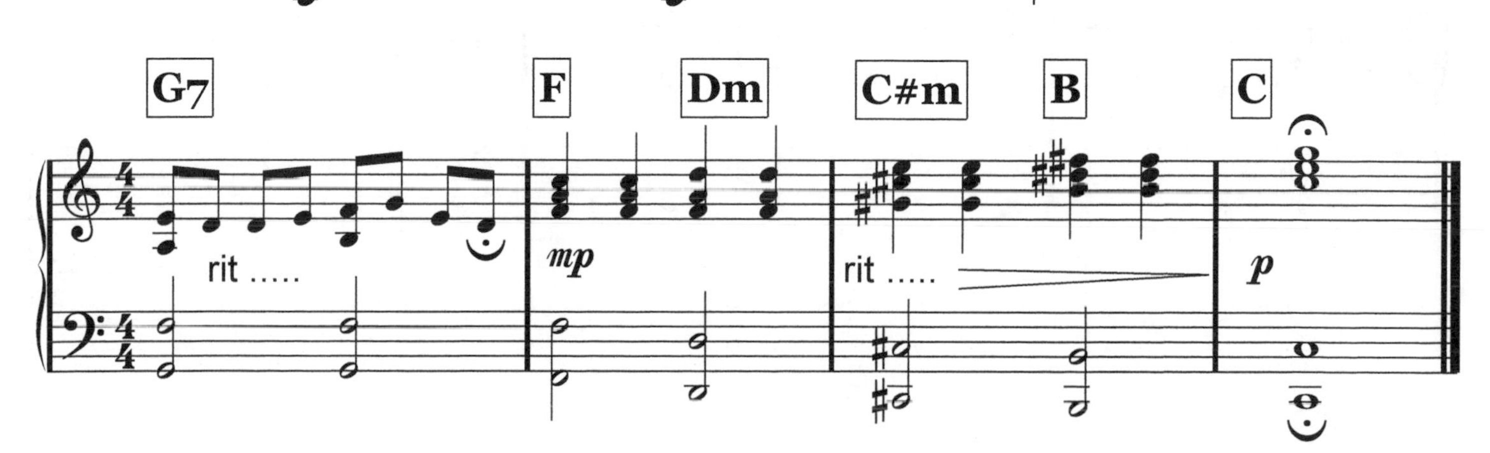
G7
F
Dm
C#m
B
C
rit .....
mp
rit .....
p

Juego de tronos

BSO TV "Juego de tronos"

Ramin Djawadi (2011)

Fm

Cm

Gm

Bb

Cm

Cm
Gm
f

Bb

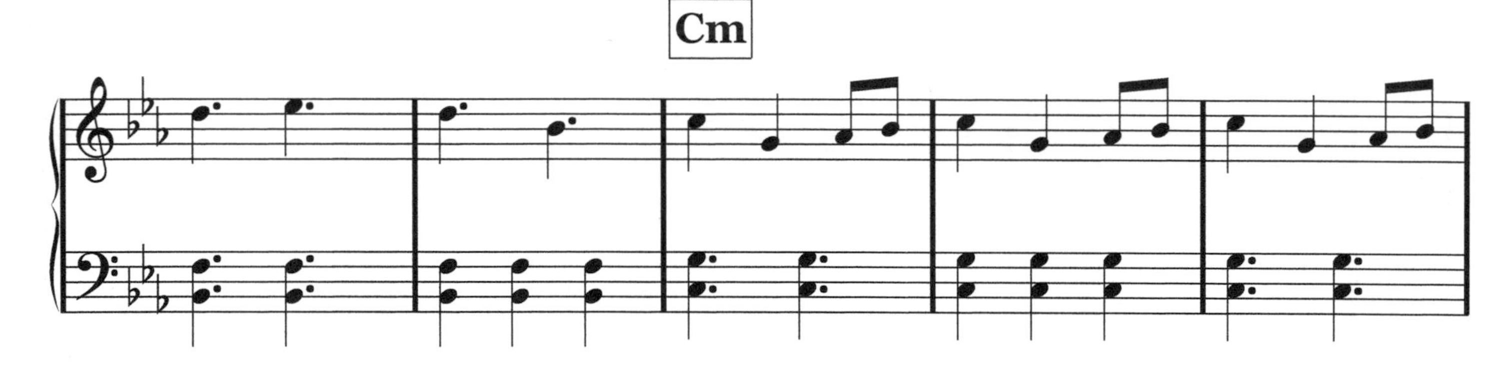
Cm

Ab
Eb
f

Fm
Cm
Ab

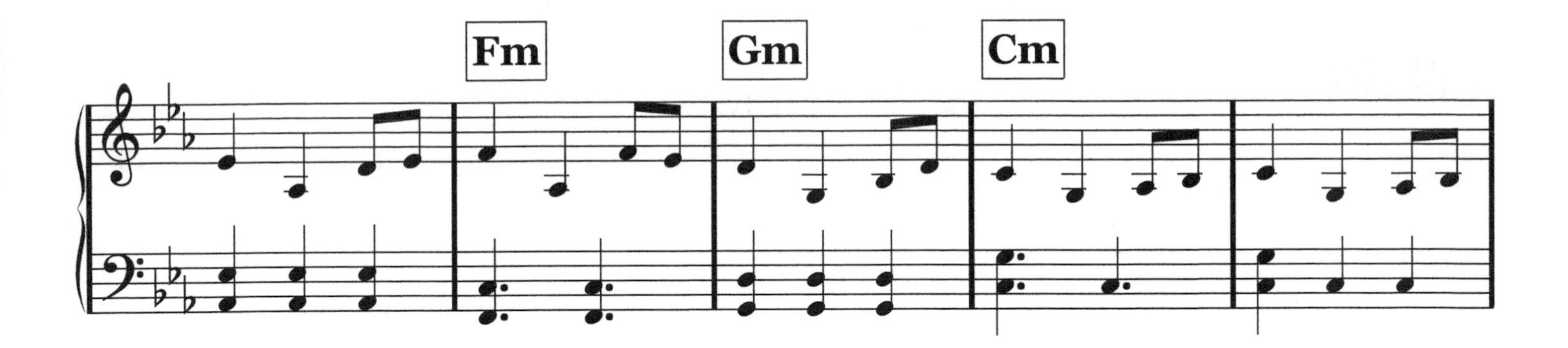
Fm
Gm
Cm

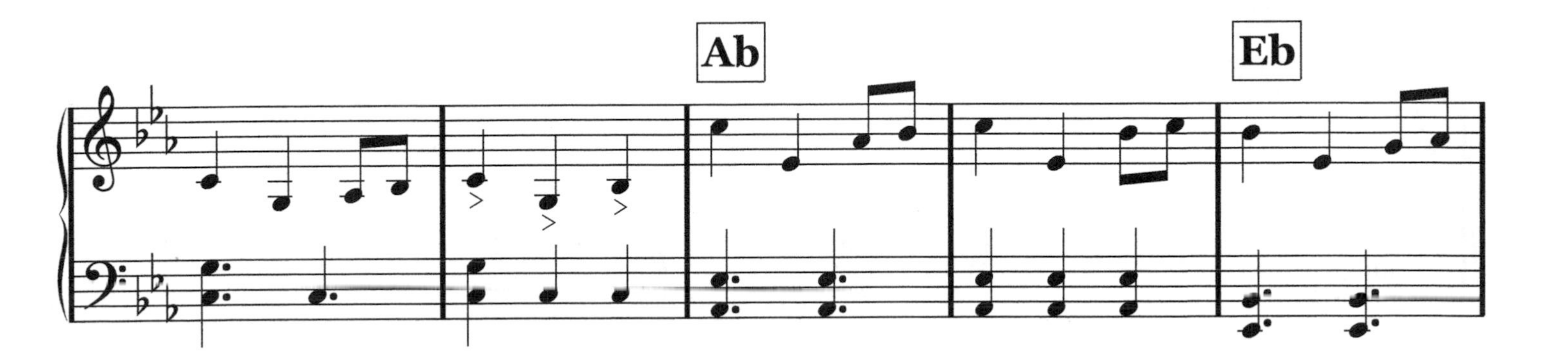
Ab
Eb

Fm
Cm

Ab
Fm
Gm

Cm

Gabriel´s Oboe

BSO "La misión"

Ennio Morricone (1986)

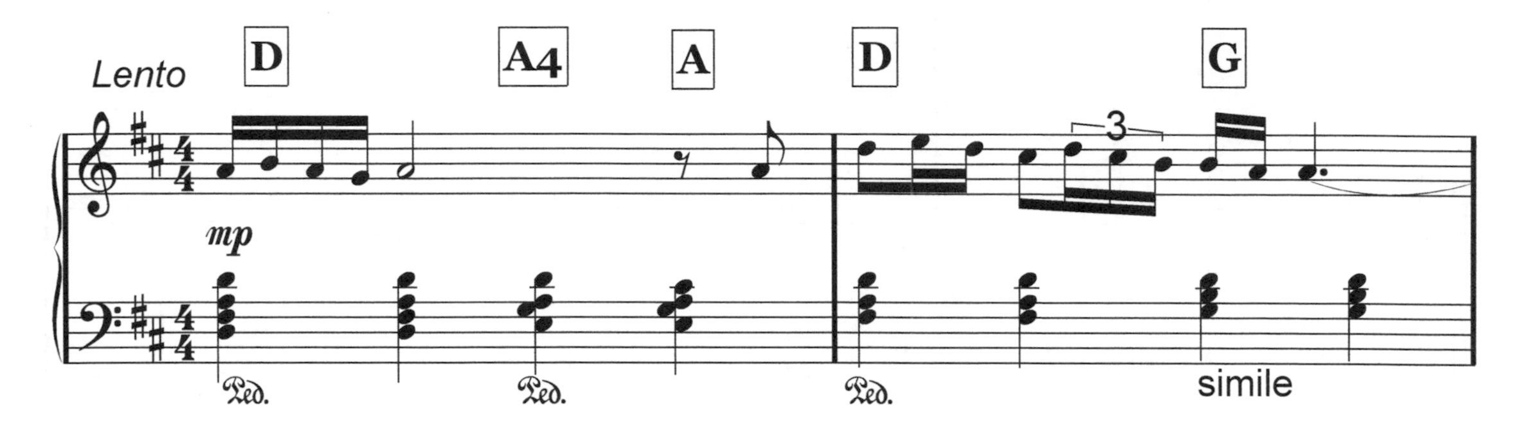

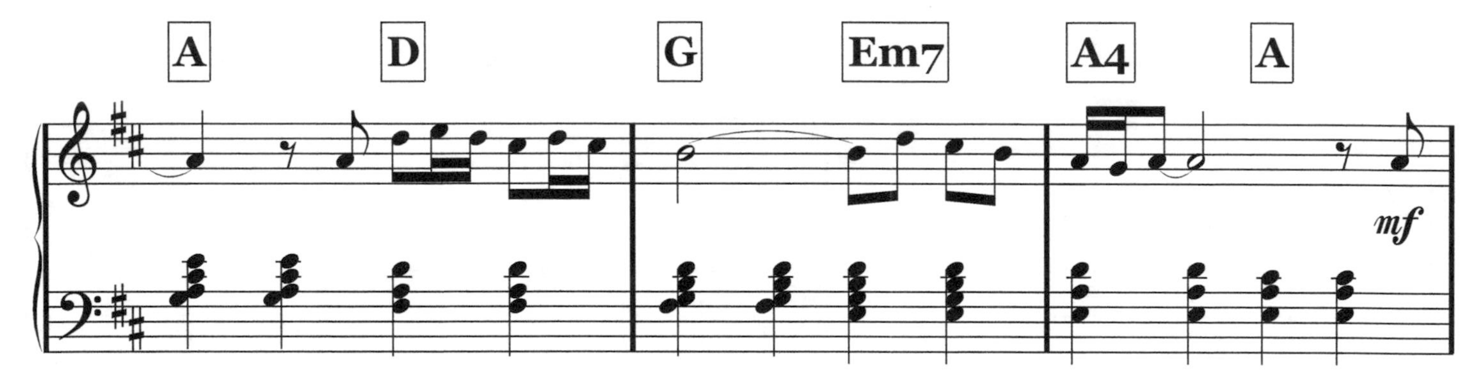

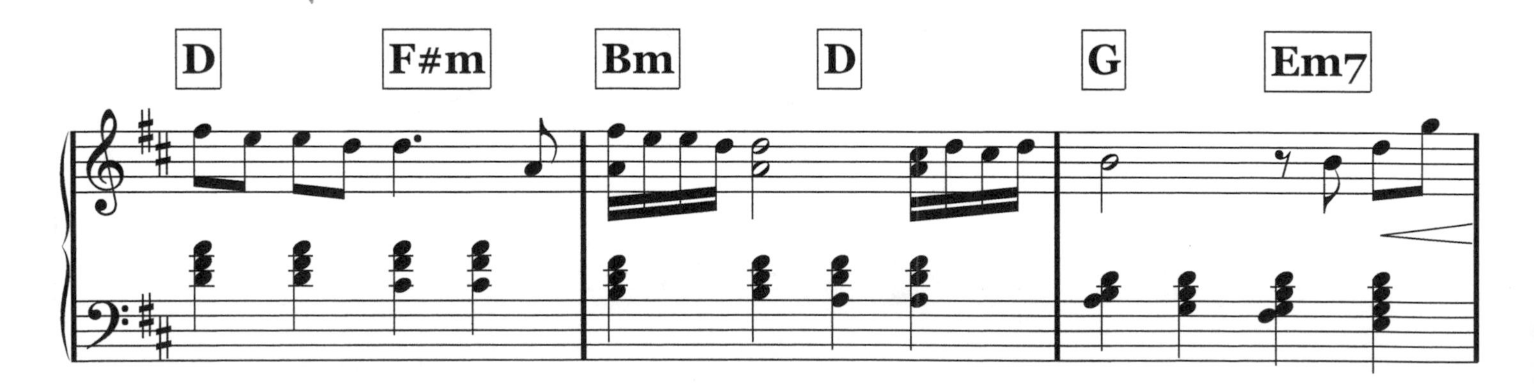

D
A4
A
D
G
A
D
3
mp

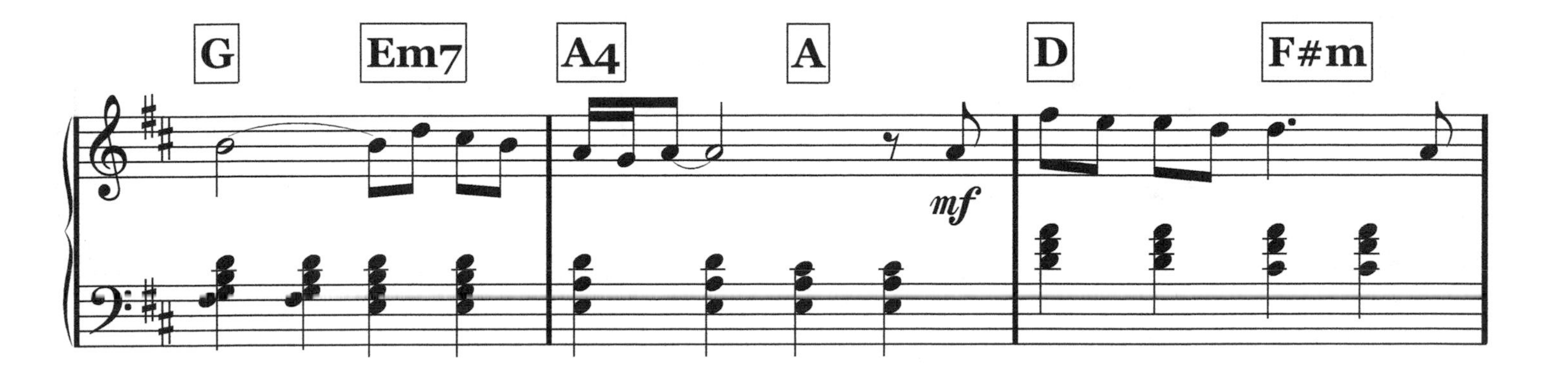
G
Em7
A4
A
D
F#m
mf

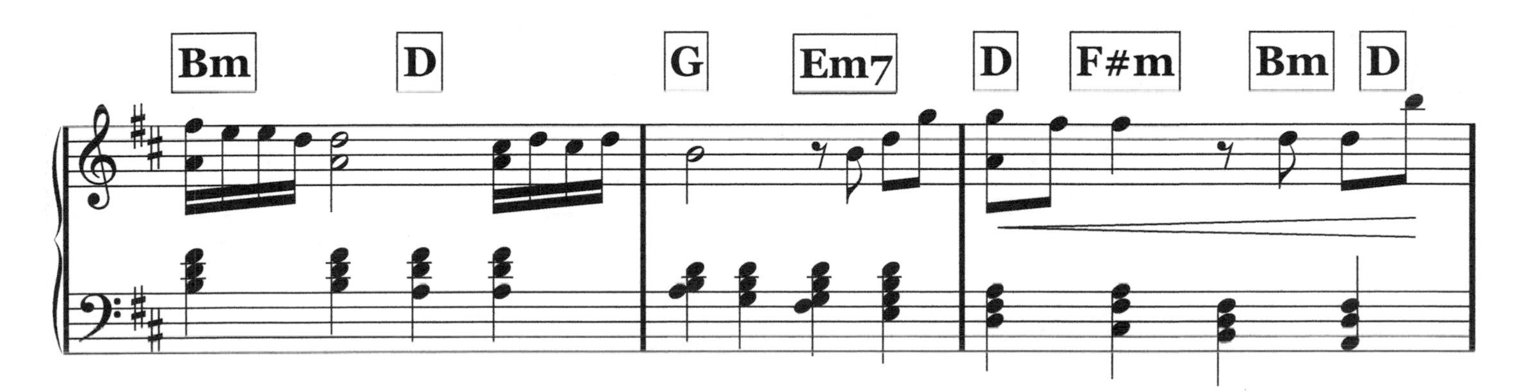
Bm
D
G
Em7
D
F#m
Bm
D

G
A
D
G
A4
A
f

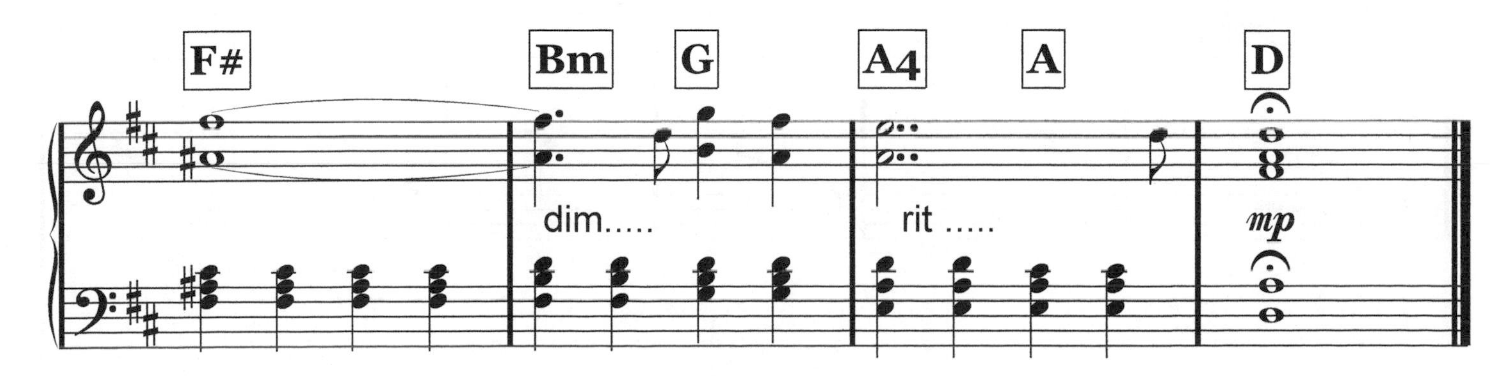
F#
Bm
G
A4
A
D
dim.....
rit .....
mp

Cinema Paradiso

BSO "Cinema Paradiso"

Ennio Morricone (1988)

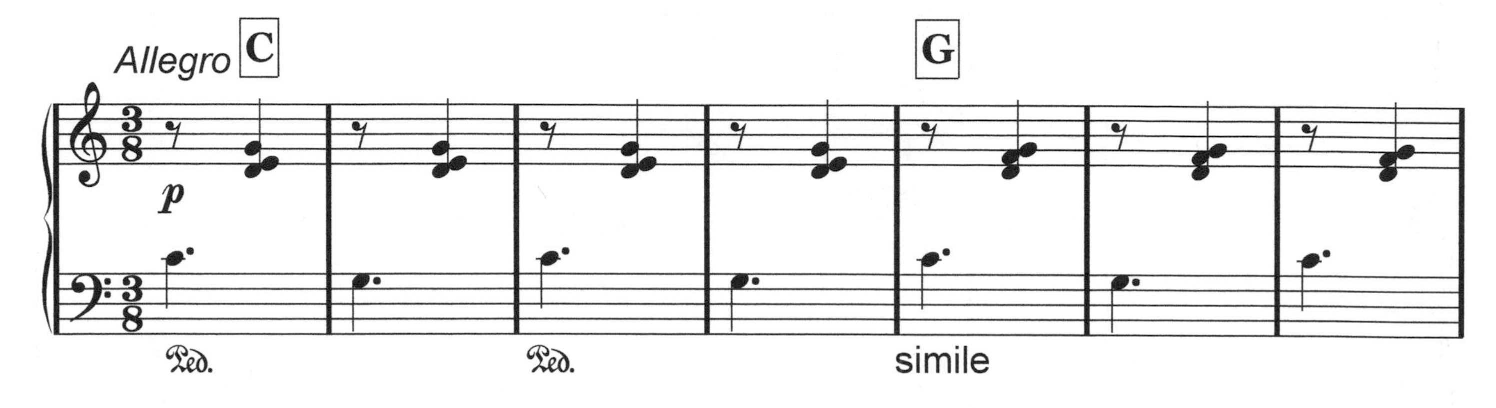

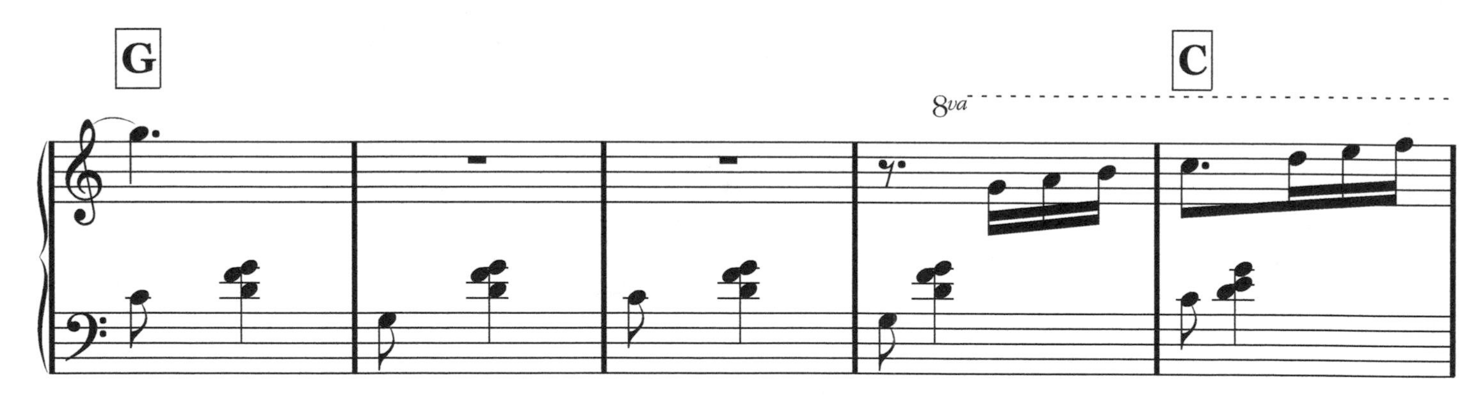

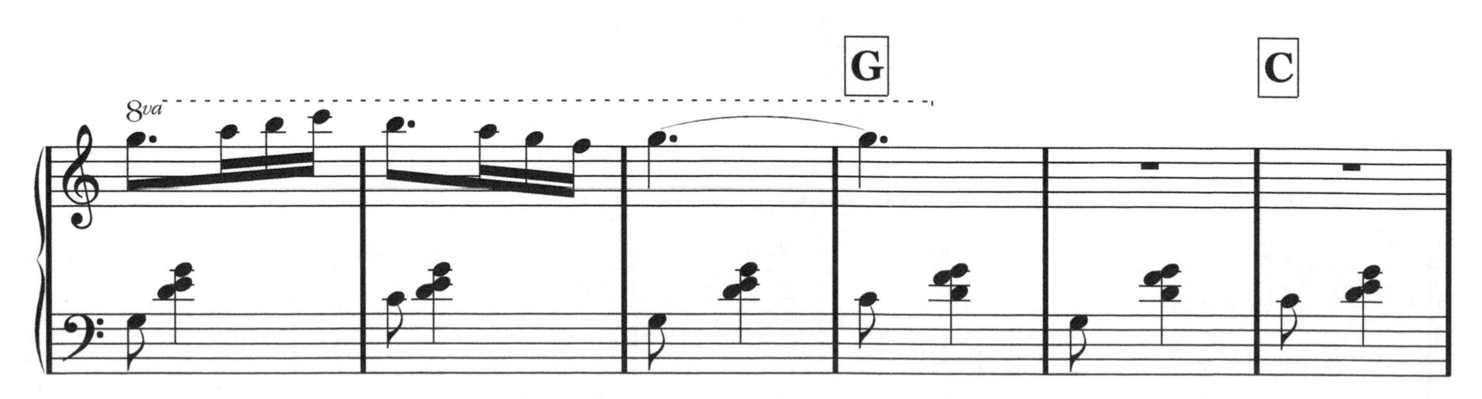

F
C

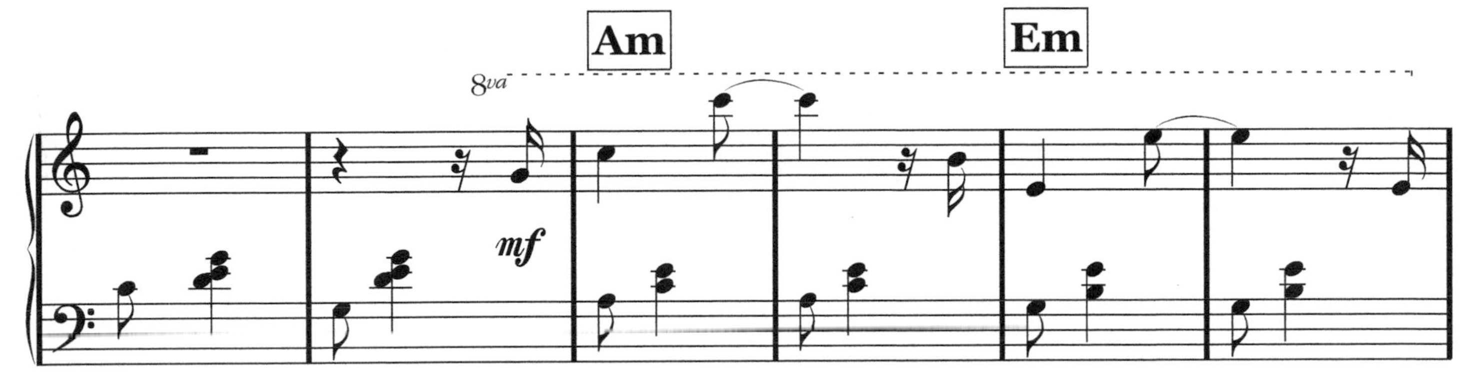
Am
Em
8va
mf

F
C
Cm
8va
mp

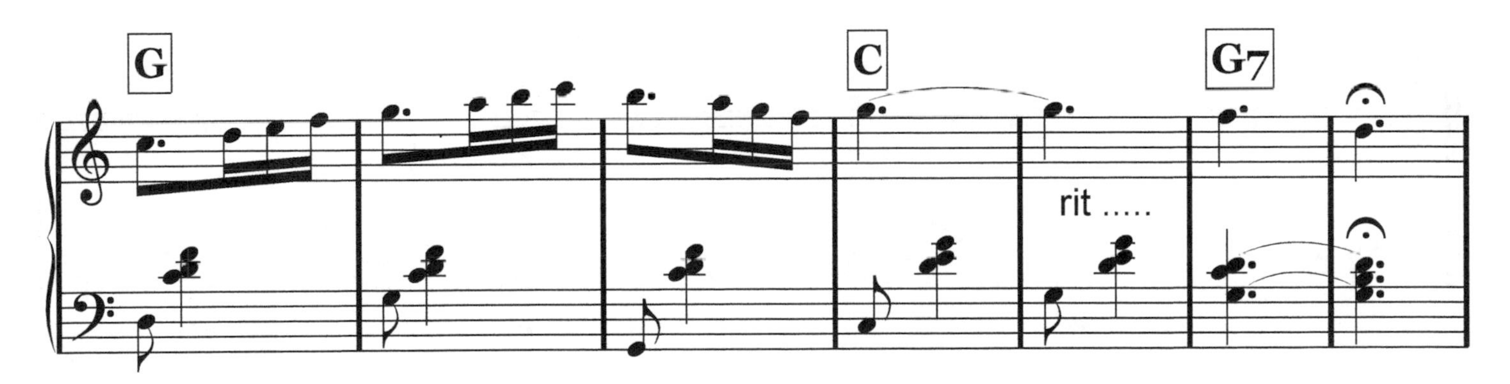
G
C
G7
rit .....

C
p
a tempo
rit .....

La vida es bella

BSO "La vida es bella"

Nicola Piovani (1997)

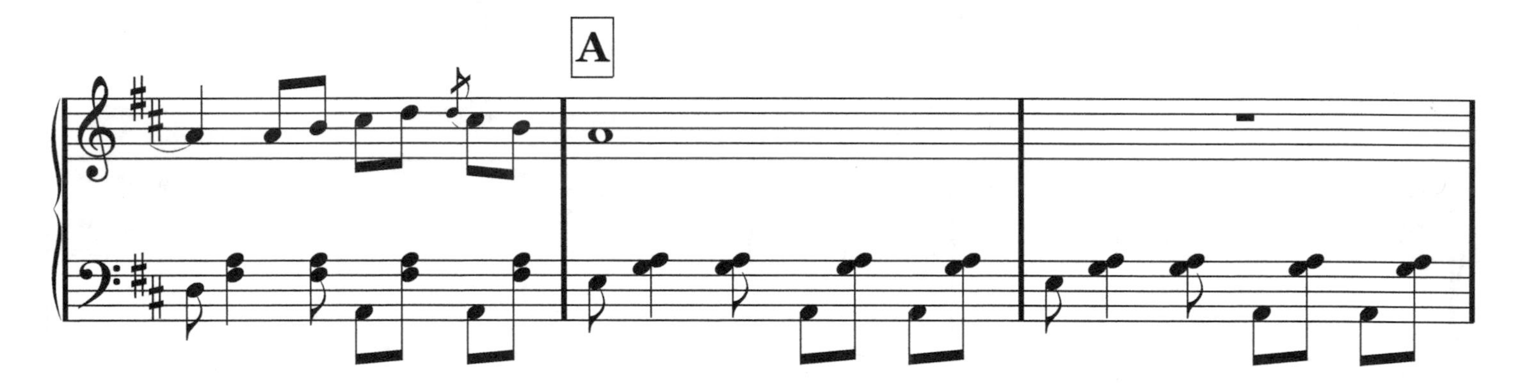

Bm
Em
G
Bm

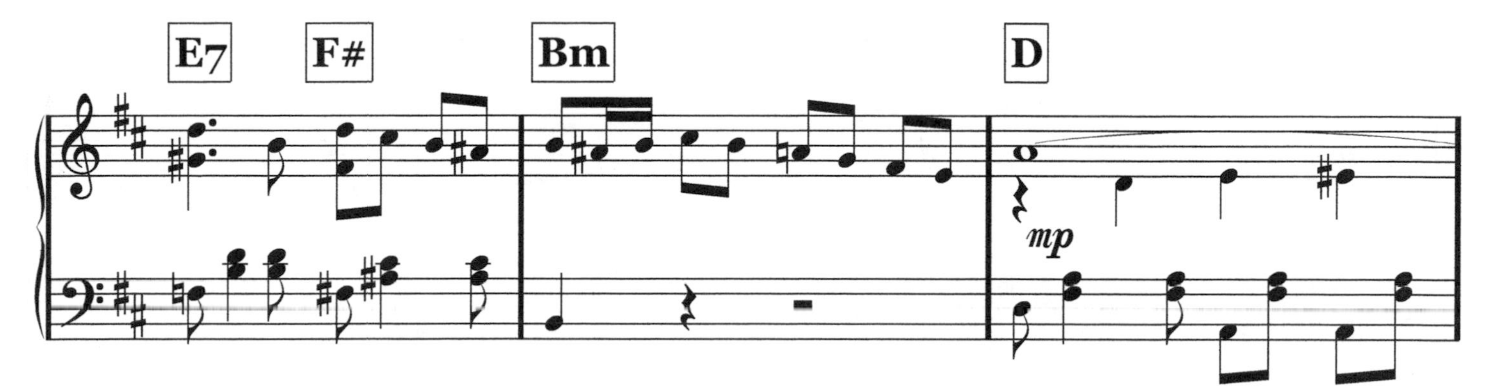
E7
F#
Bm
D
mp

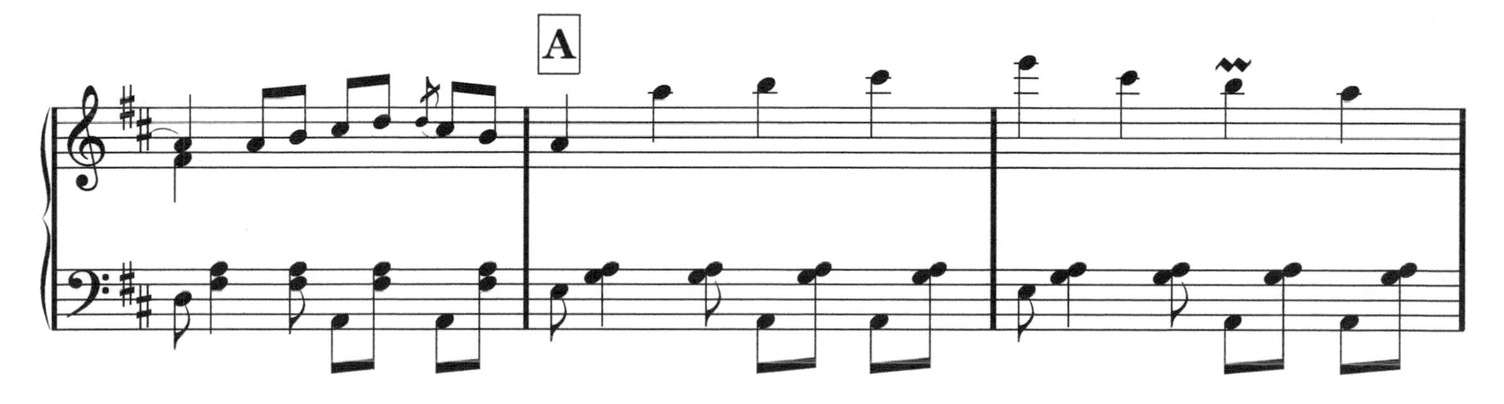
A

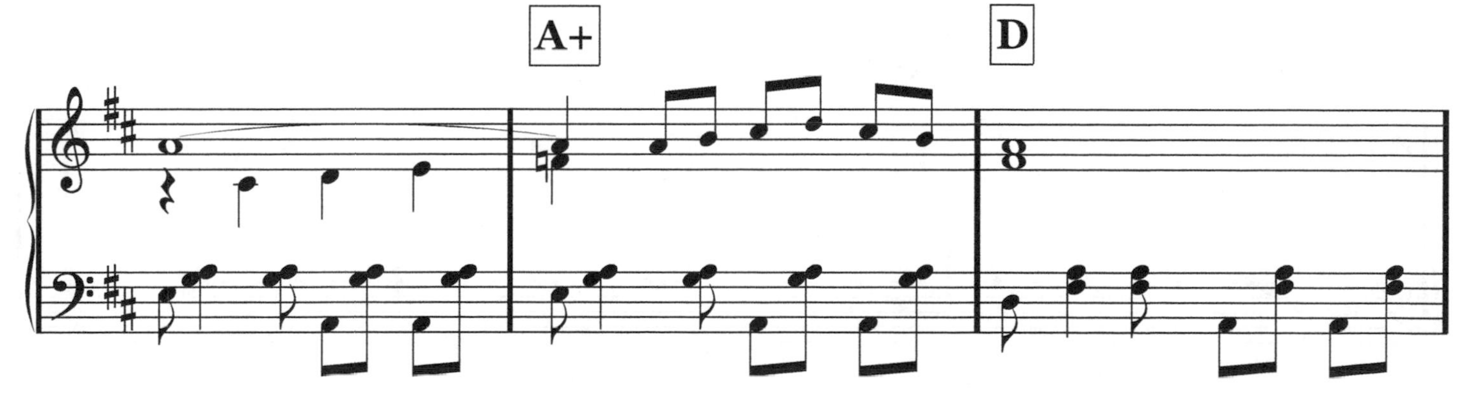
A+
D

F#
Bm
Em
mf

Bm
Em
G
Bm

E7
F#
Bm
D

A

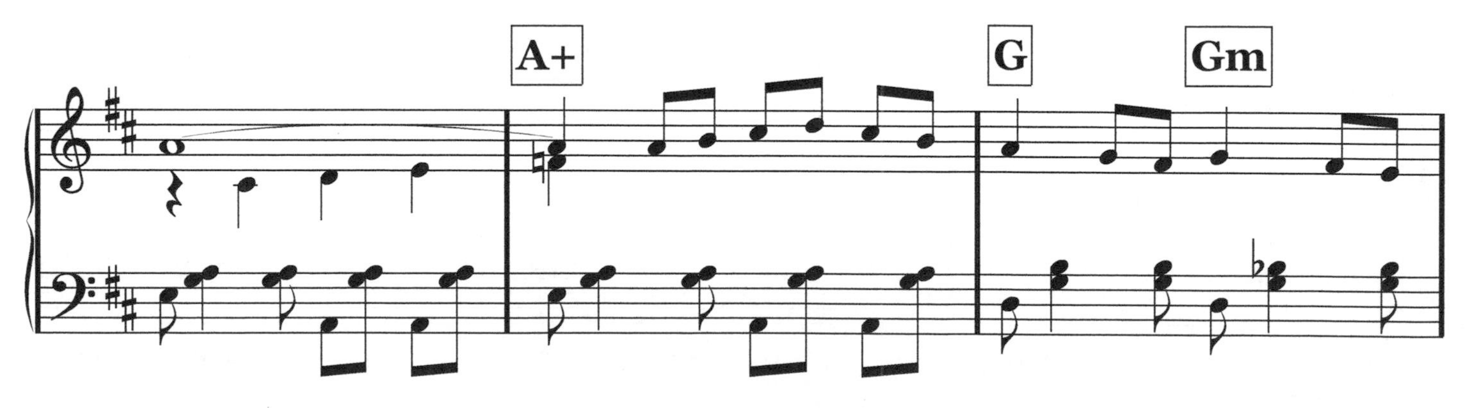
A+
G
Gm

D
A7
D
p

As Time Goes By

BSO "Casablanca"

Herman Hupfeld (1931)

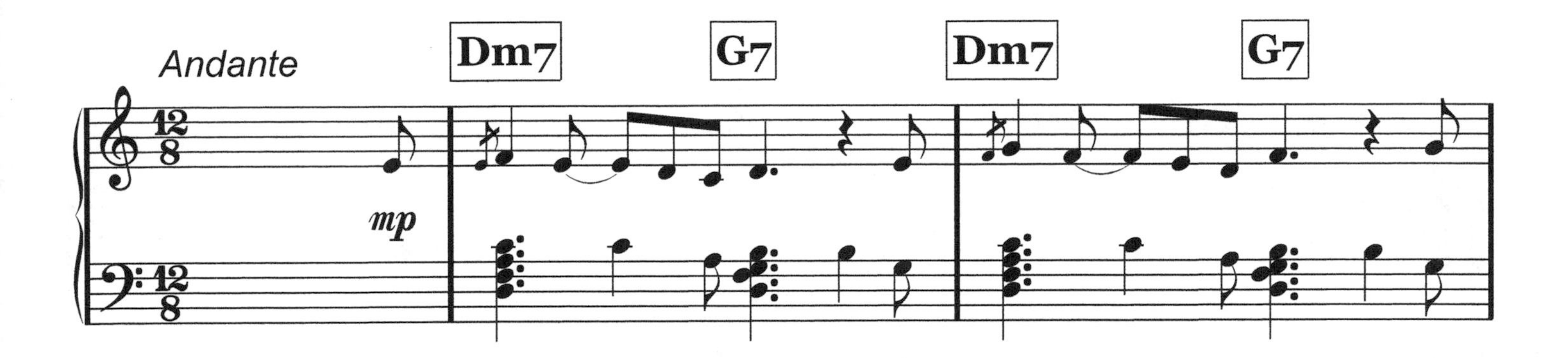

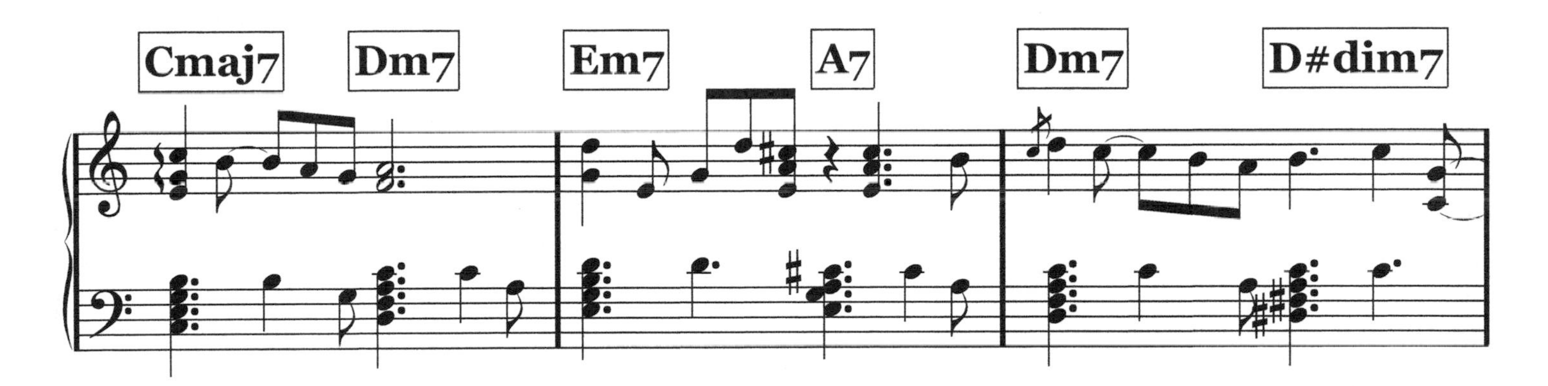

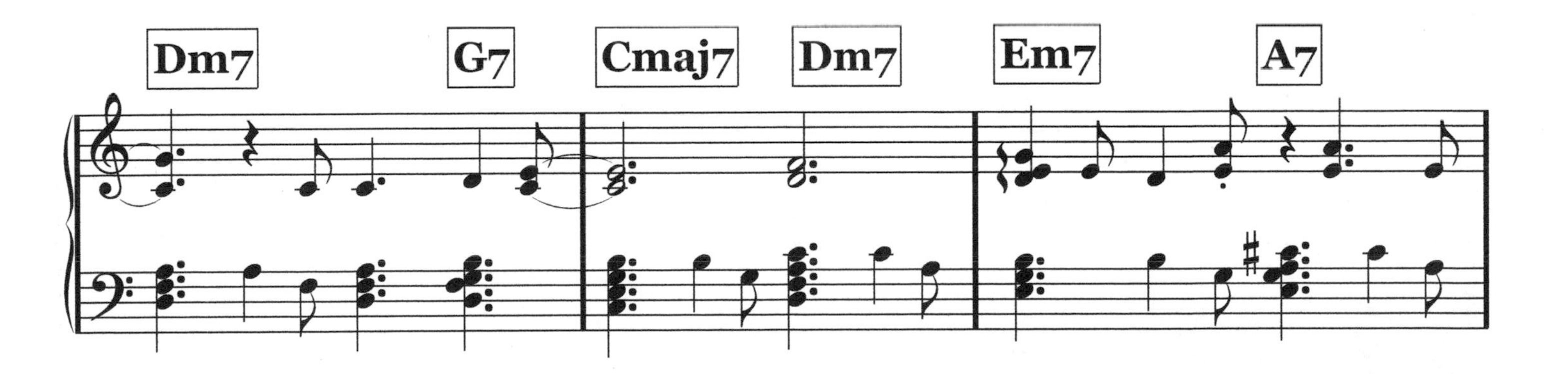

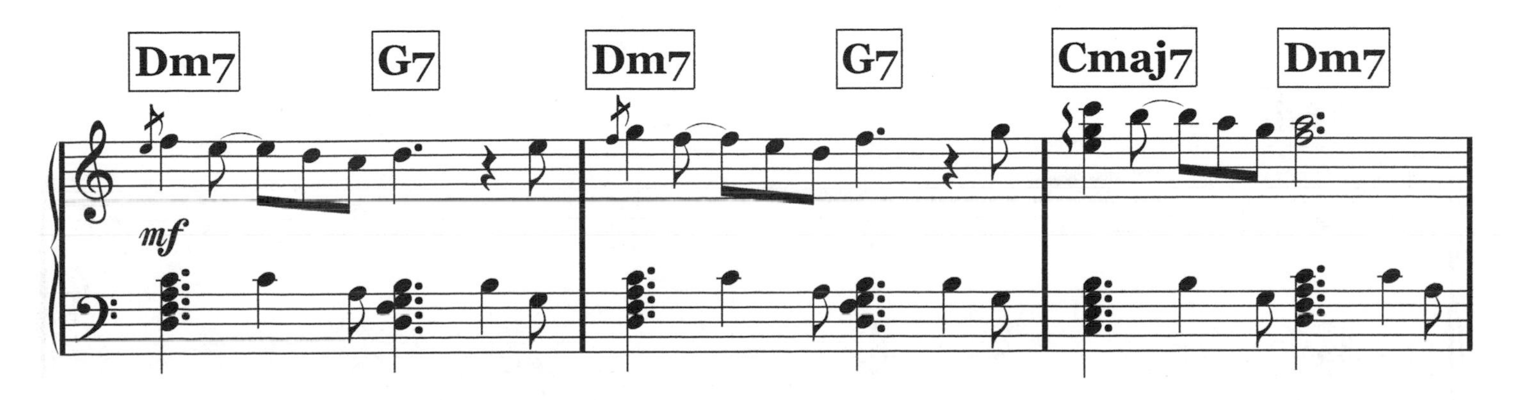

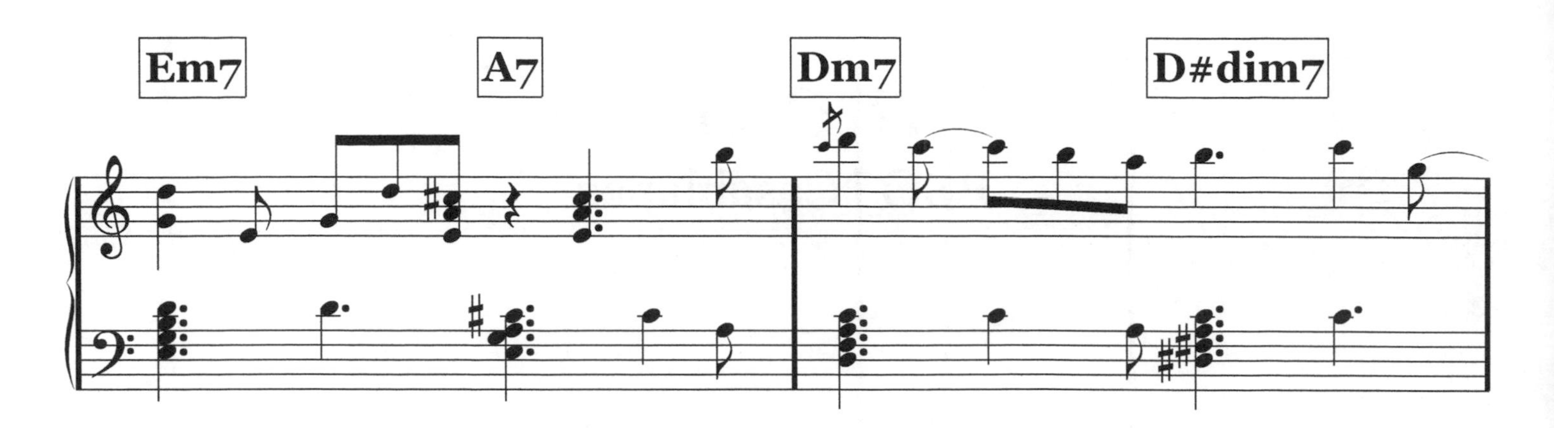
Em7
A7
Dm7
D#dim7

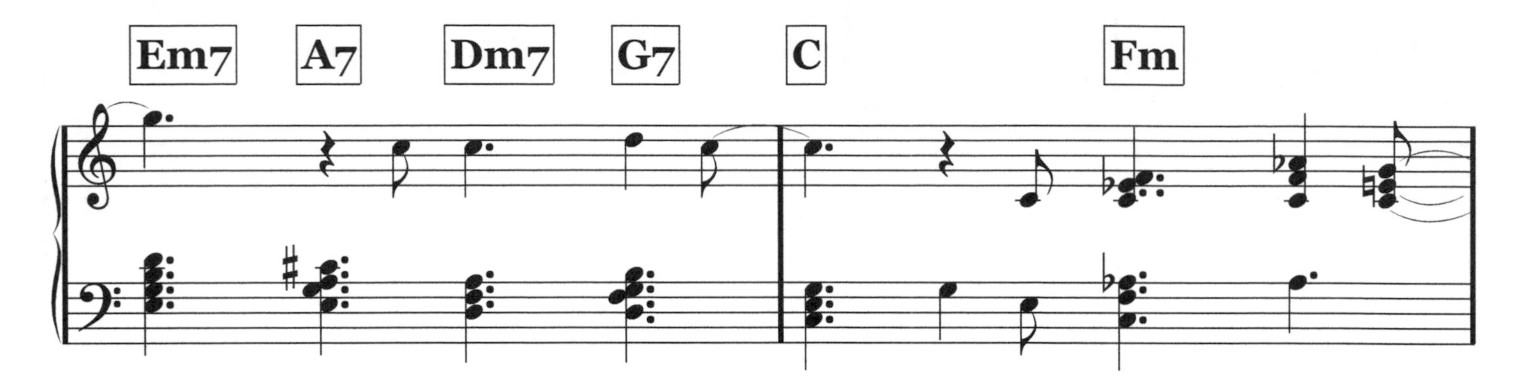
Em7
A7
Dm7
G7
C
Fm

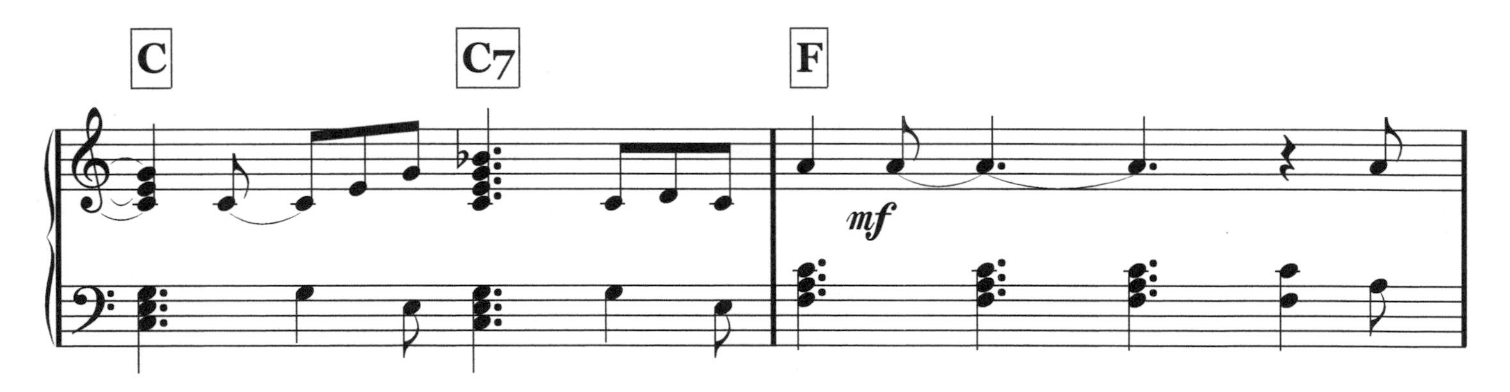
C
C7
F
mf

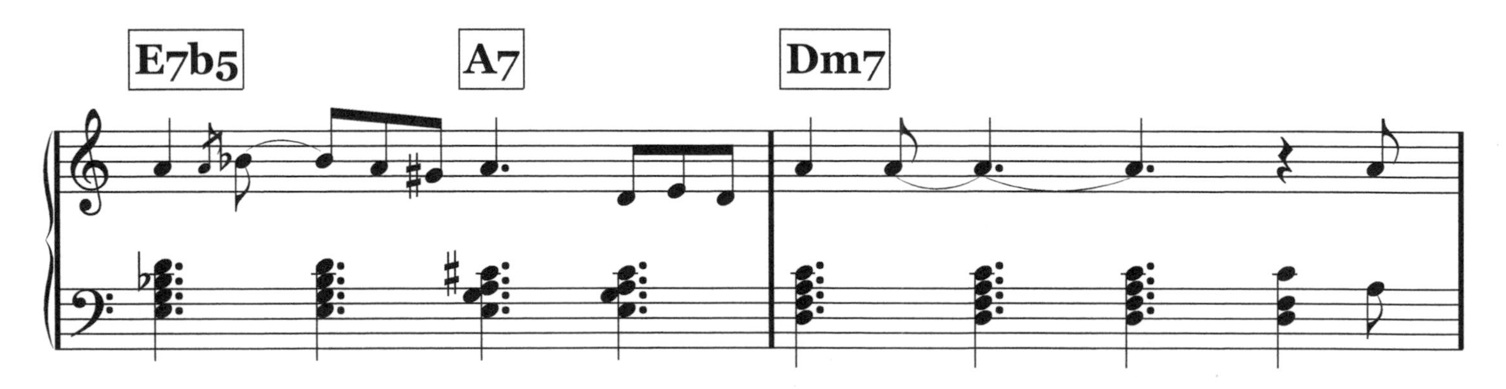
E7b5
A7
Dm7

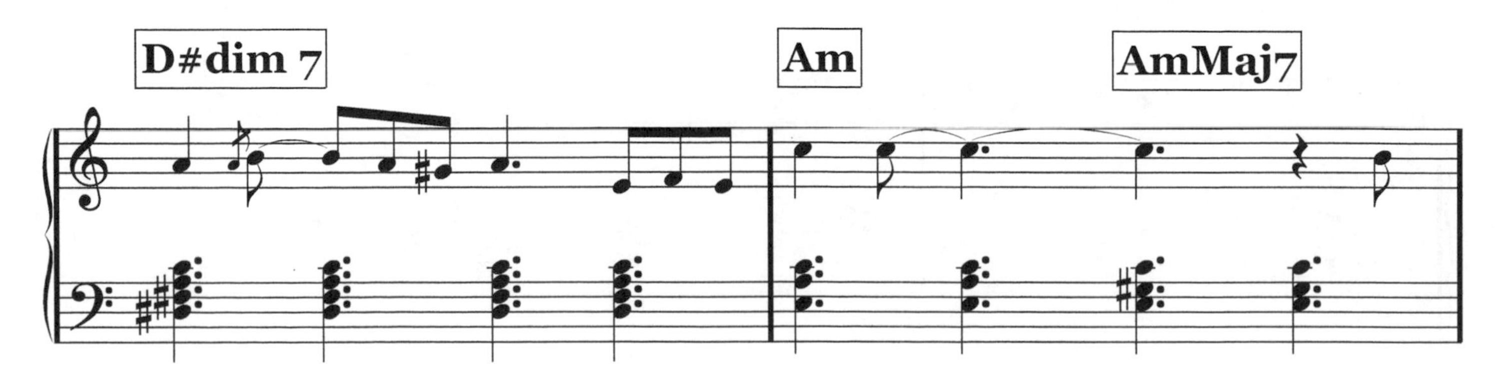
D#dim 7
Am
AmMaj7

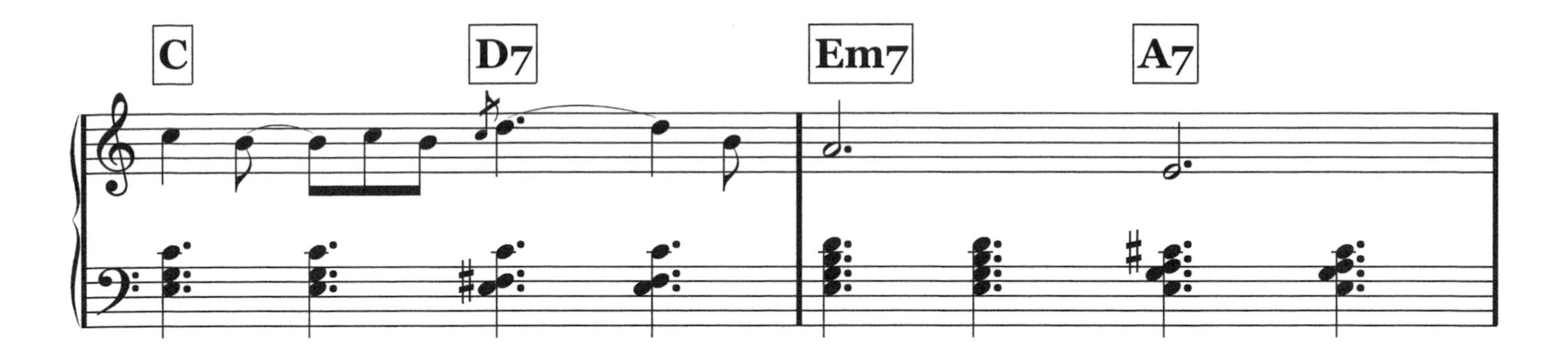
C
D7
Em7
A7

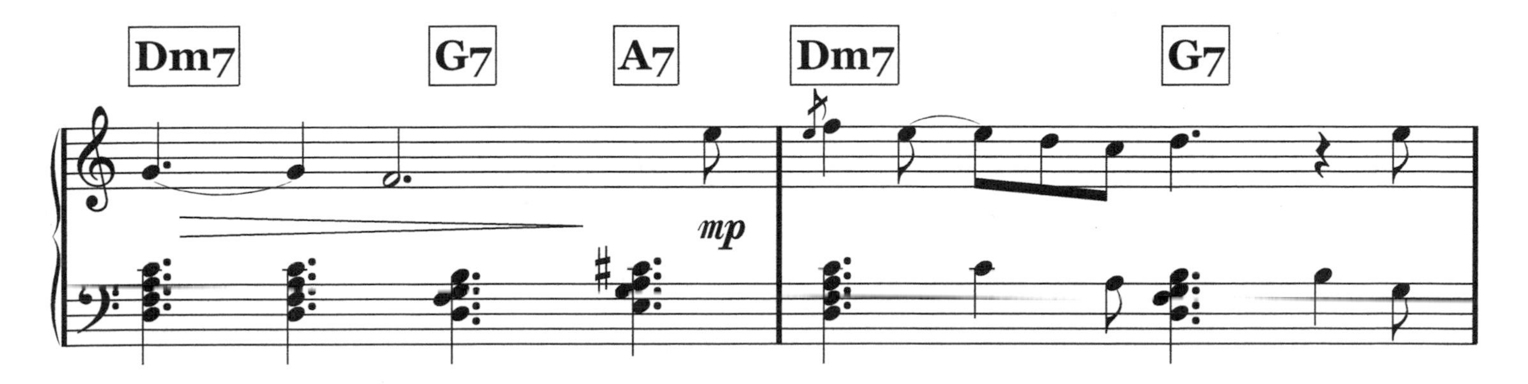
Dm7
G7
A7
mp
Dm7
G7

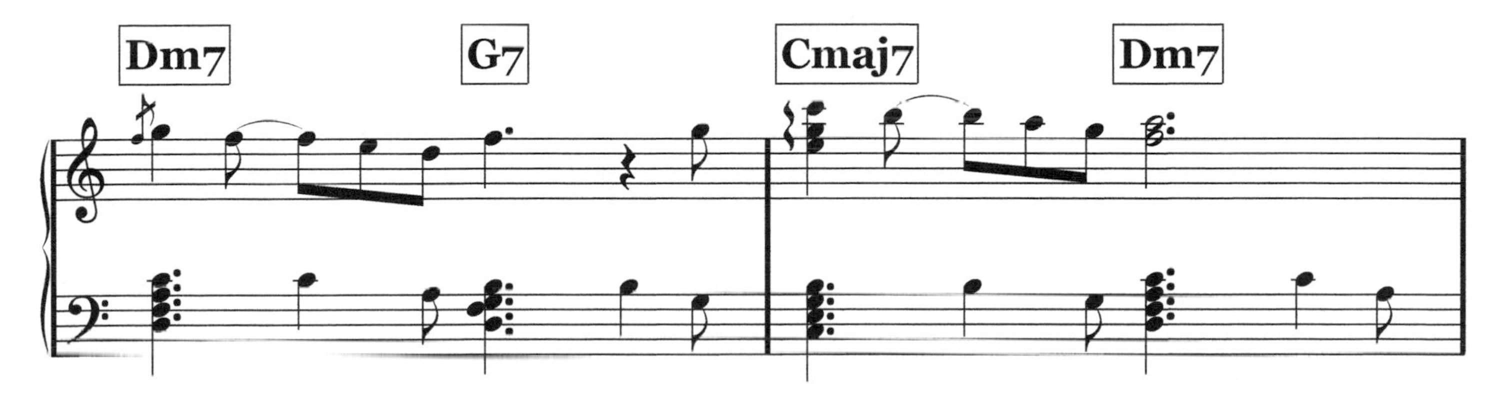
Dm7
G7
Cmaj7
Dm7

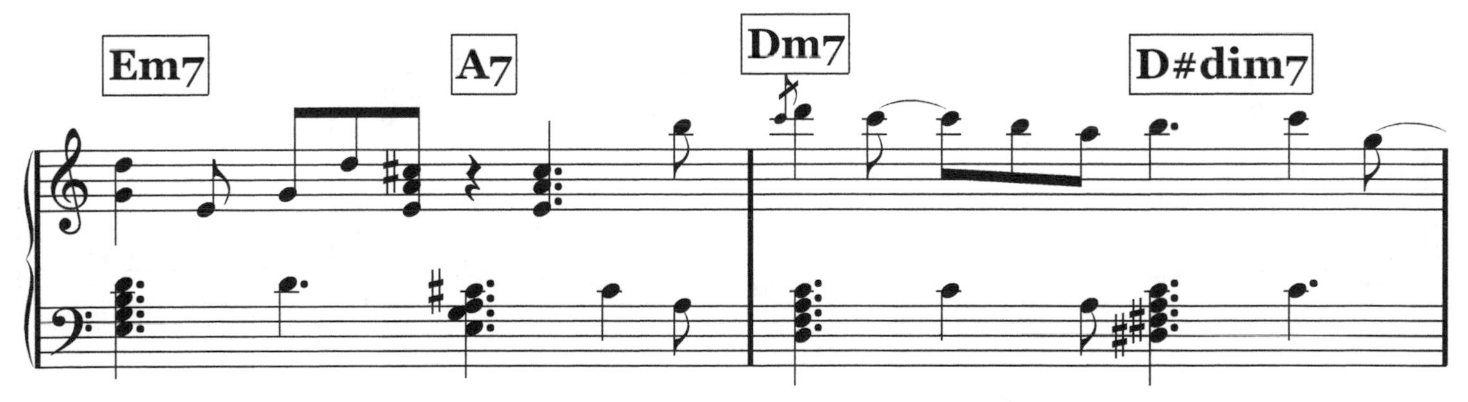
Em7
A7
Dm7
D#dim7

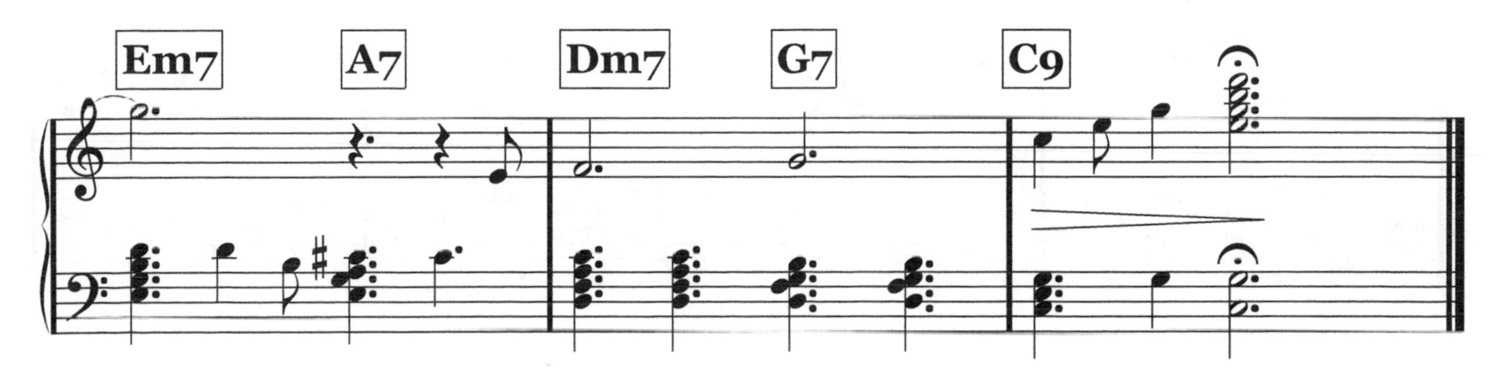
Em7
A7
Dm7
G7
C9

Falling Slowly

BSO "Once"

G. Hansard - M. Irglová (2006)

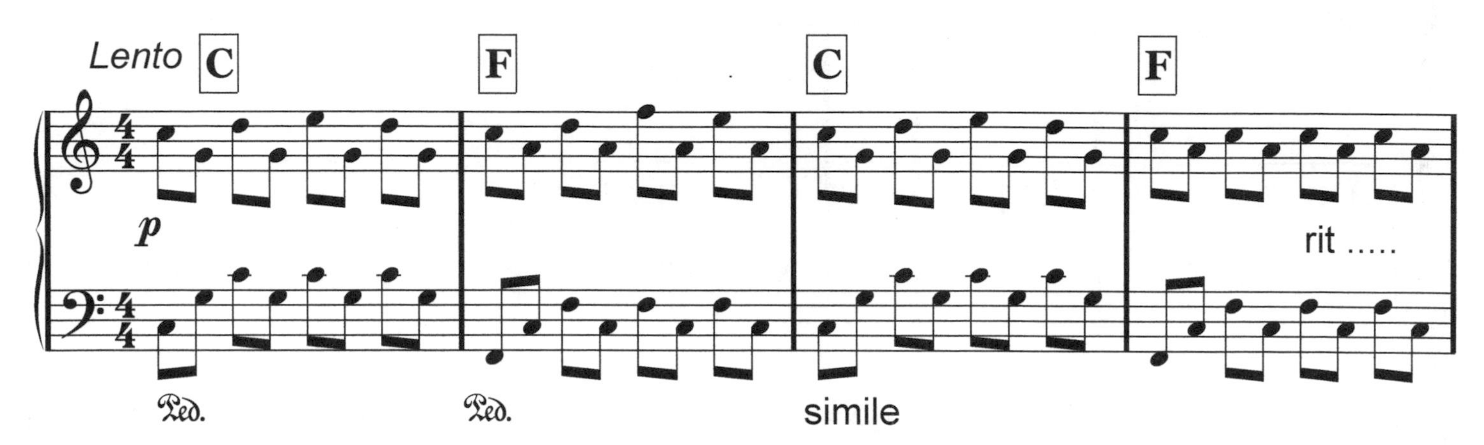

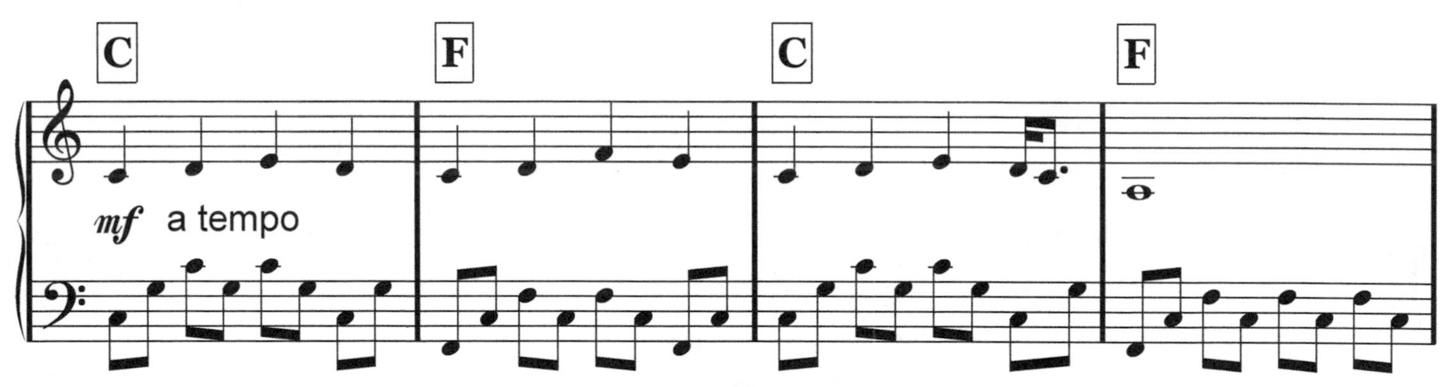

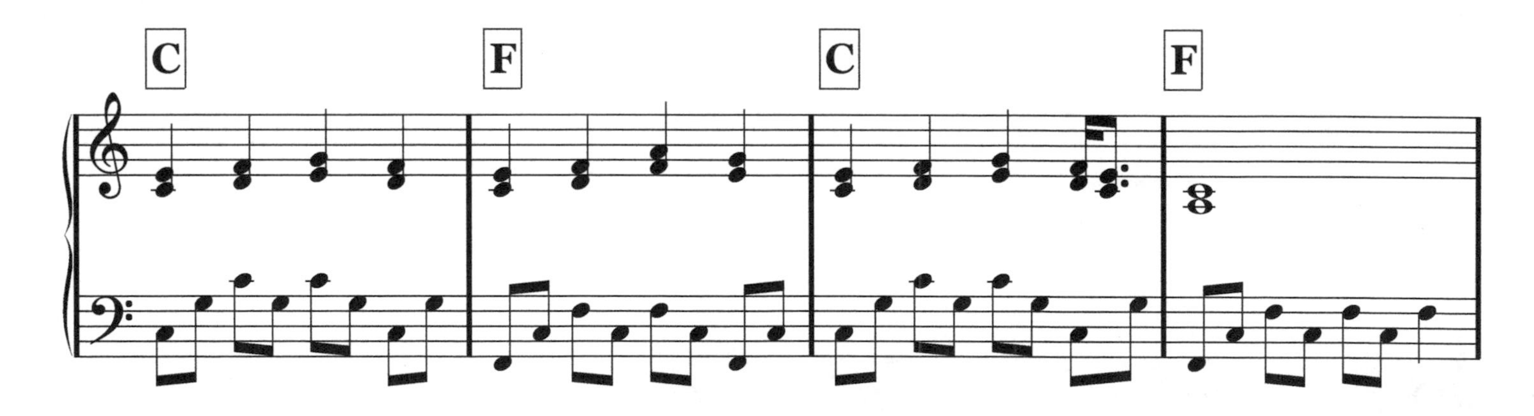

C
F
C
f

F
C
F
Am
G

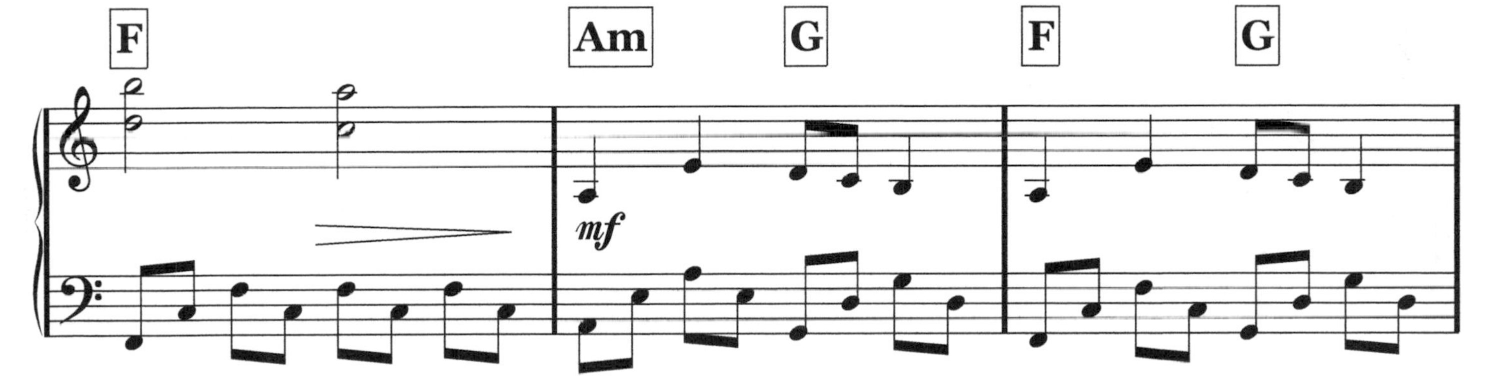
F
Am
G
F
G
mf

Am
G
F

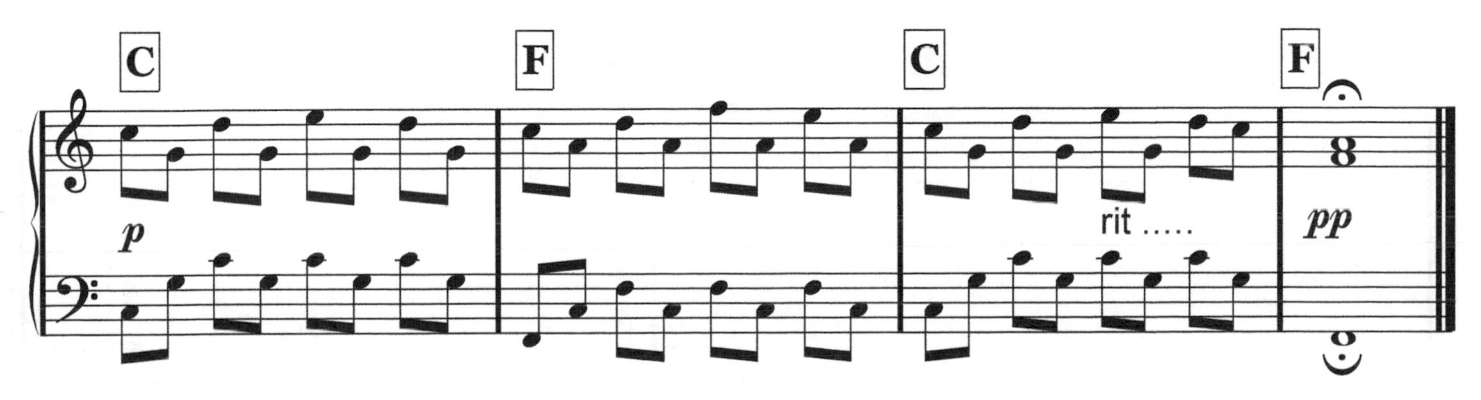
C
F
C
F
p
rit .....
pp

I Dreamed a Dream

BSO "Los miserables"

Claude-Michel Schönberg (1980)

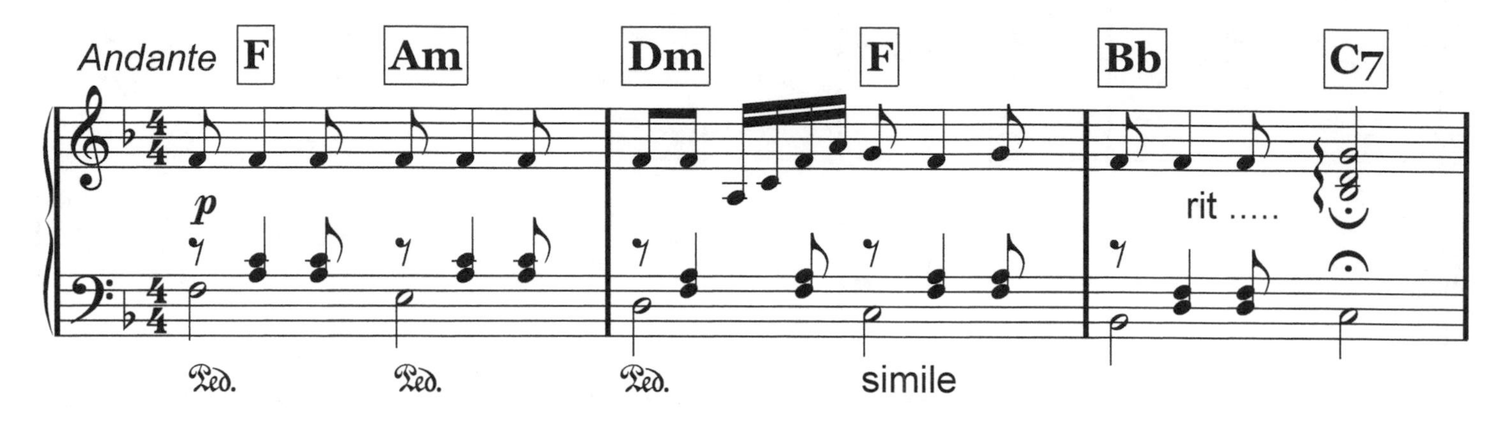

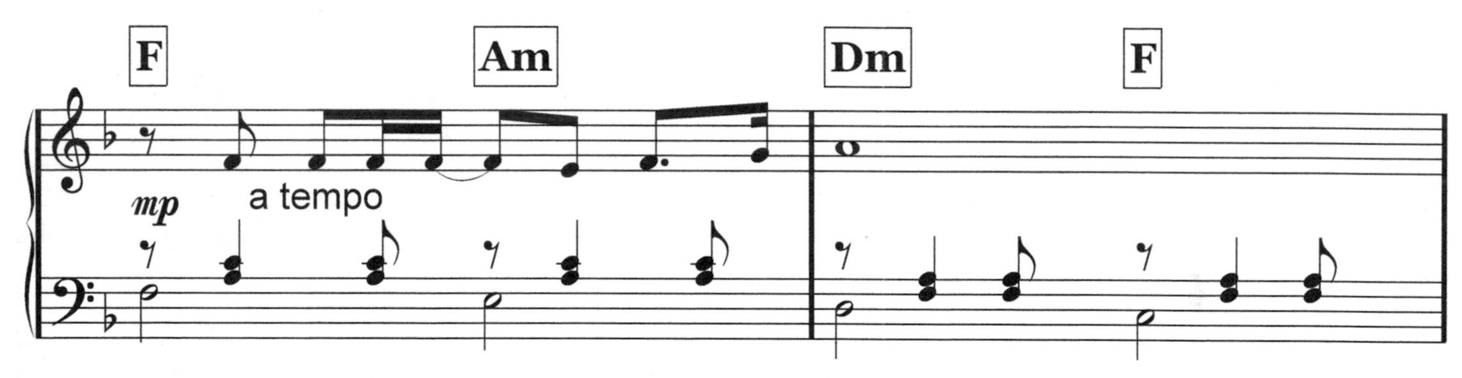

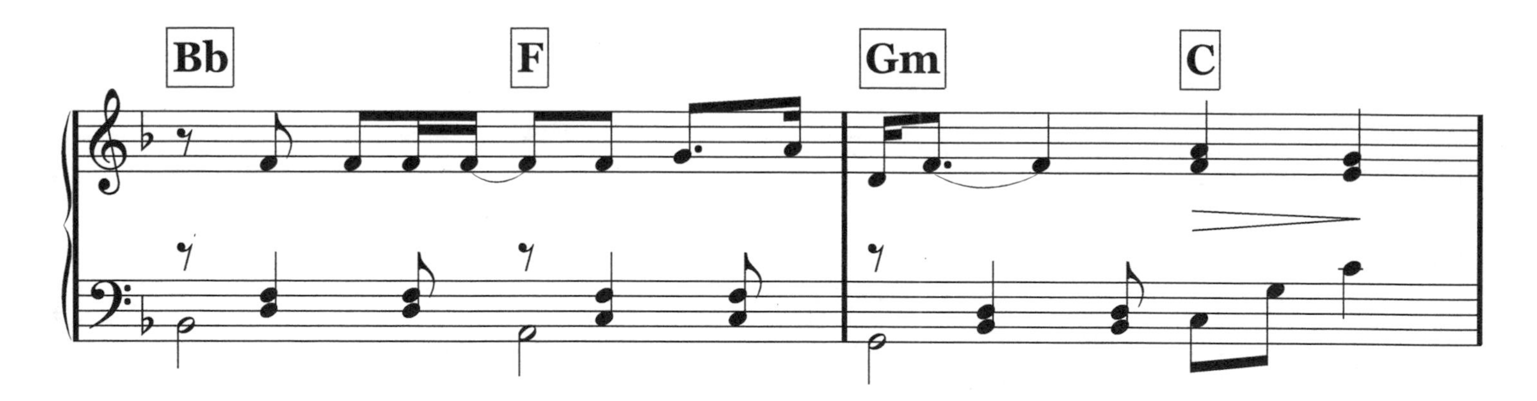

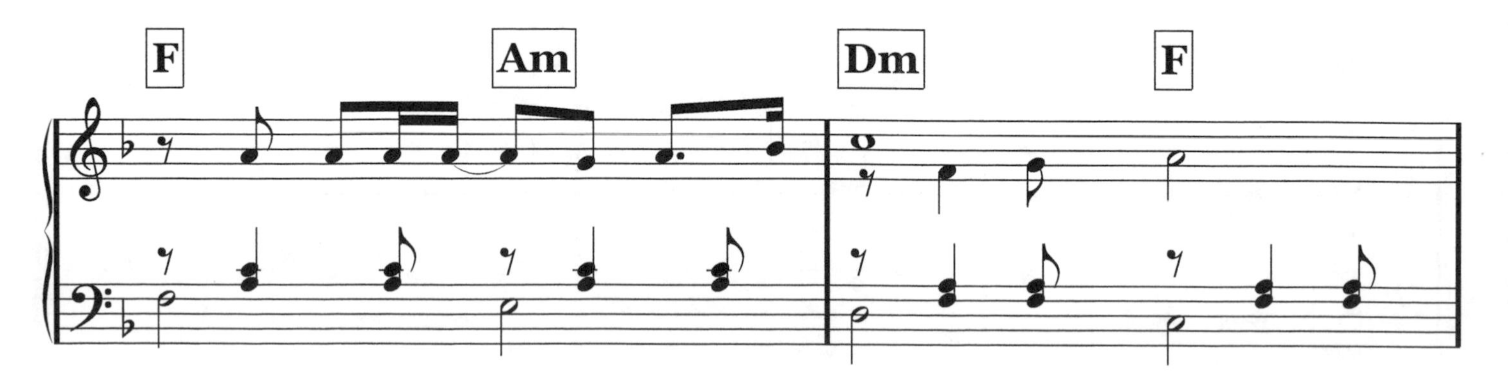

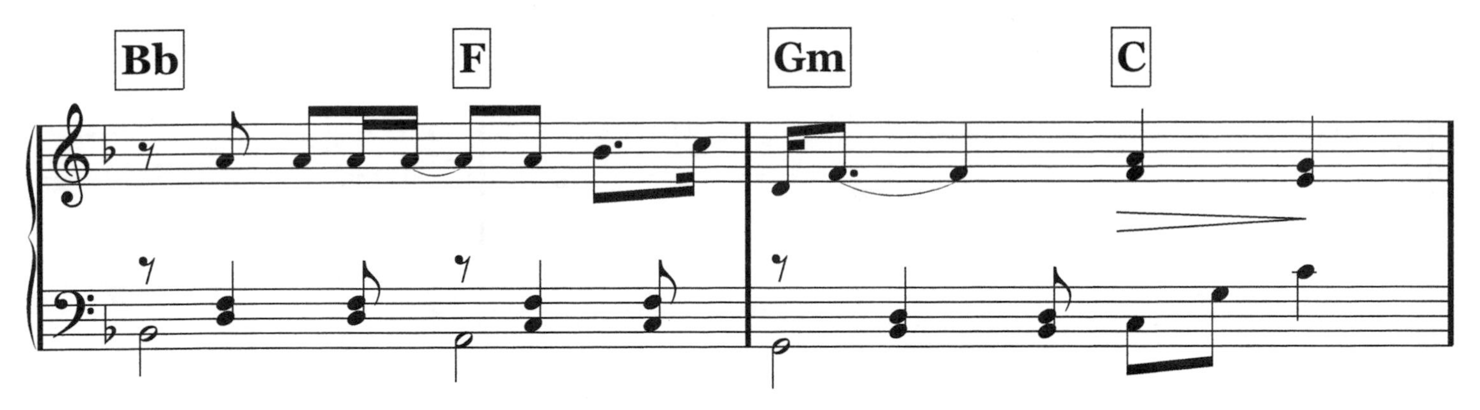
Bb
F
Gm
C

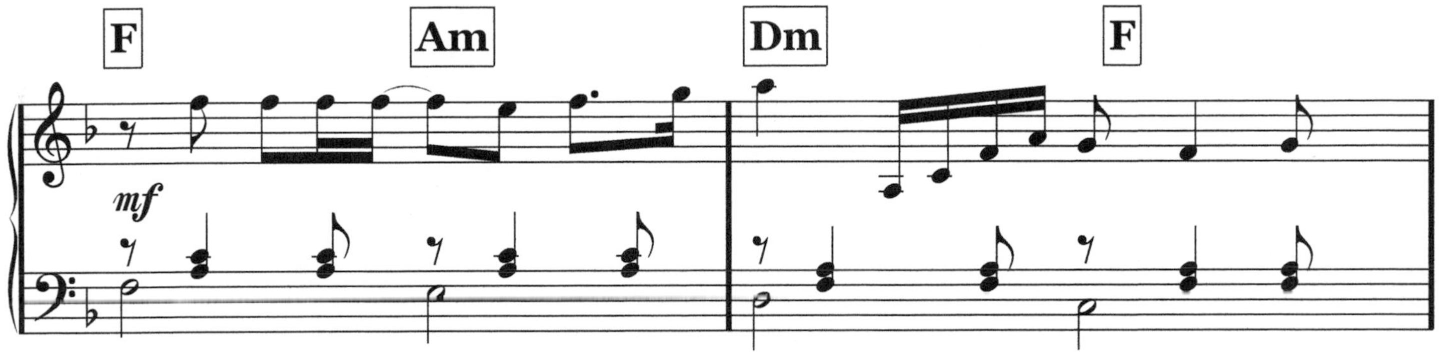
F
Am
Dm
F
mf

Bb
F
Gm
C

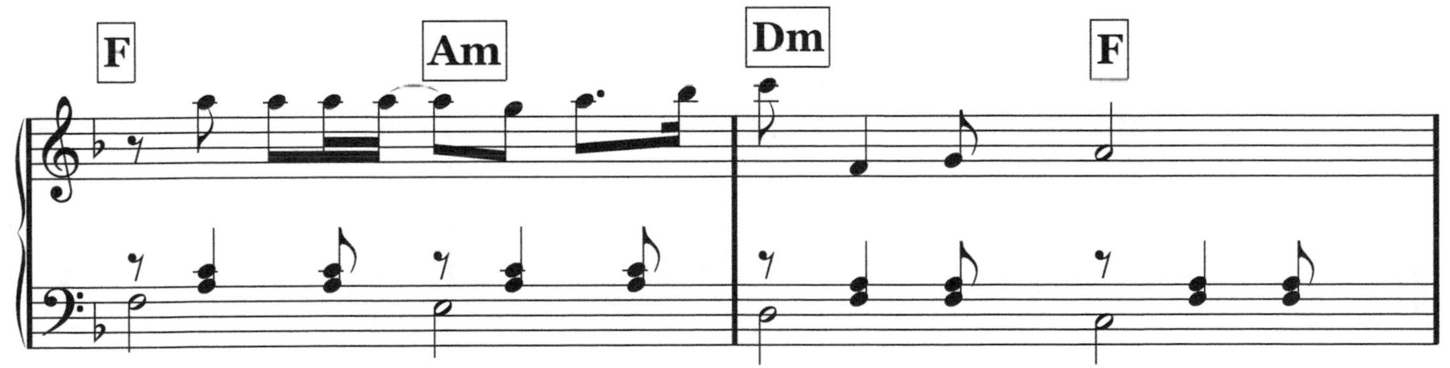
F
Am
Dm
F

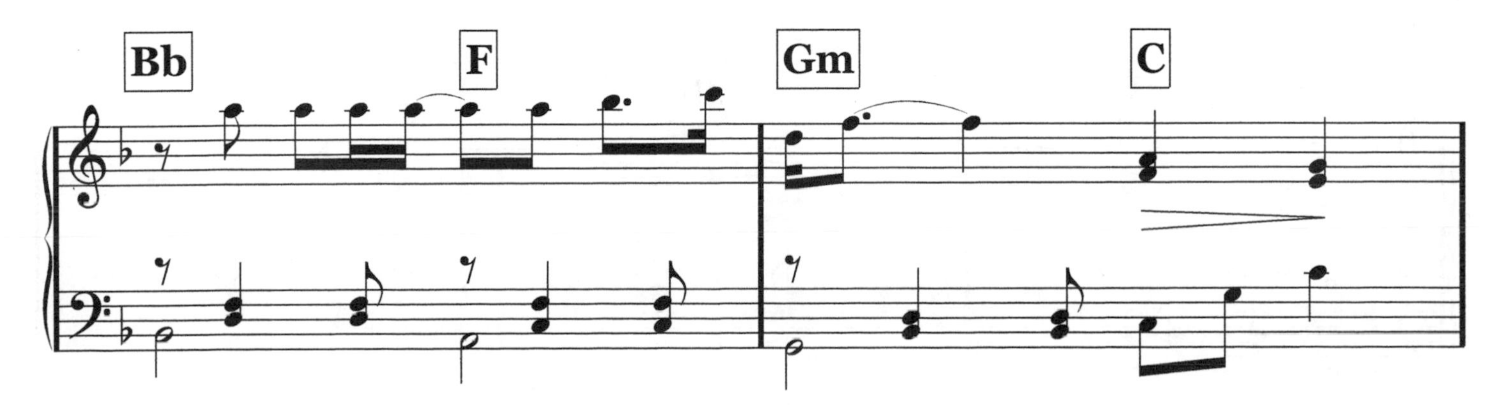
Bb
F
Gm
C

D
Gm
D
mp

G
C
Fm

C
F
C
rit .....

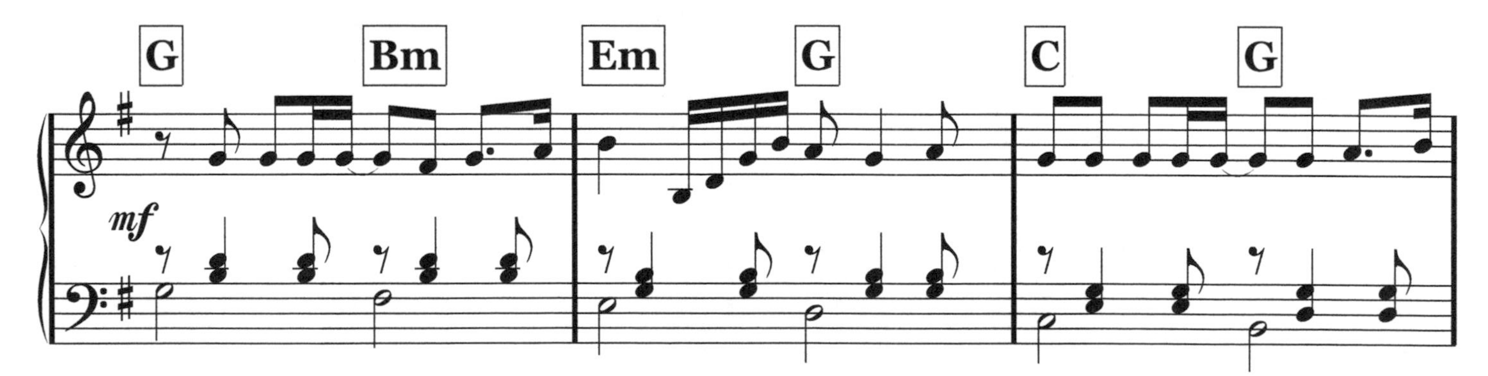
G
Bm
Em
G
C
G
mf

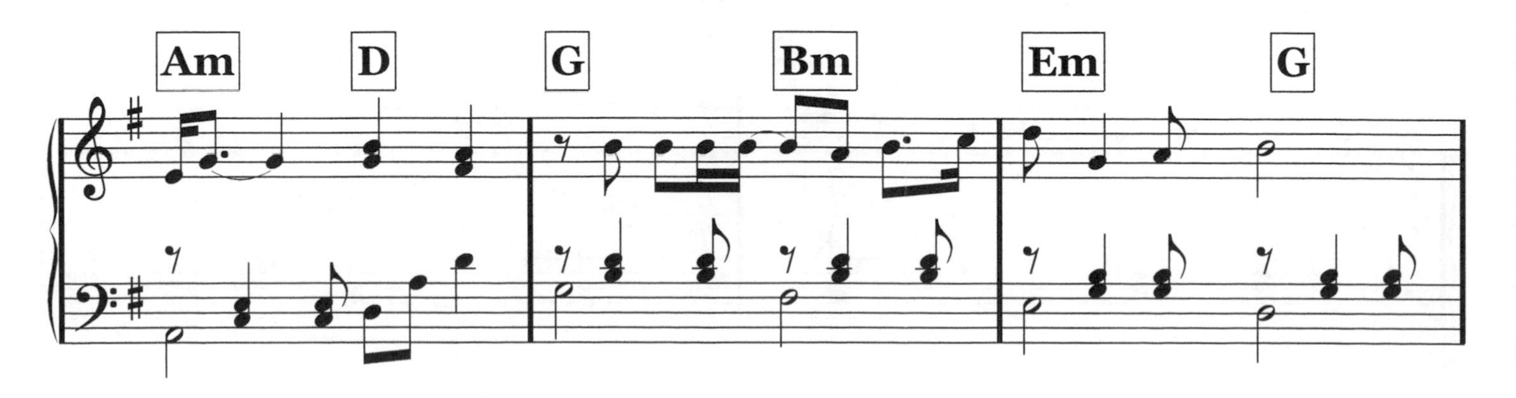
Am
D
G
Bm
Em
G

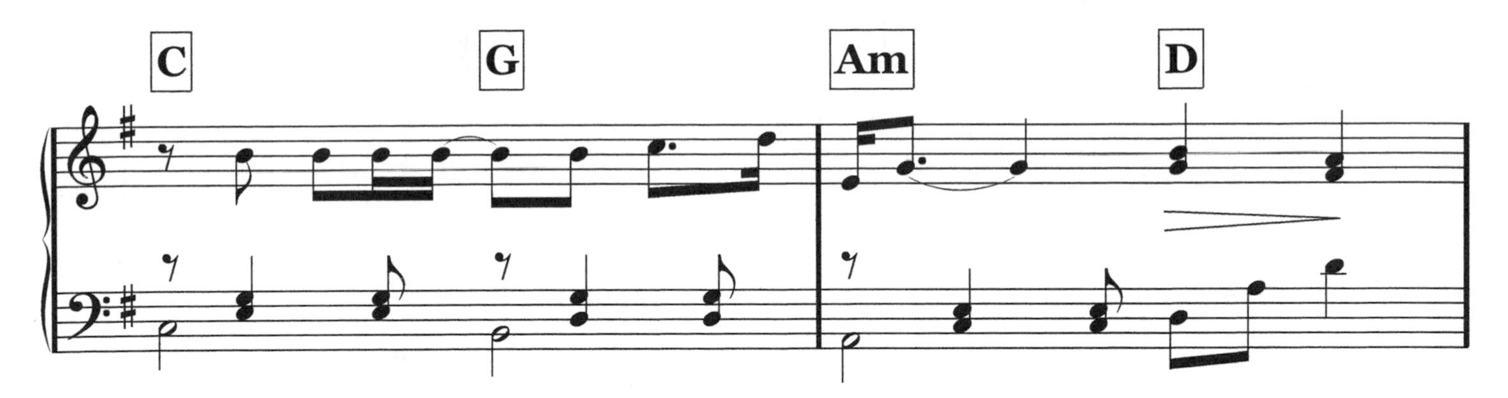
C
G
Am
D

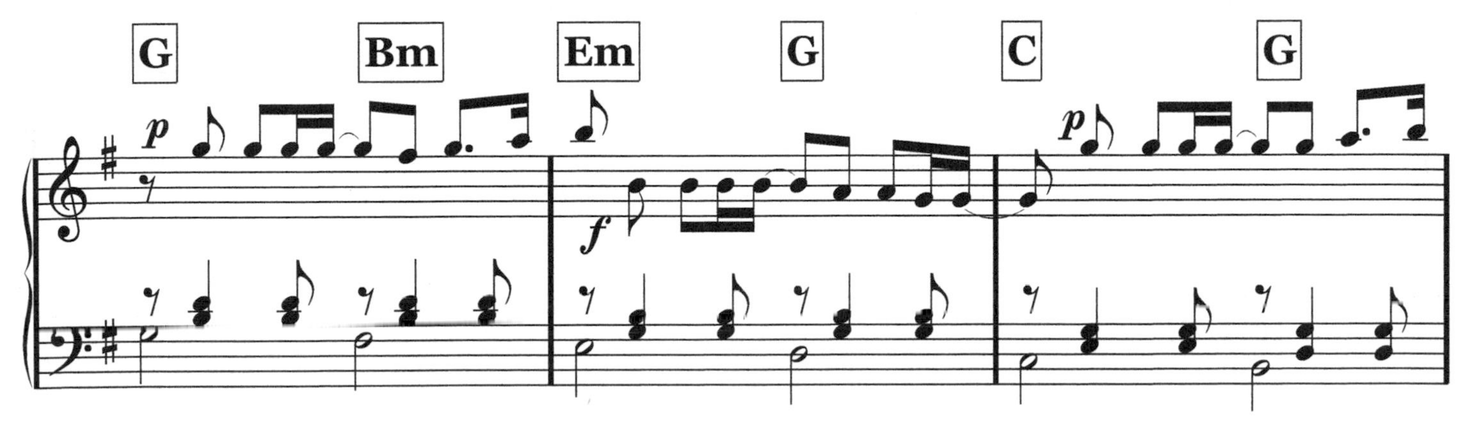
G
Bm
Em
G
C
G
p
f
p

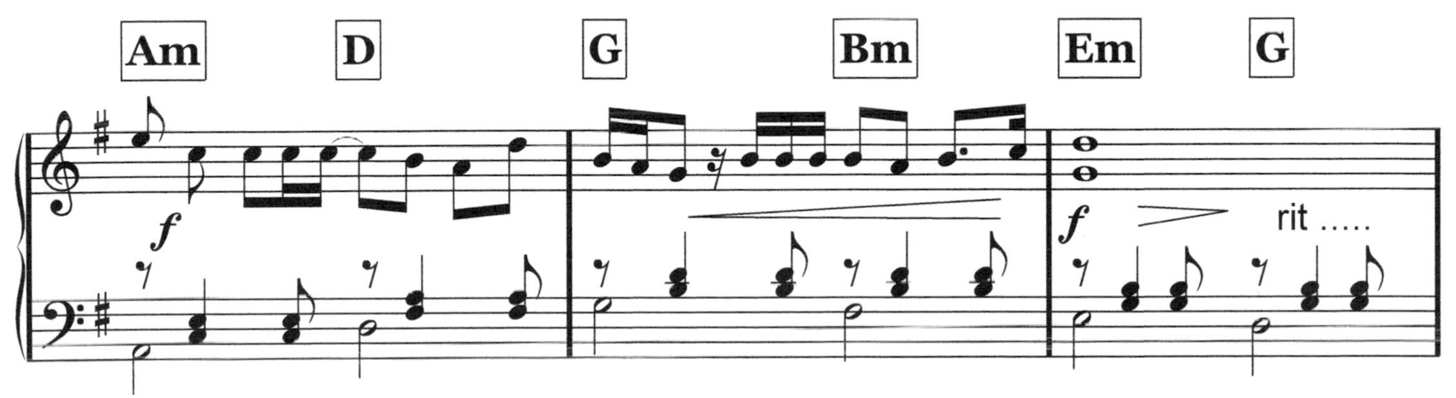
Am
D
G
Bm
Em
G
f
f
rit .....

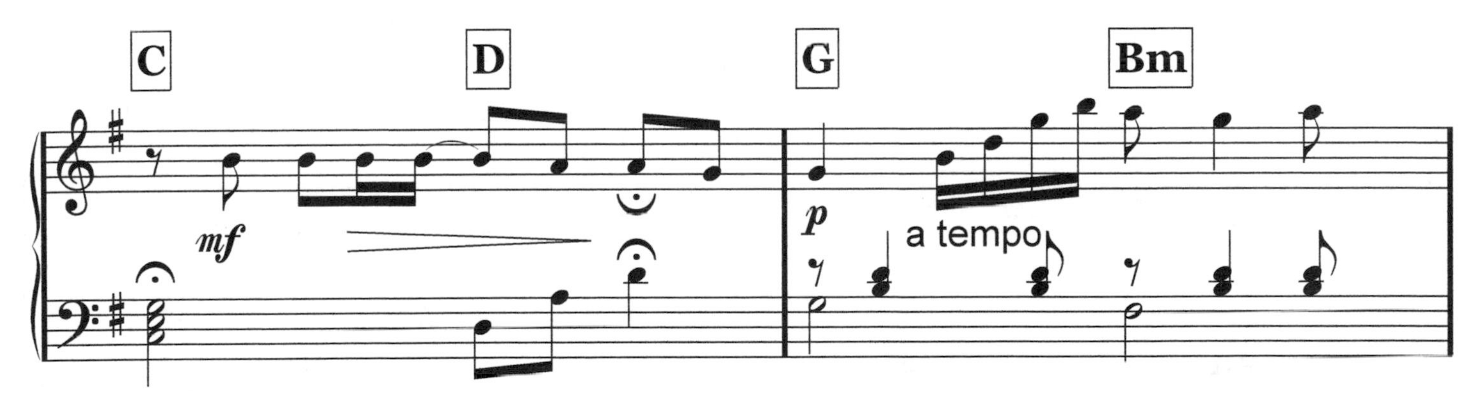
C
D
G
Bm
mf
p
a tempo

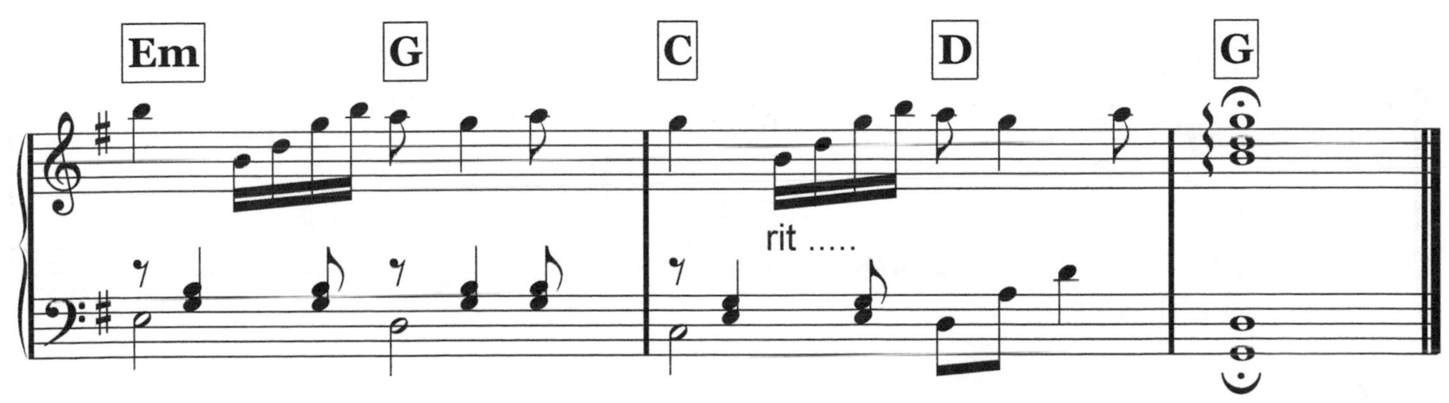
Em
G
C
D
G
rit .....

River Flows in You

BSO "Crepúsculo"

Yiruma (2008)

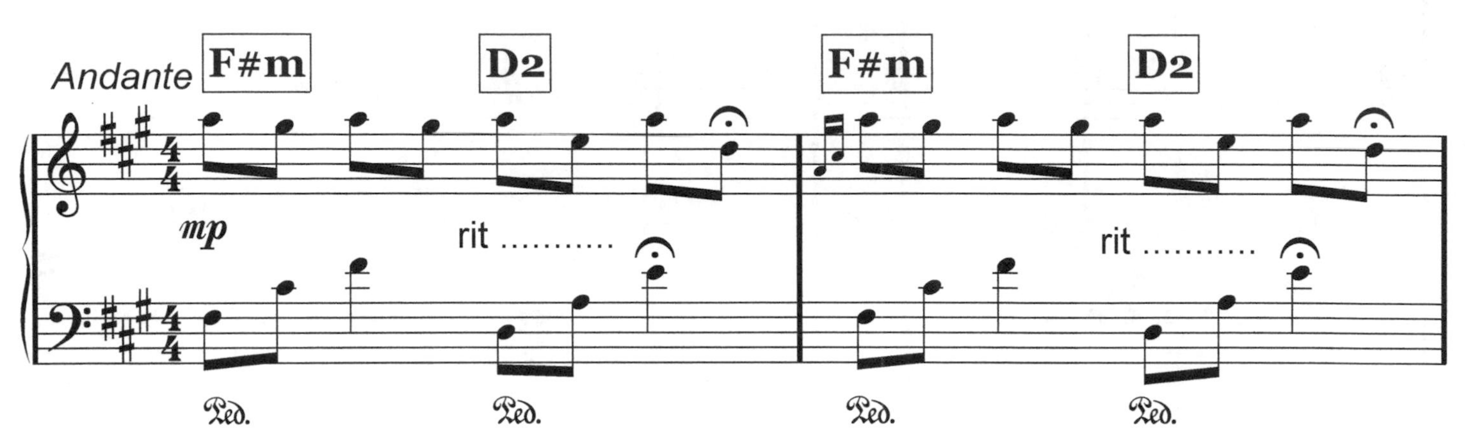

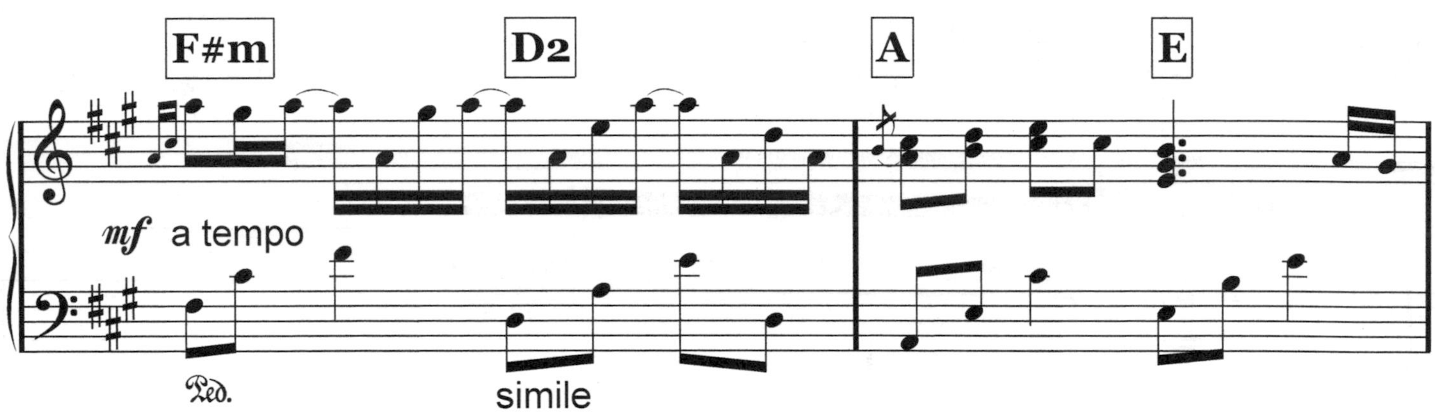

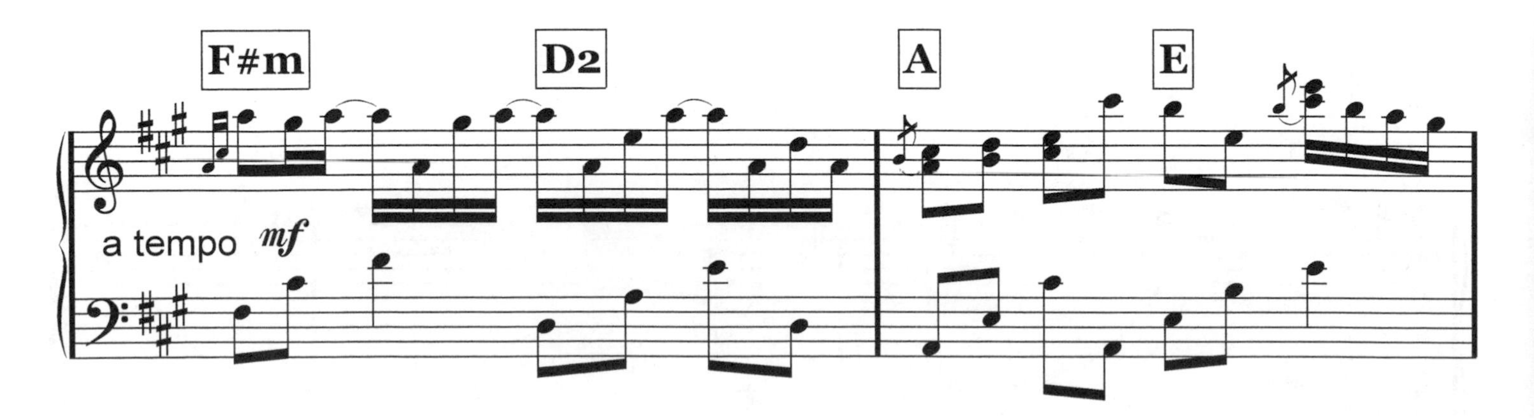

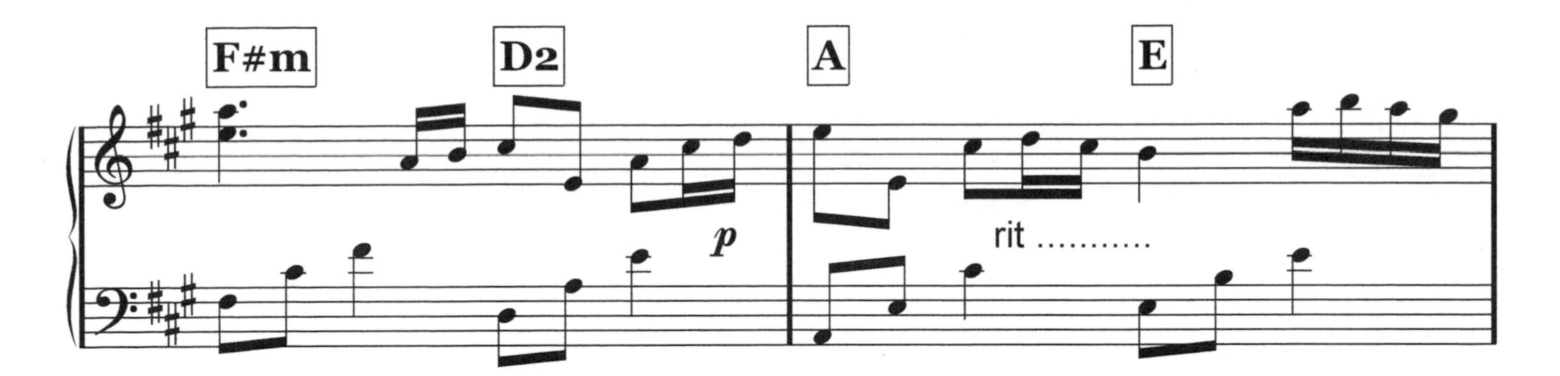
F#m
D2
A
E
p
rit ....
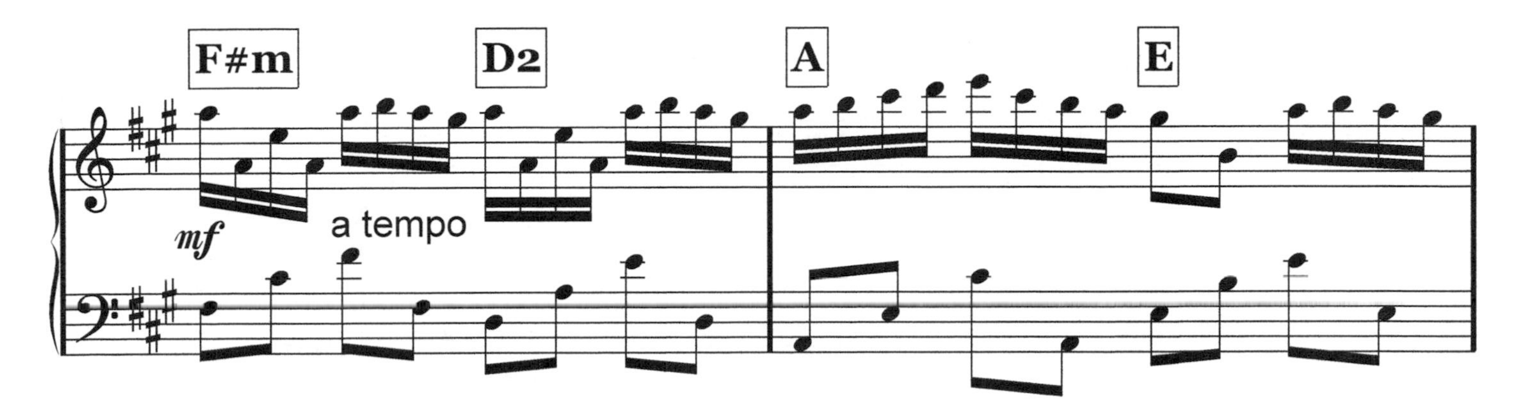
F#m
D2
A
E
mf
a tempo
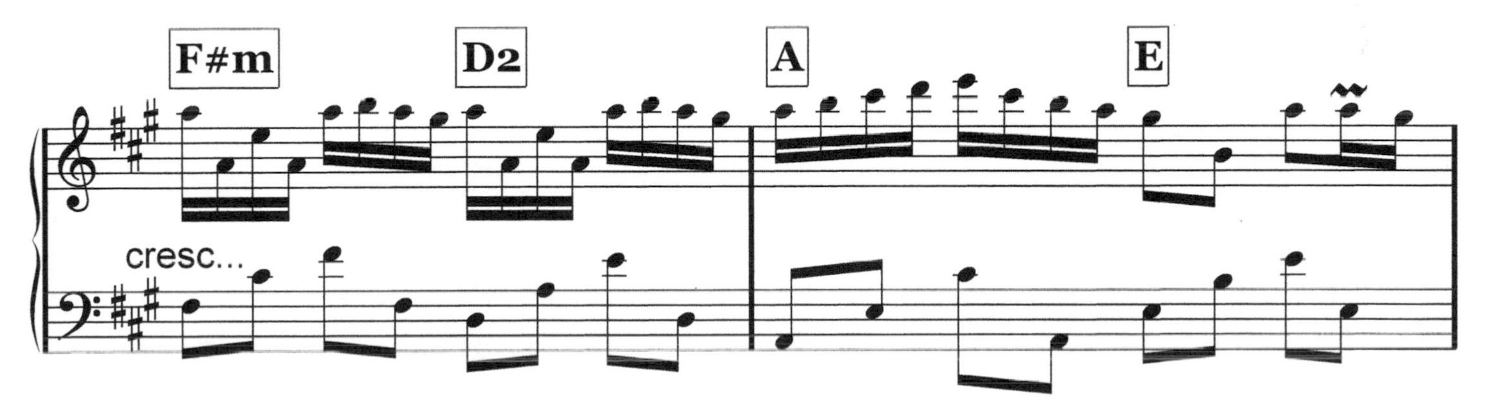
F#m
D2
A
E
cresc...
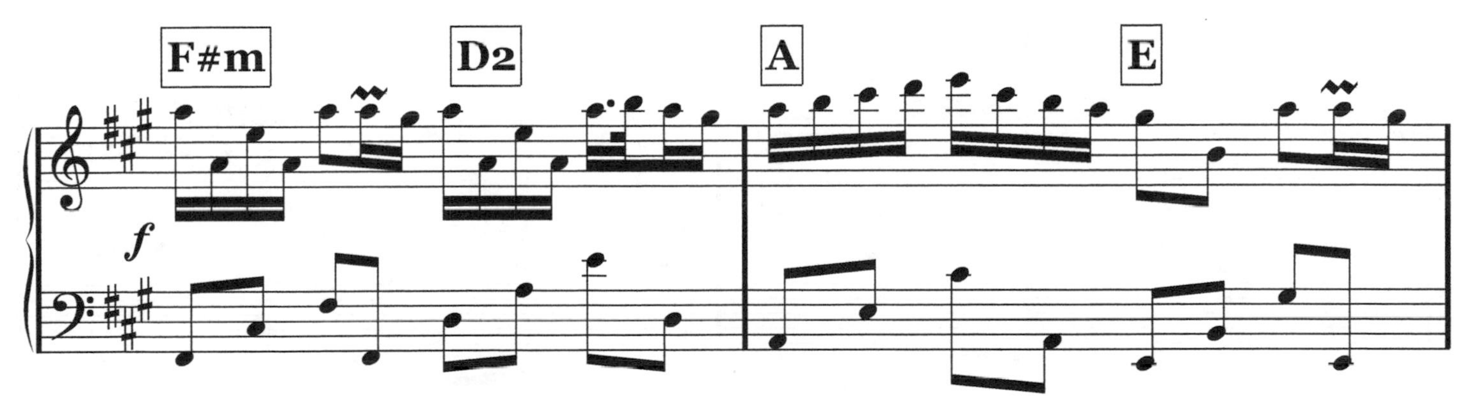
F#m
D2
A
E
f
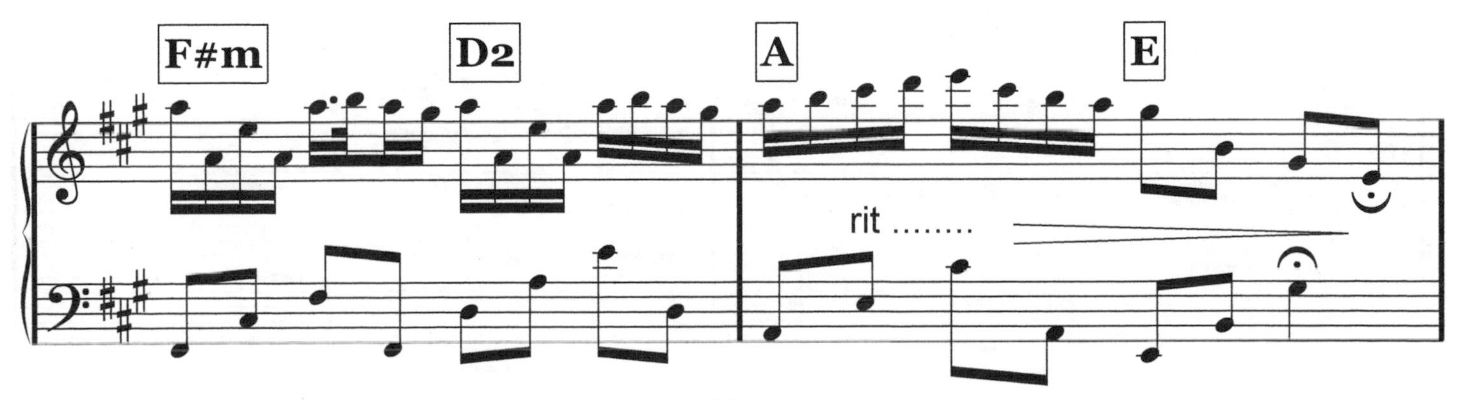
F#m
D2
A
E
rit ....

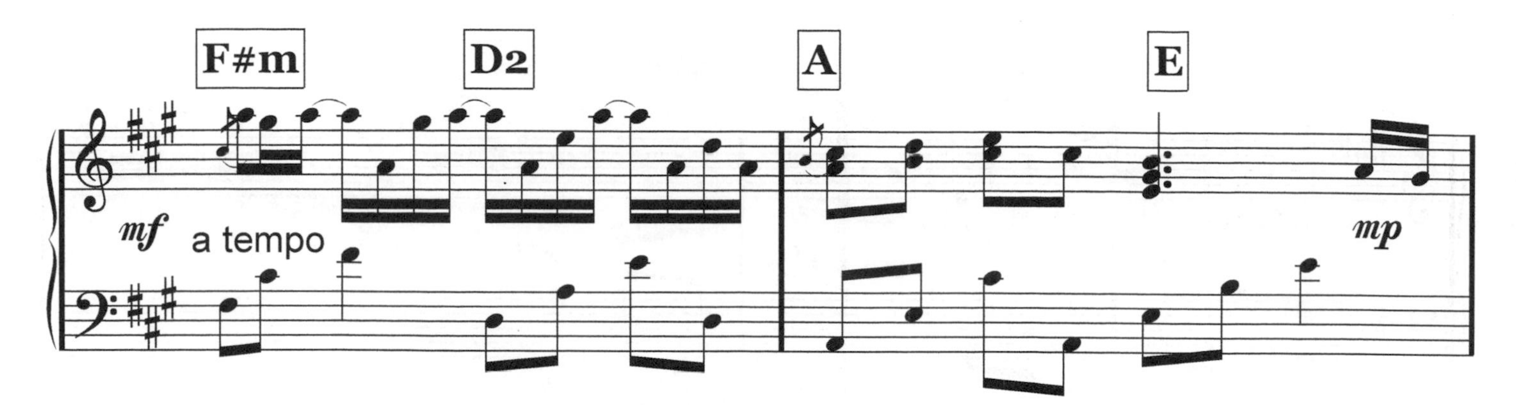
F#m
D2
A
E
mf
a tempo
mp

F#m
D2
A
E
rit ....

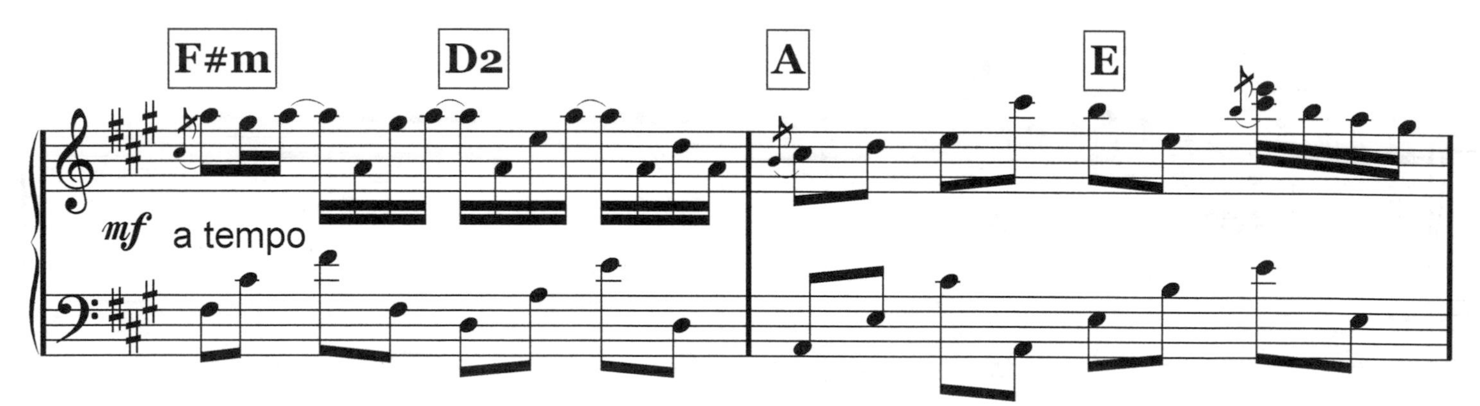
F#m
D2
A
E
mf
a tempo

F#m
D2
A
E
cresc .....

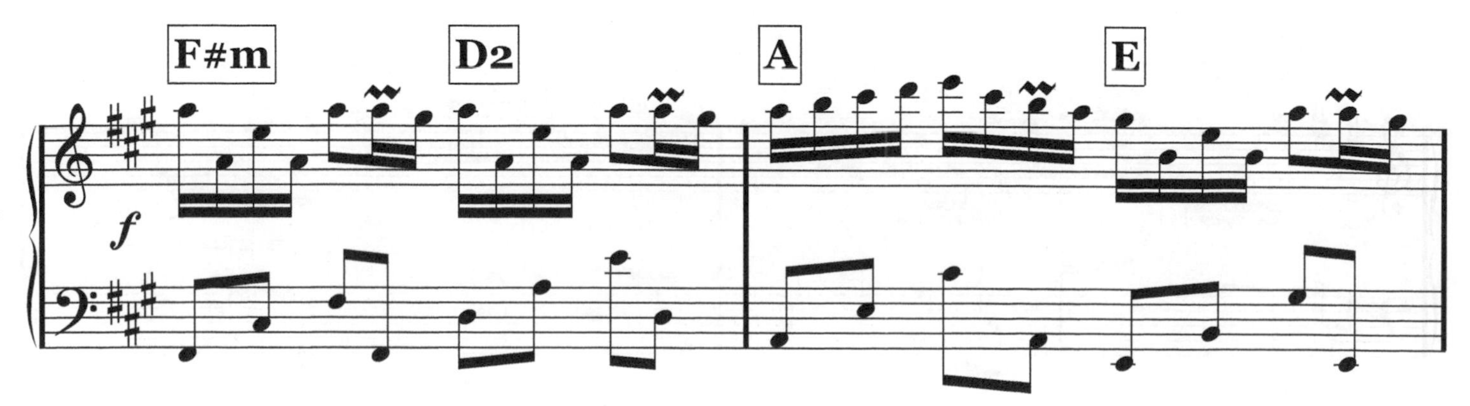
F#m
D2
A
E
f

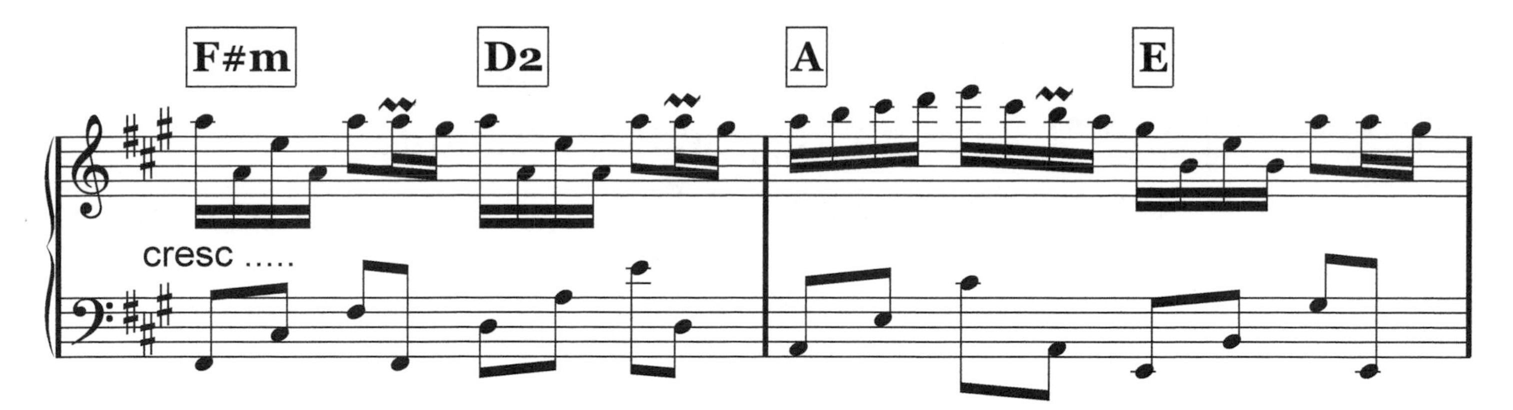
F#m
D2
A
E
cresc .....

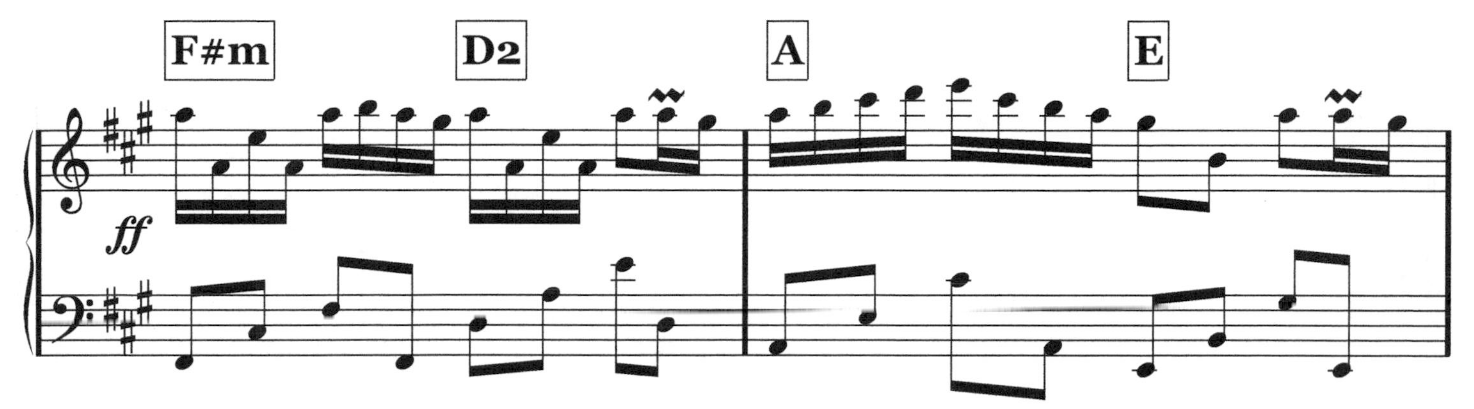
F#m
D2
A
E
ff

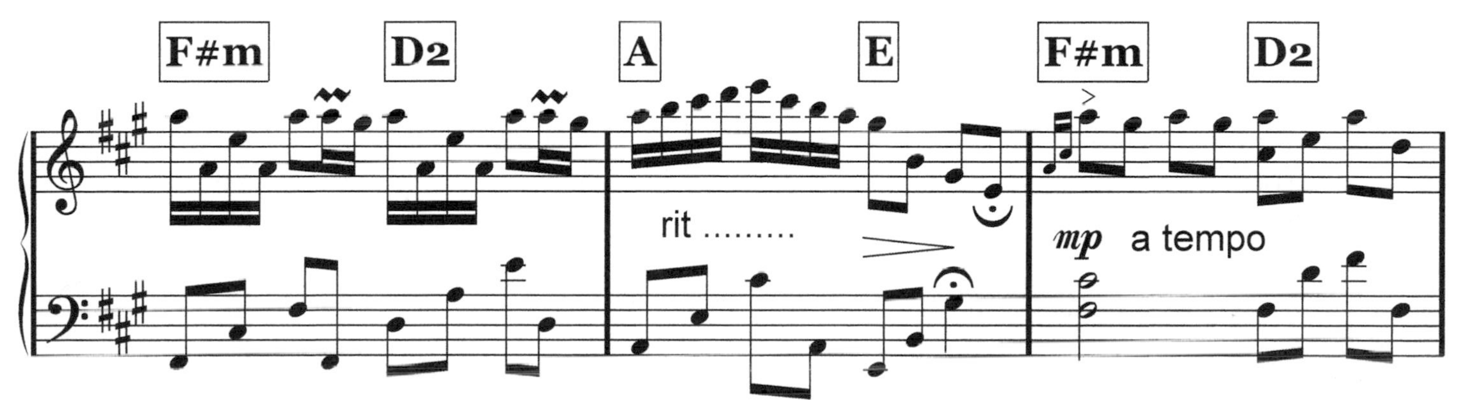
F#m
D2
A
E
F#m
D2
rit ....
mp a tempo

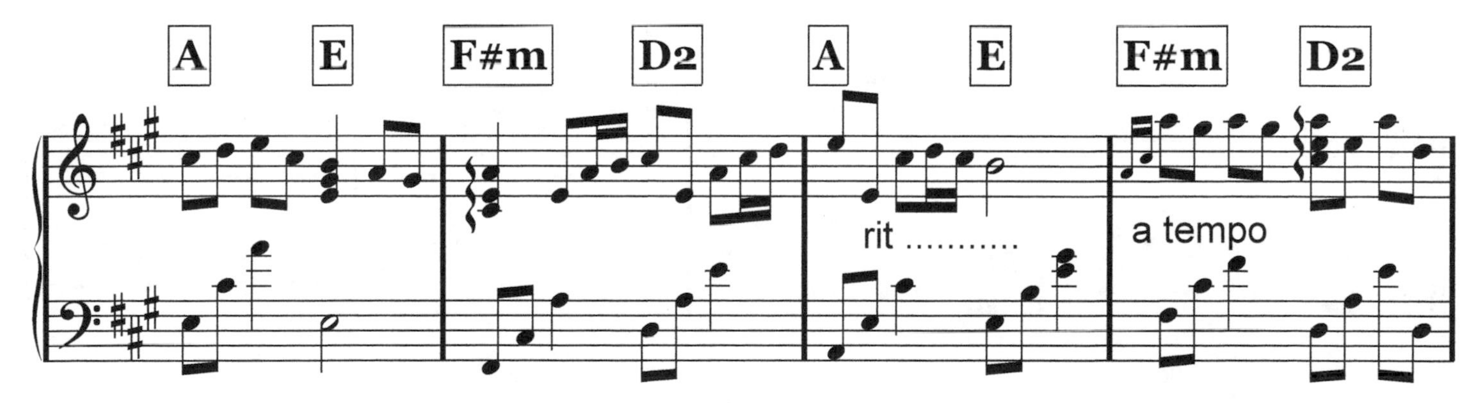
A
E
F#m
D2
A
E
F#m
D2
rit ....
a tempo

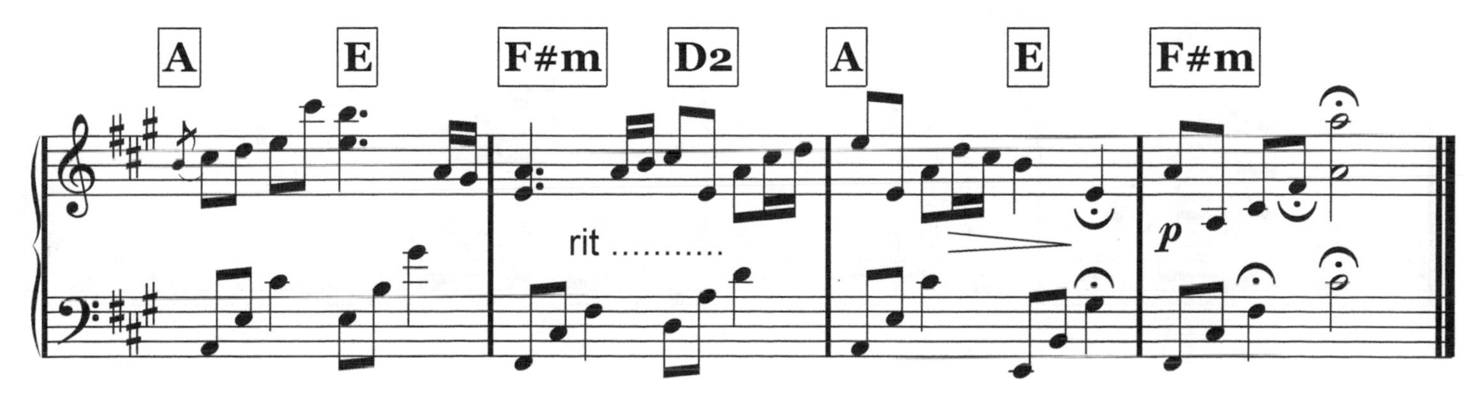
A
E
F#m
D2
A
E
F#m
rit ....
p

The Meadow

BSO "La saga Crepúsculo: luna nueva"

Alexandre Desplat (2009)

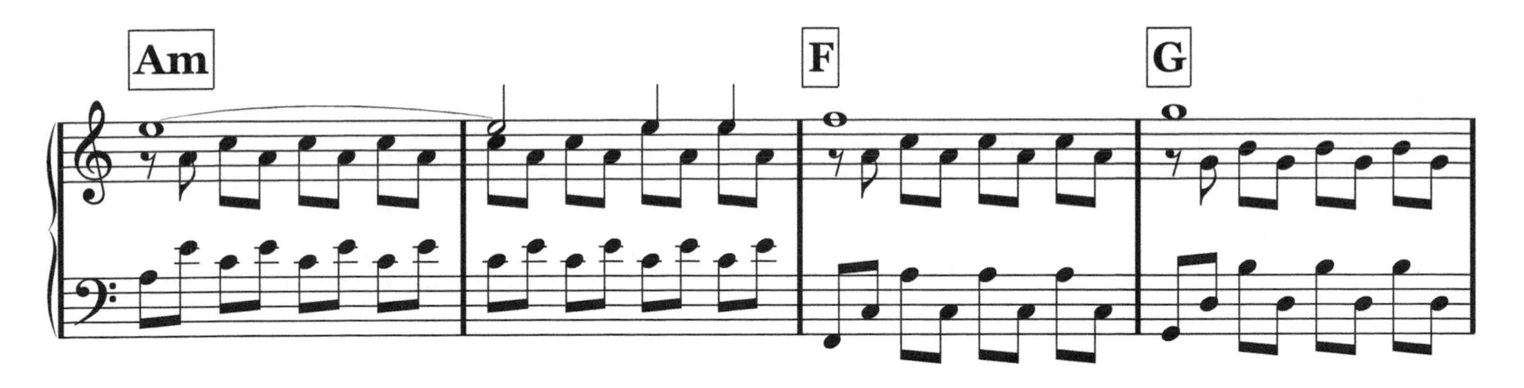
Am
F
G

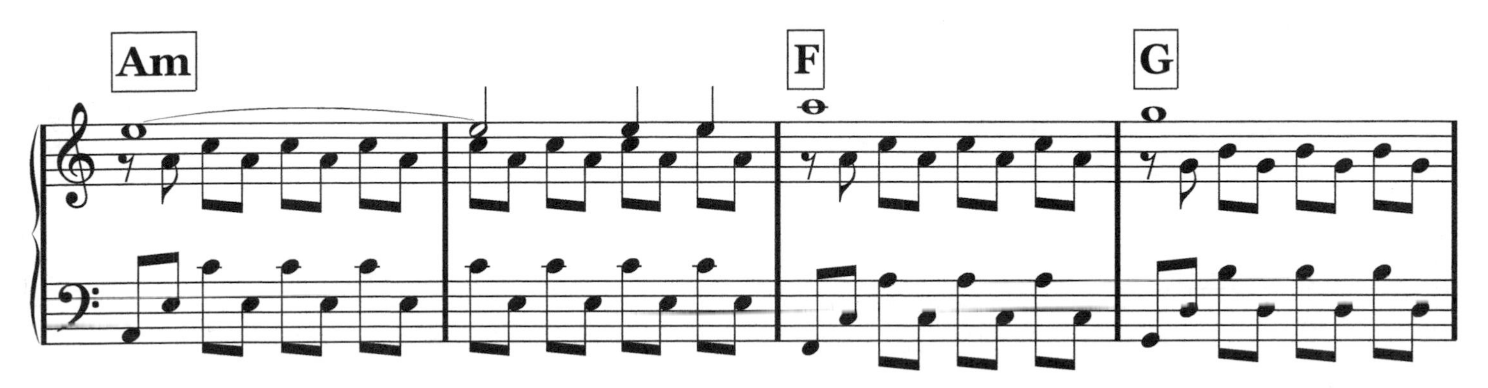
Am
F
G

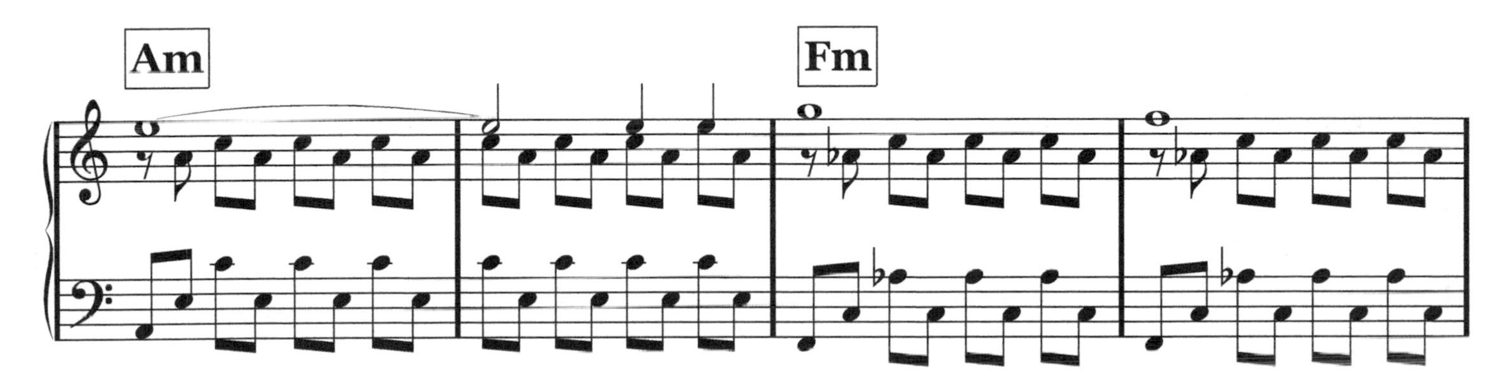
Am
Fm

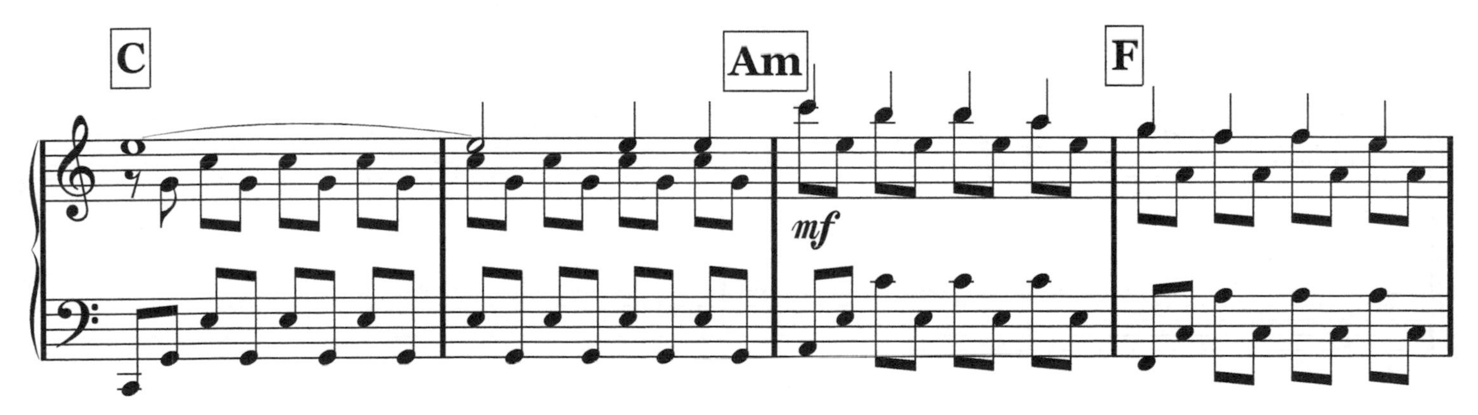
C
Am
F
mf

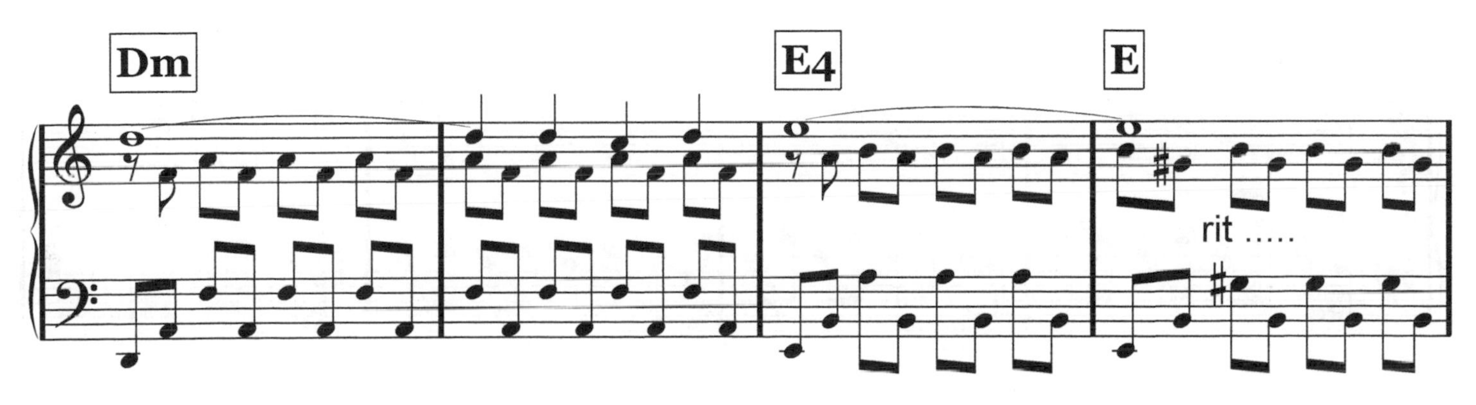
Dm
E4
E
rit .....

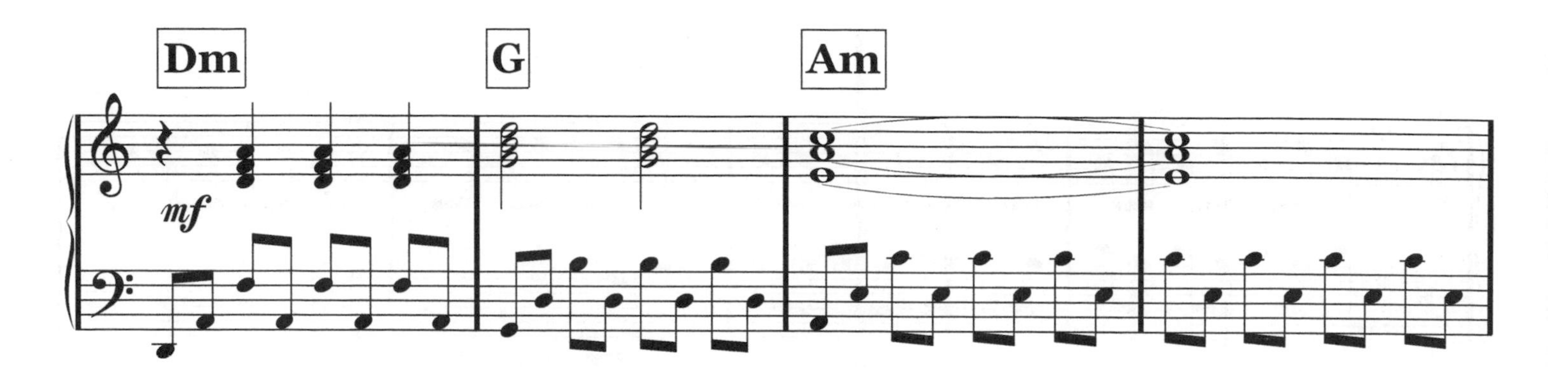
Dm
G
Am
mf

Dm
G
Am

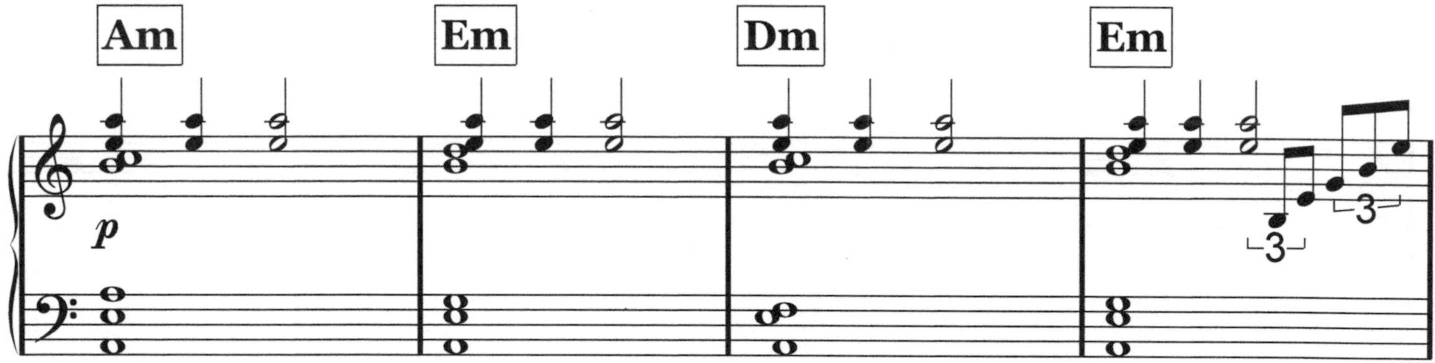
Am
Em
Dm
Em
p
3
3

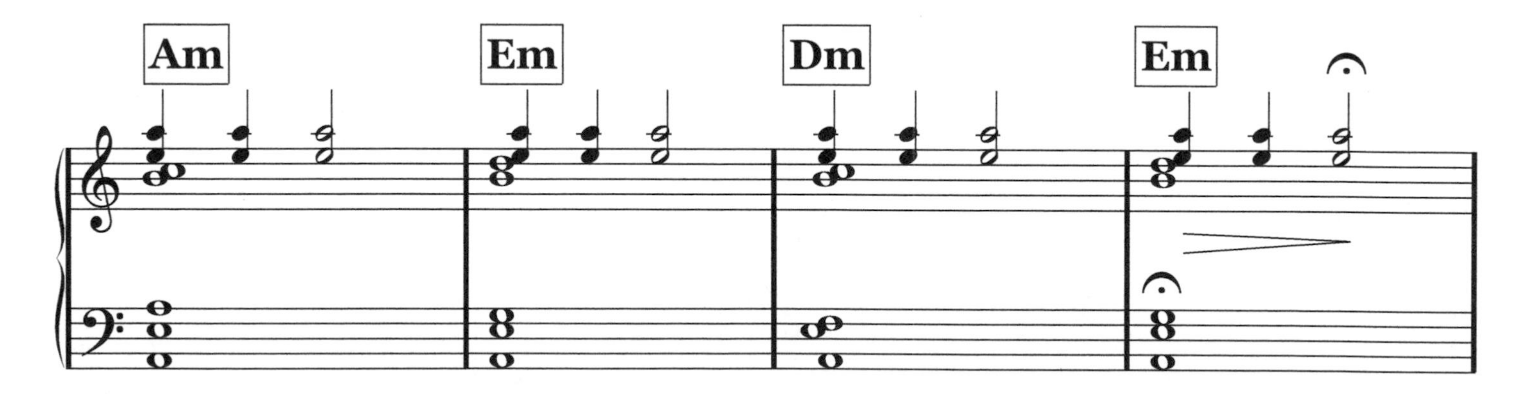
Am
Em
Dm
Em

Am
F
G
E
mp

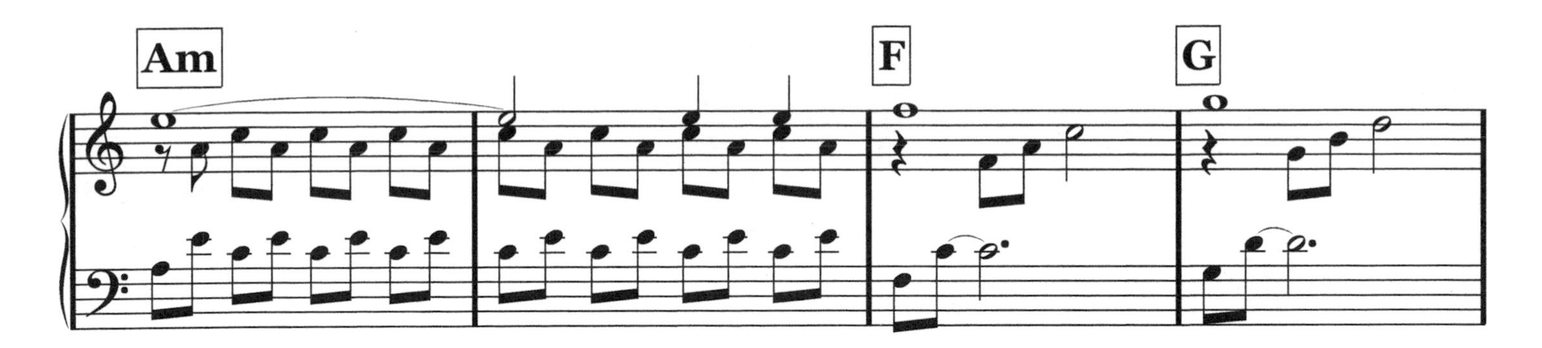
Am
F
G

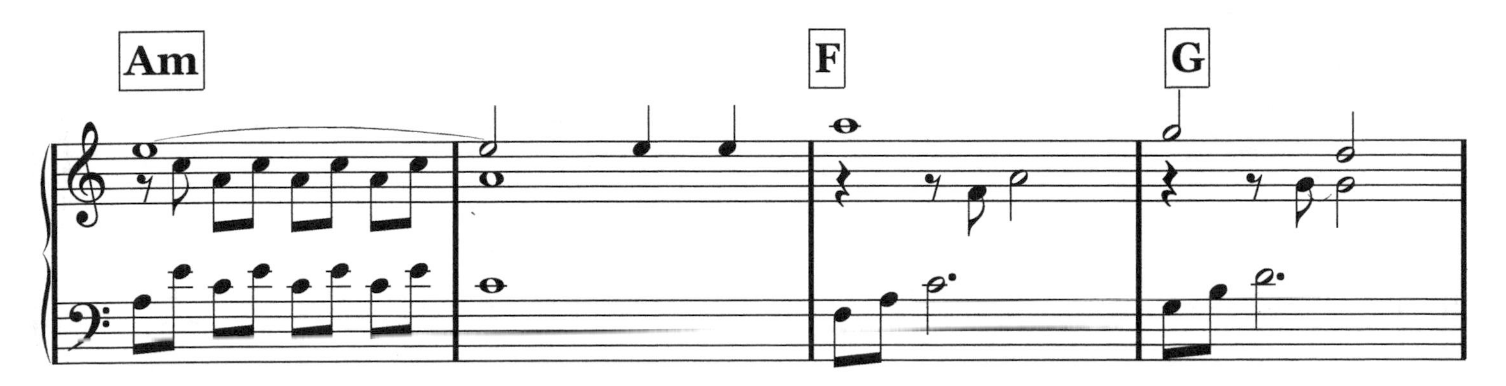
Am
F
G

Am
Fm

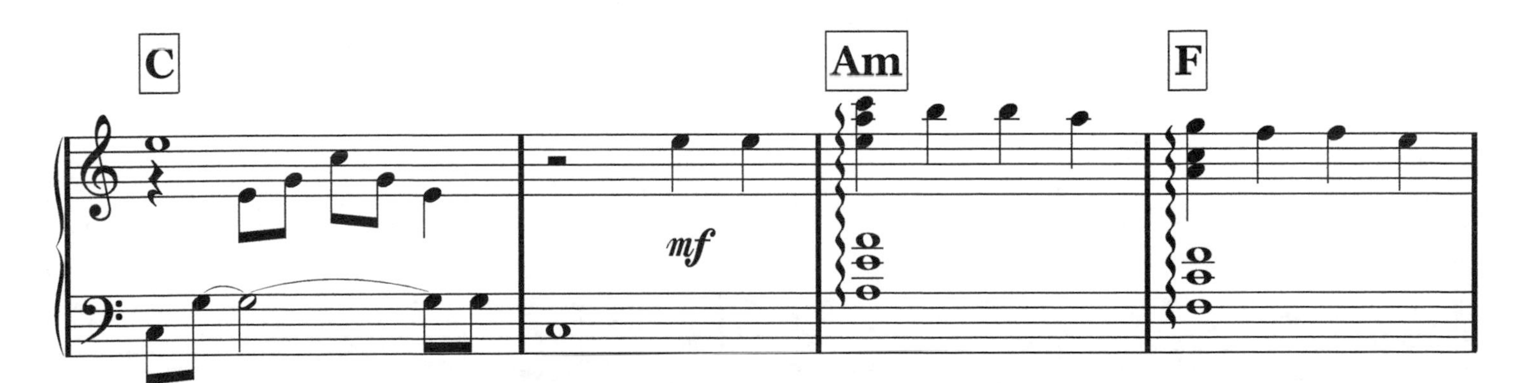
C
Am
F
mf

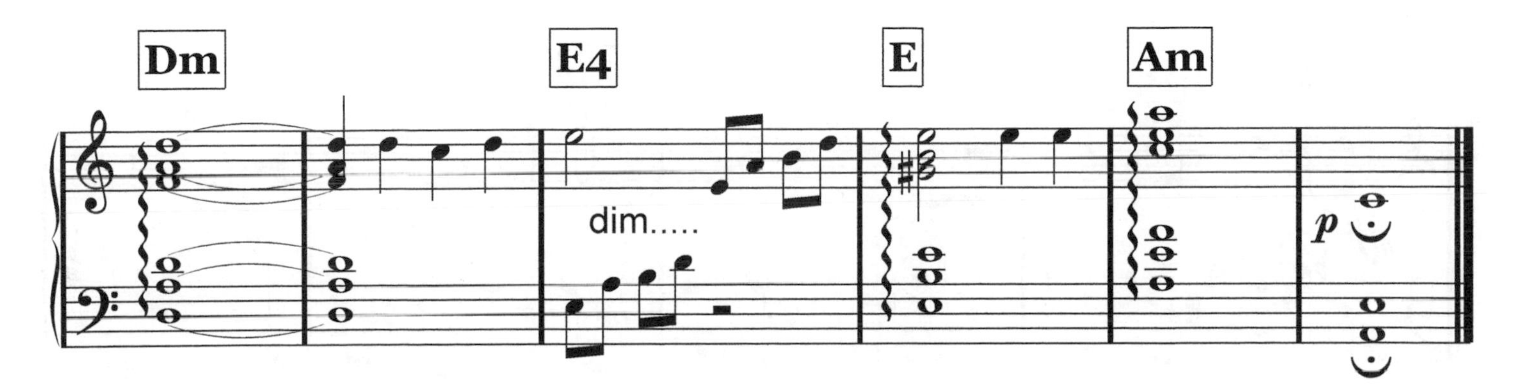
Dm
E4
E
Am
dim.....
p

El discurso del Rey

BSO "El discurso del Rey"

Alexandre Desplat (2010)

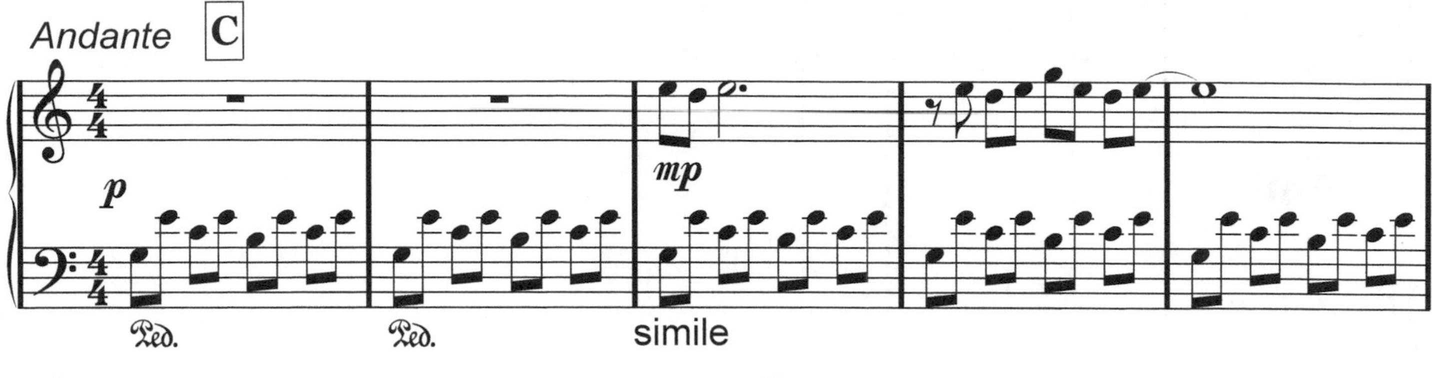

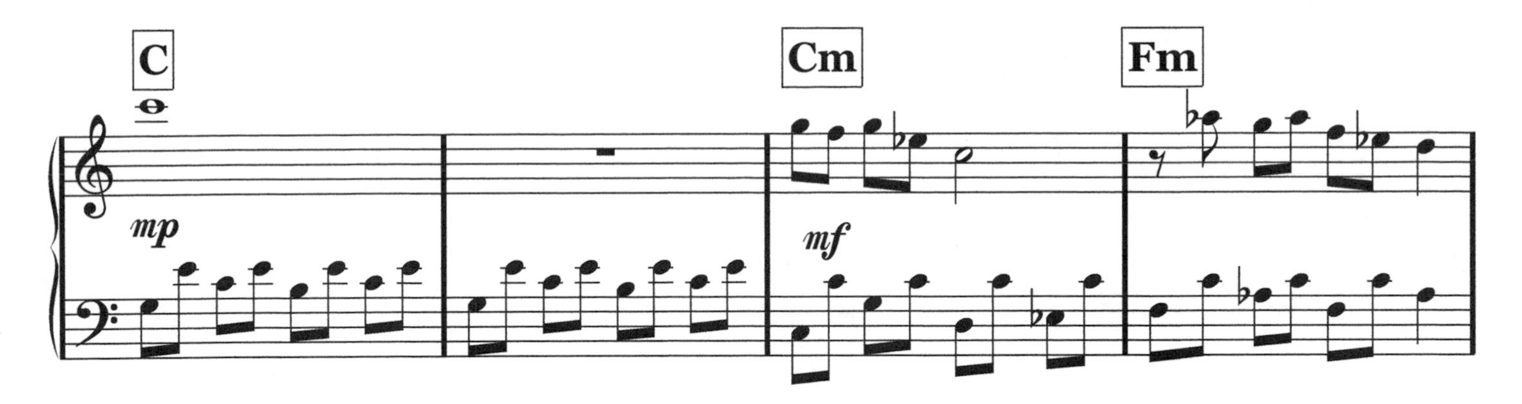
C
Cm
Fm
mp
mf

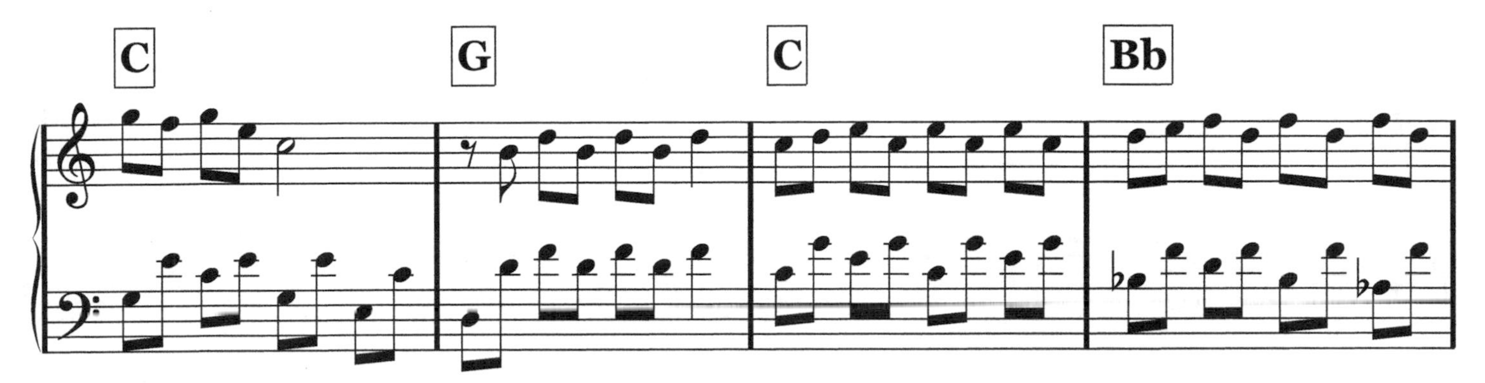
C
G
C
Bb

Cm
Fm
C
C7
Fm
8va
cresc.

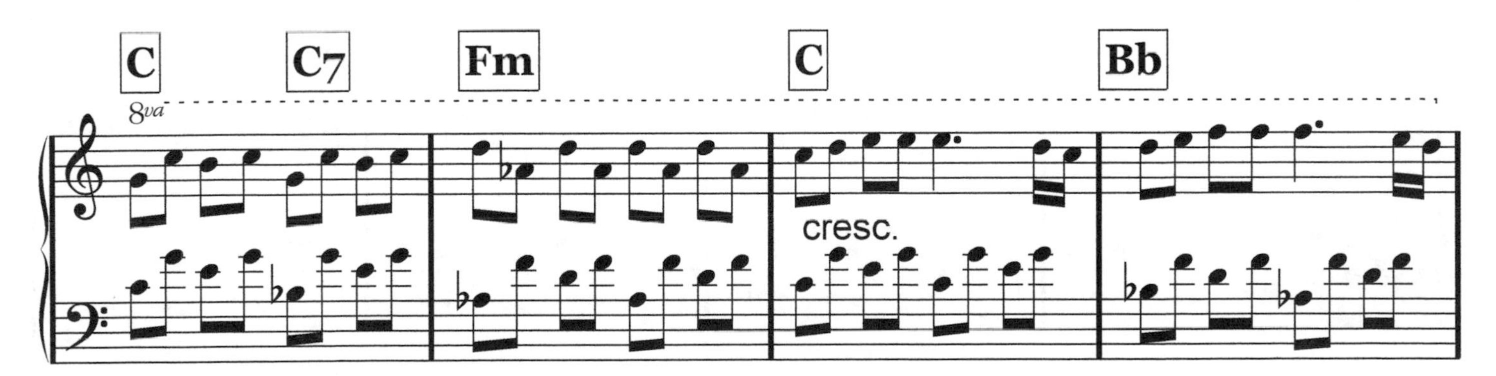
C
C7
Fm
C
Bb
8va
cresc.

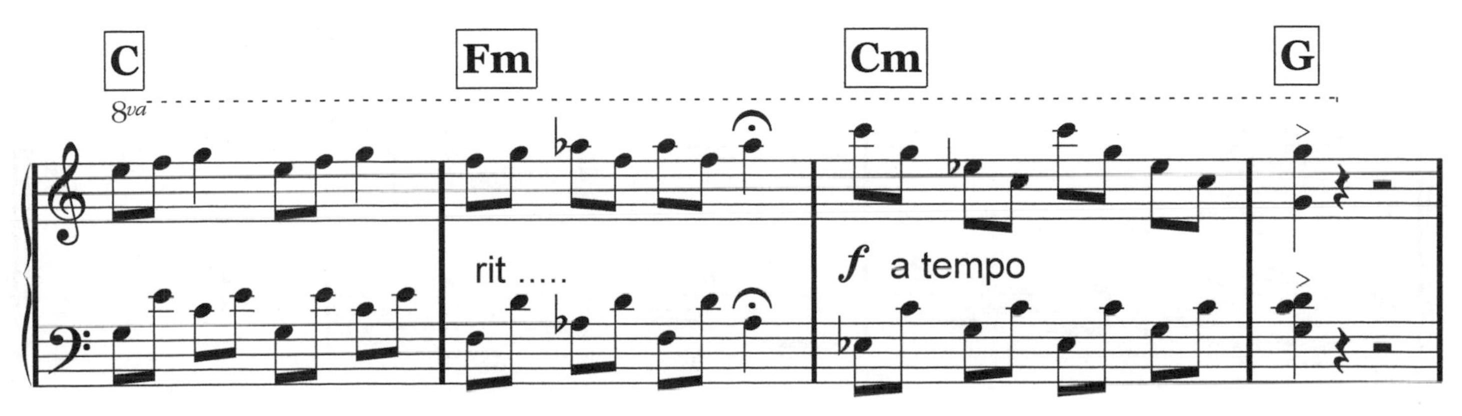
C
Fm
Cm
G
8va
rit .....
f a tempo

C
p
mp

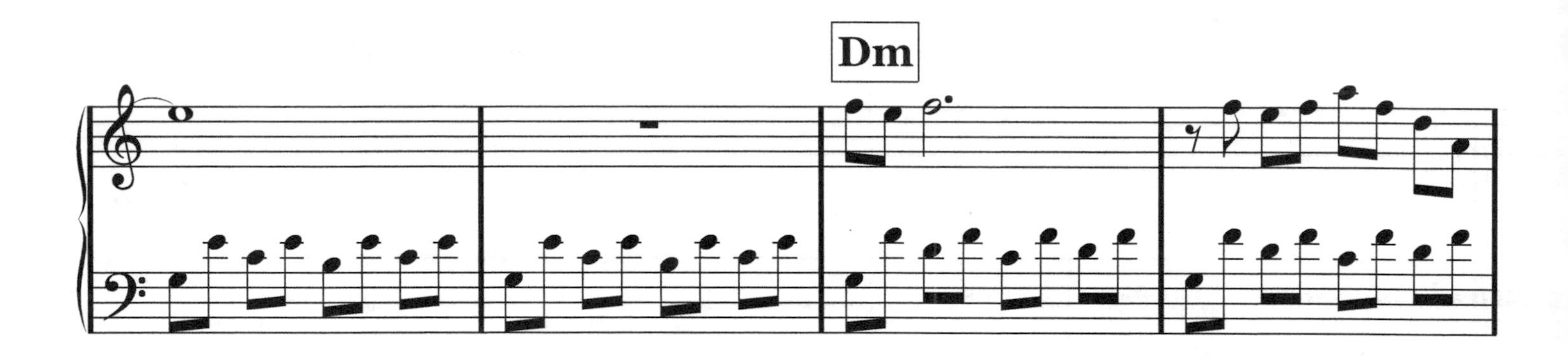
Dm

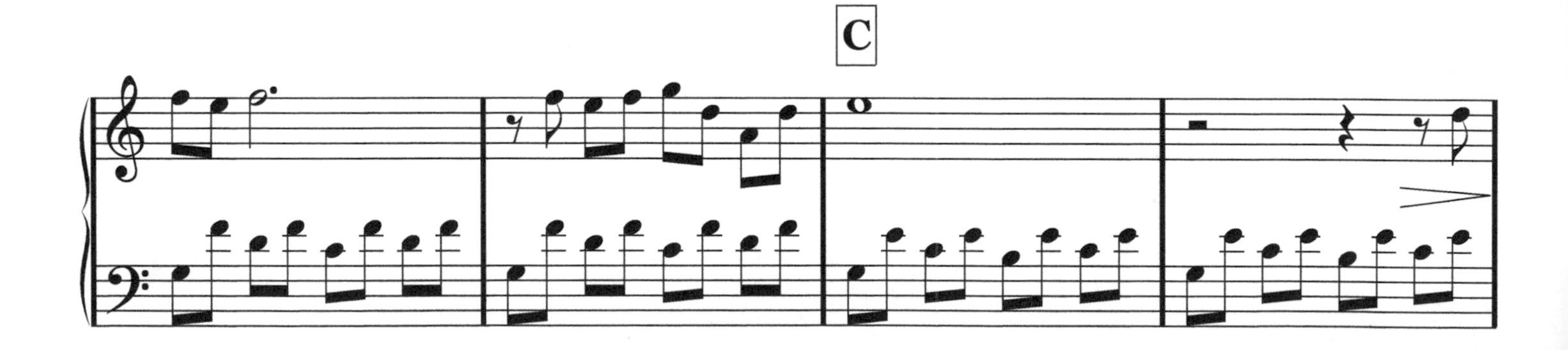
C

rit .....
p

Leyendas de pasión

BSO "Leyendas de pasión"

James Horner (1994)

G
D
3
C

G
D
F#m
mf

G
D
F#m

G
A
Bm
F#m

G
D
G

A
D
F#m
f

G
D
Bm
F#m

G
A
Bm
F#m

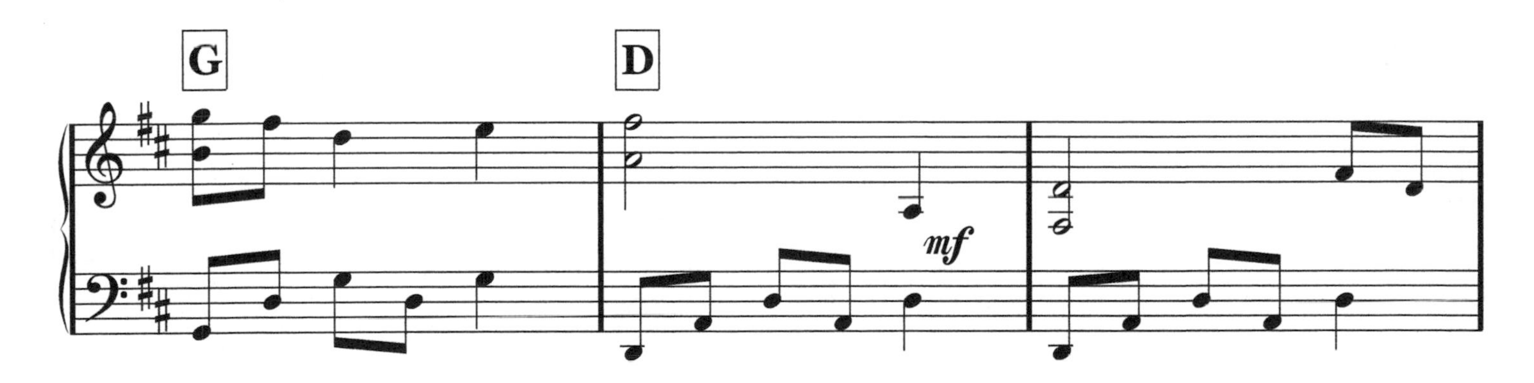
G
D
mf

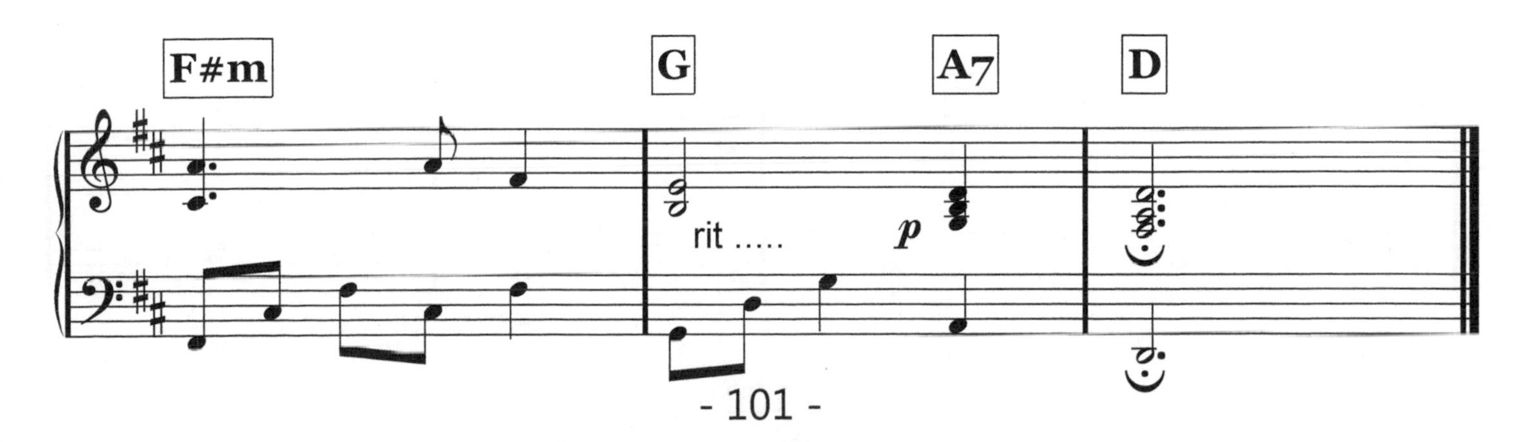
F#m
G
A7
D
rit .....
p

My Heart Will Go On

BSO "Titanic"

James Horner (1997)

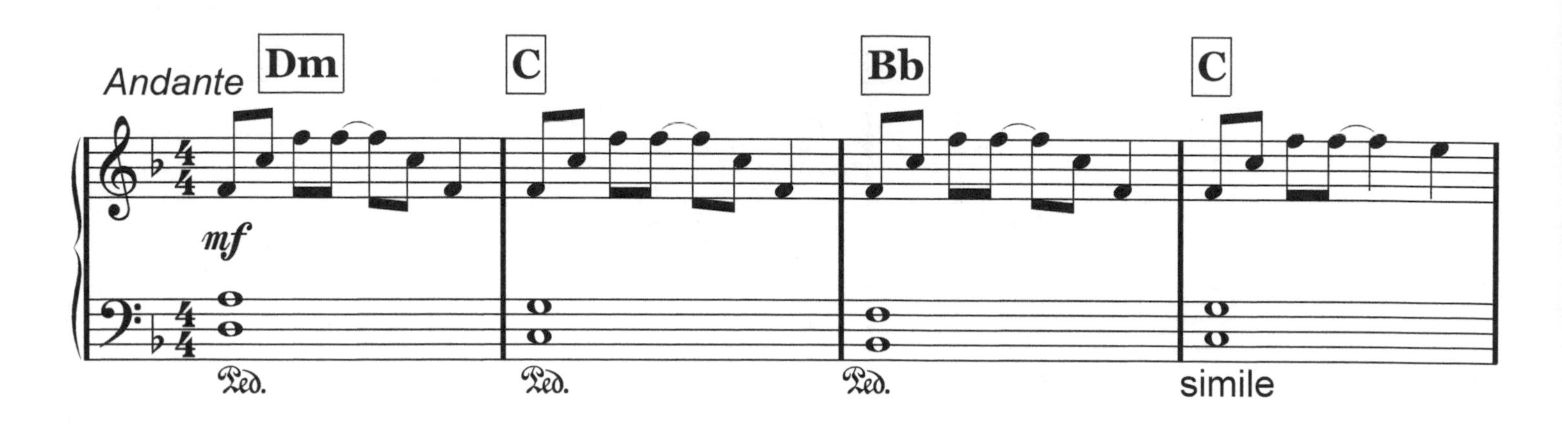

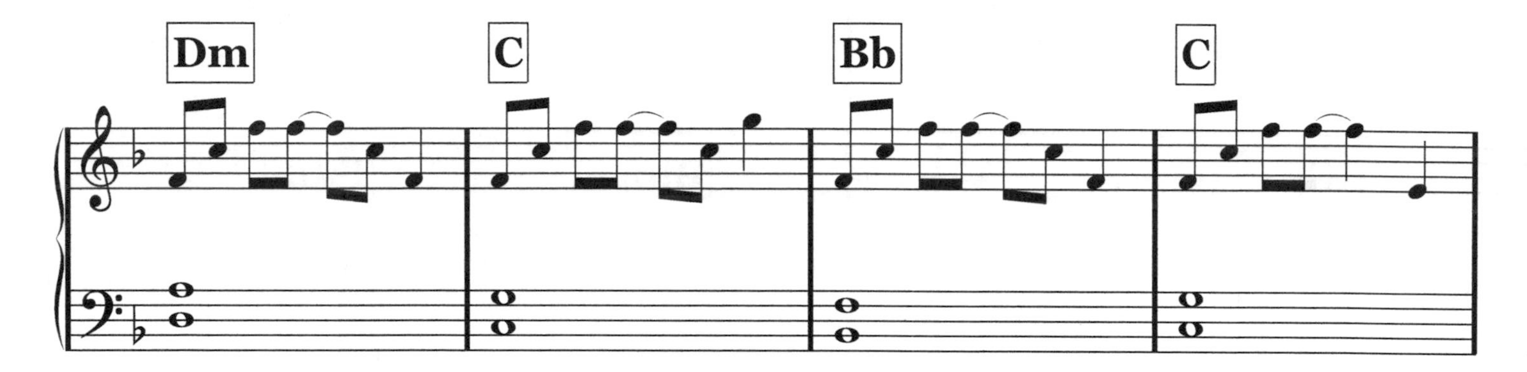

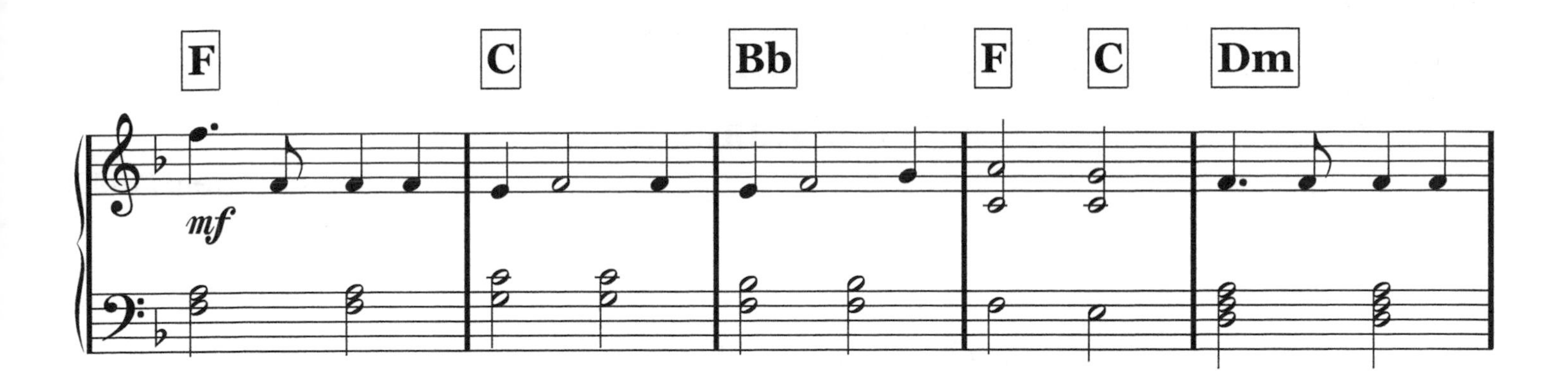
F
C
Bb
F
C
Dm
mf

C
Bb
Am
Dm
C

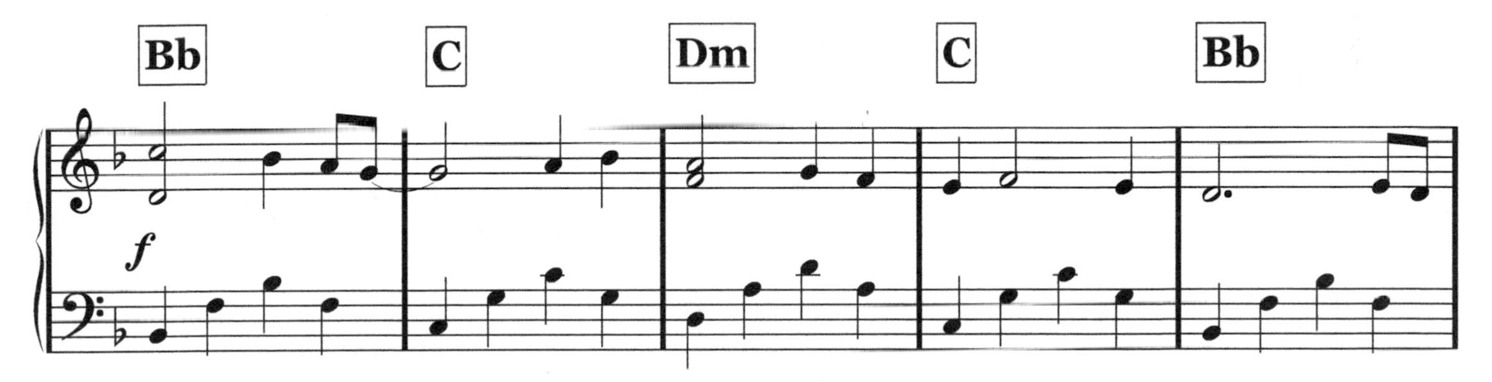
Bb
C
Dm
C
Bb
f

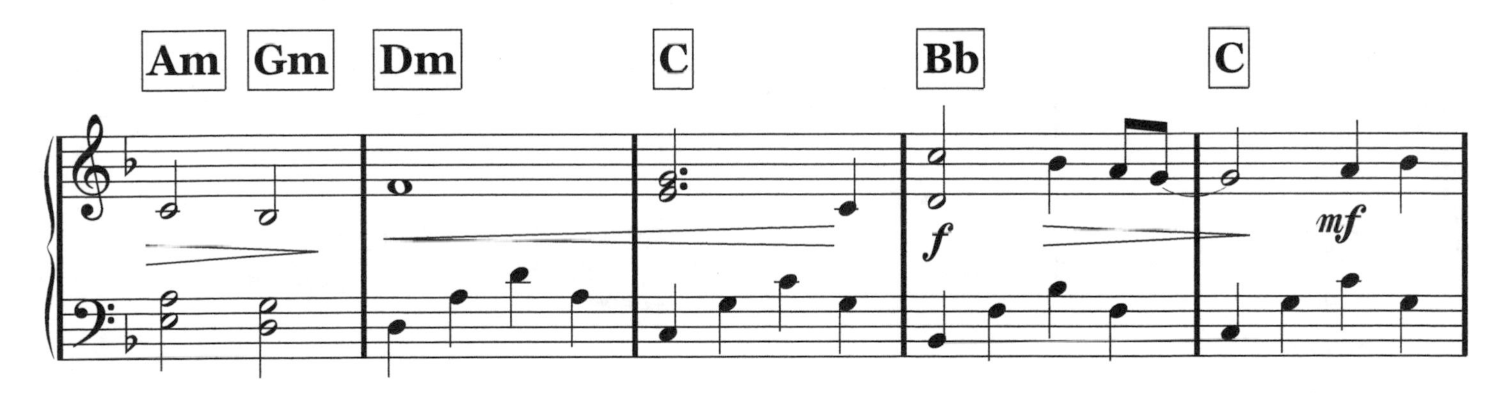
Am
Gm
Dm
C
Bb
C
f
mf

Dm
C
Bb
Am
C
F
rit ....
p

Cavatina

BSO "El cazador"

Stanley Myers (1978)

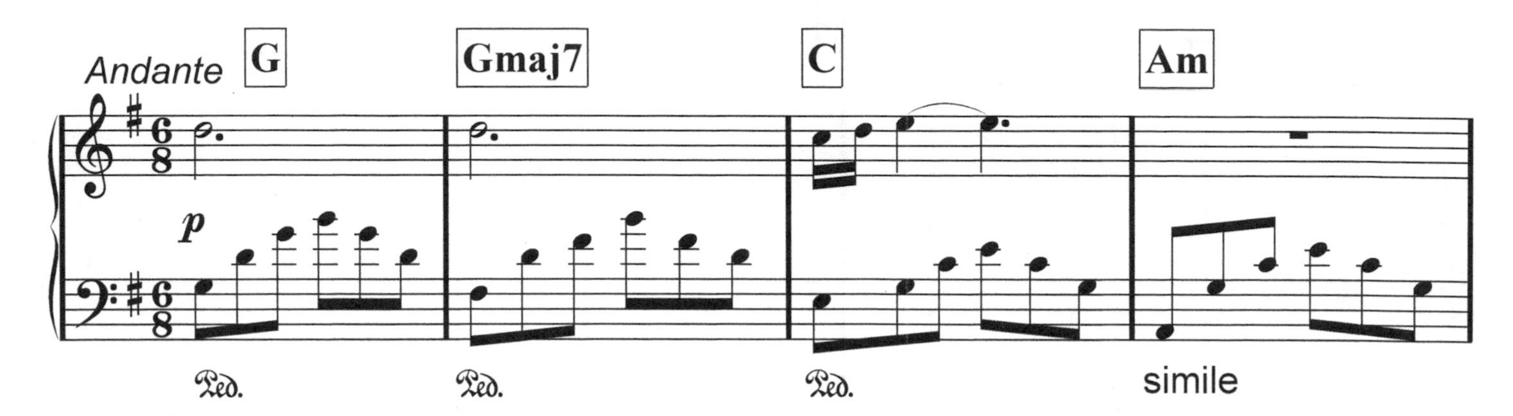

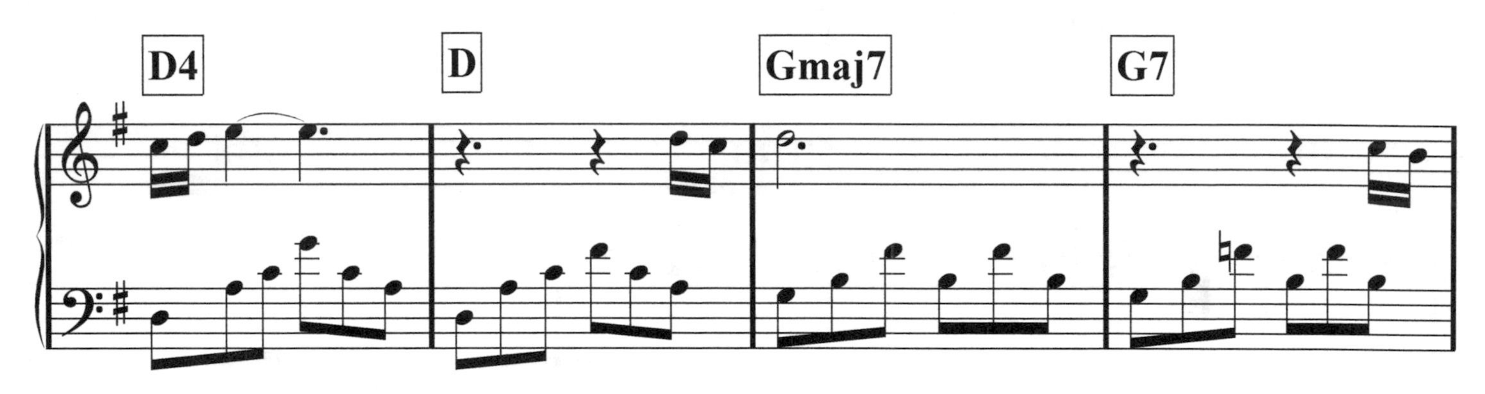

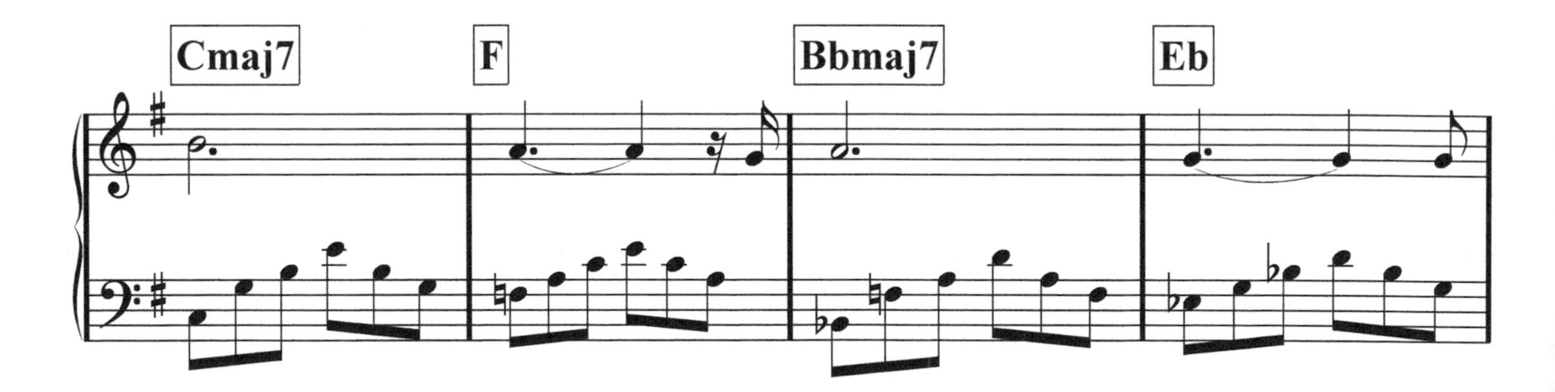

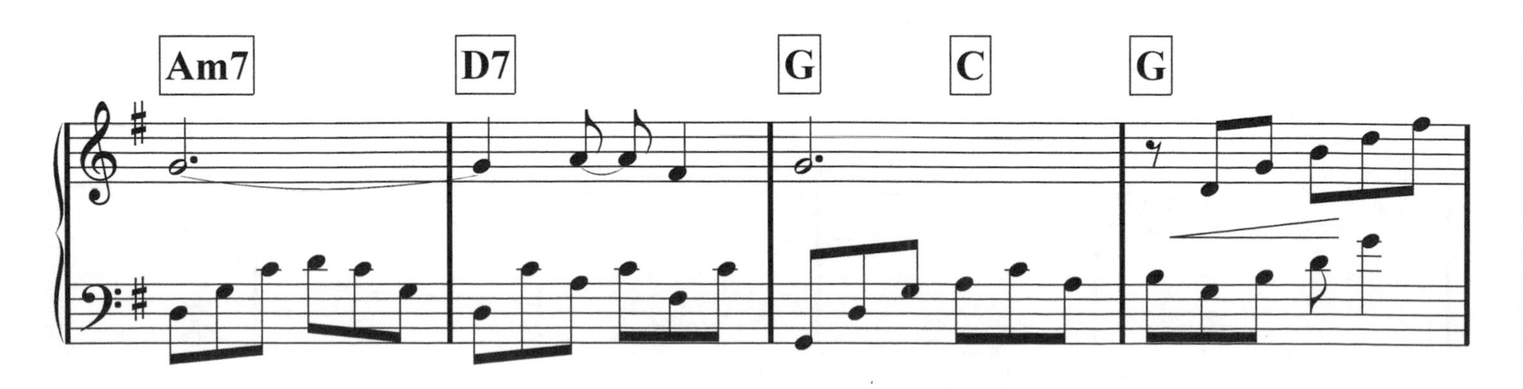

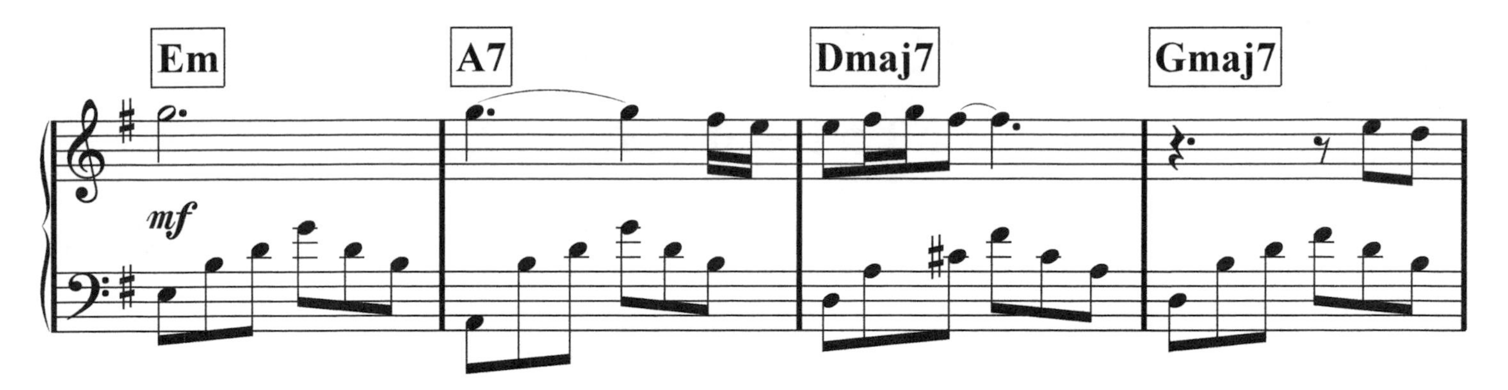
Em
A7
Dmaj7
Gmaj7
mf

Am7
D7
G
Gmaj7

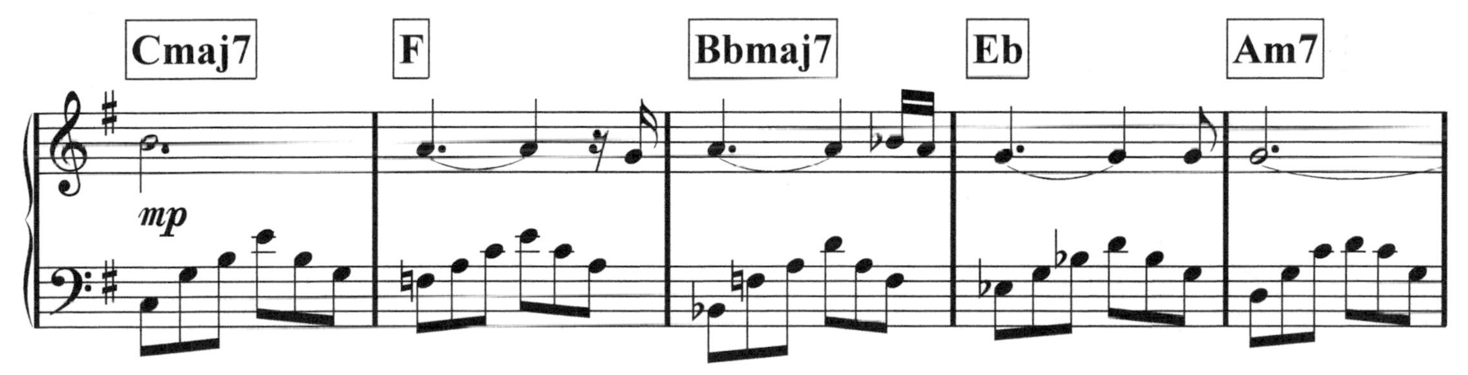
Cmaj7
F
Bbmaj7
Eb
Am7
mp

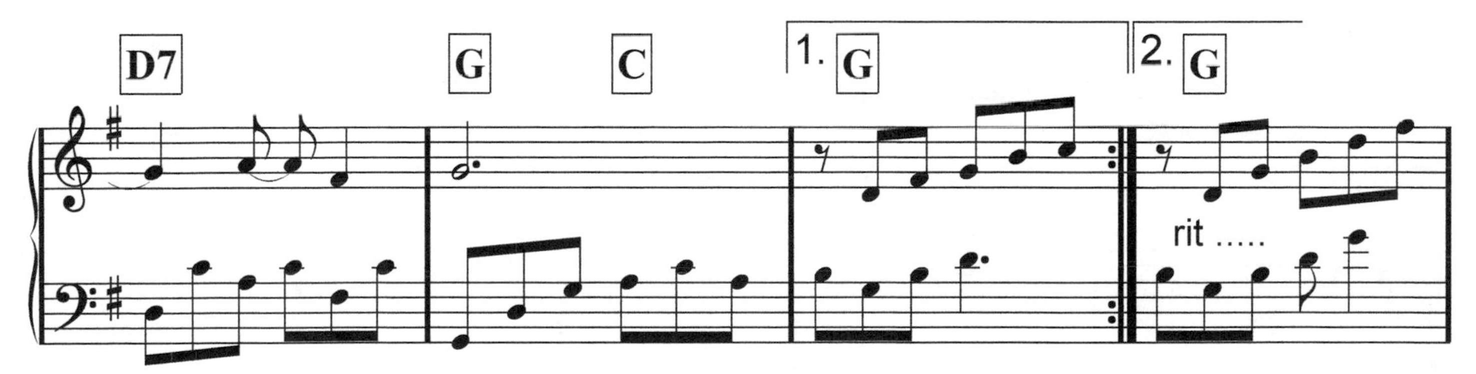
D7
G
C
1. G
2. G
rit .....

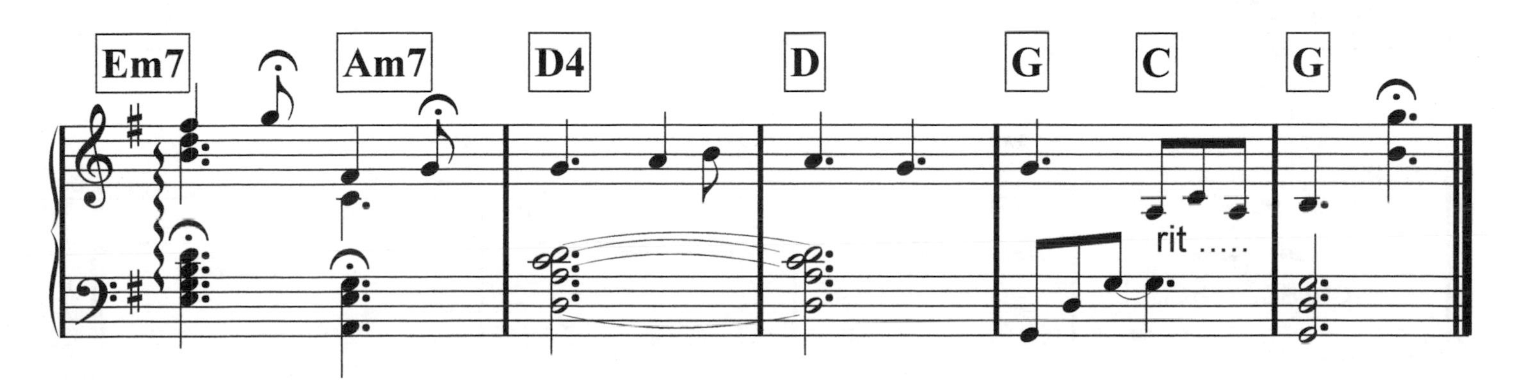
Em7
Am7
D4
D
G
C
G
rit .....

Mia & Sebastian´s Theme

BSO "La La Land (City of Stars)"

Justin Hurwitz (2016)

Dm
Gm
C7
F
mf

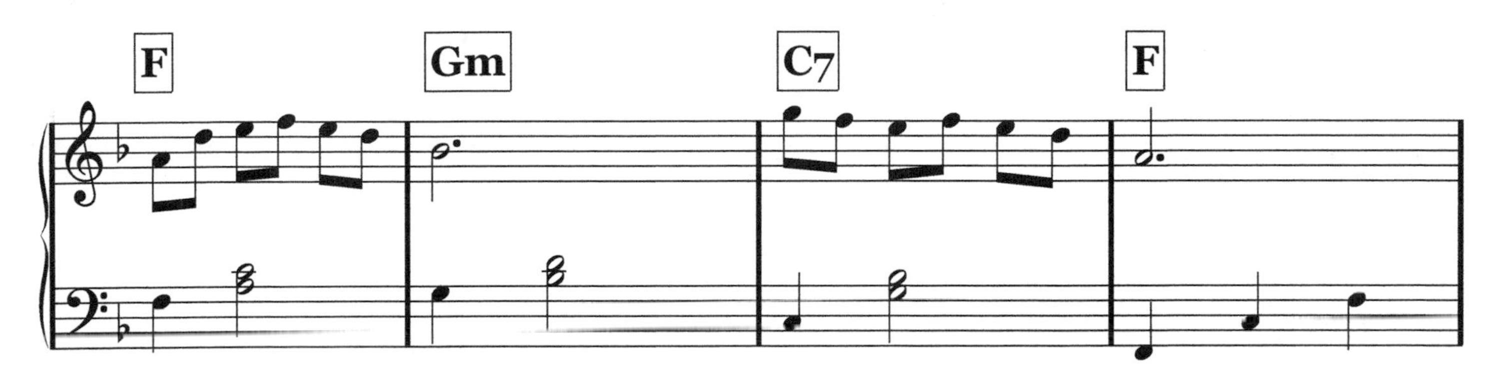
F
Gm
C7
F

Gm
C
F
Bb

Gm
C
F

Gm
C
A
Dm
rit .....

City of Stars

BSO "La La Land (City of Stars)"

Justin Hurwitz (2016)

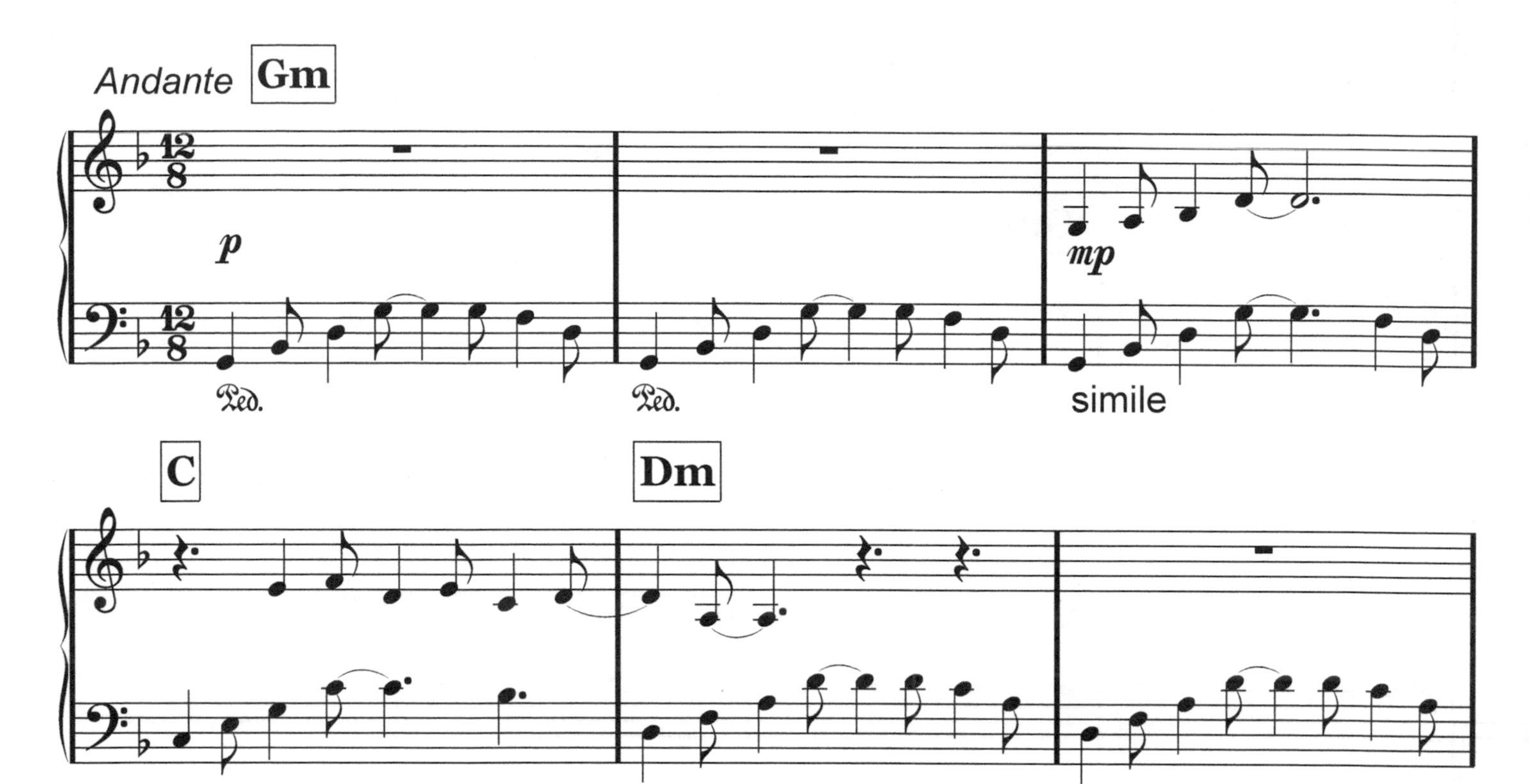

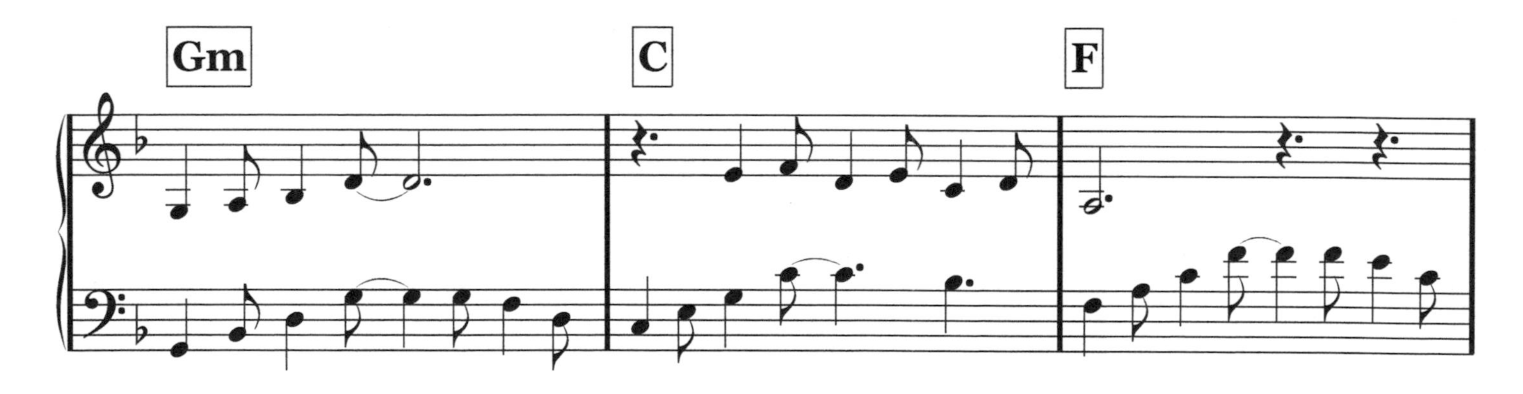

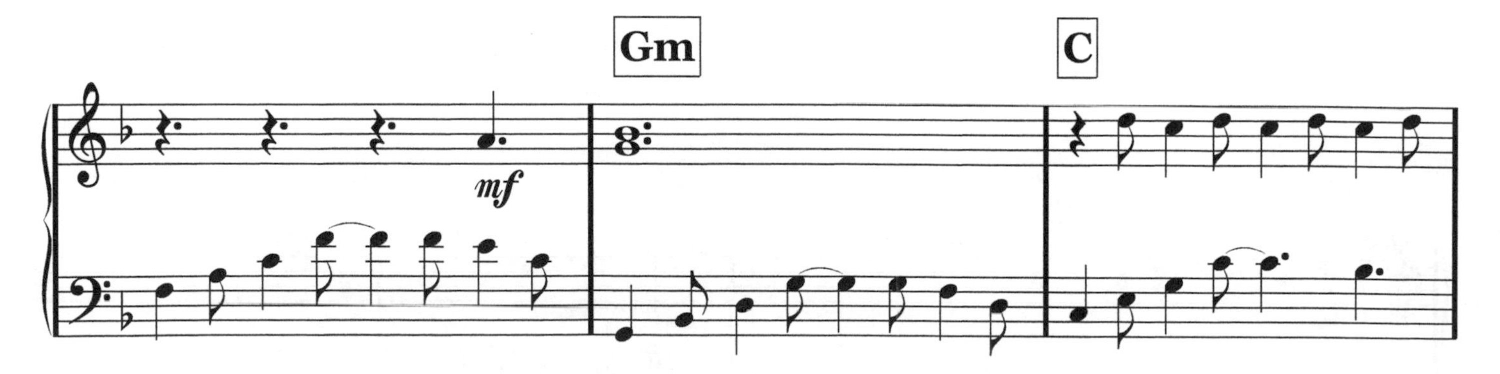

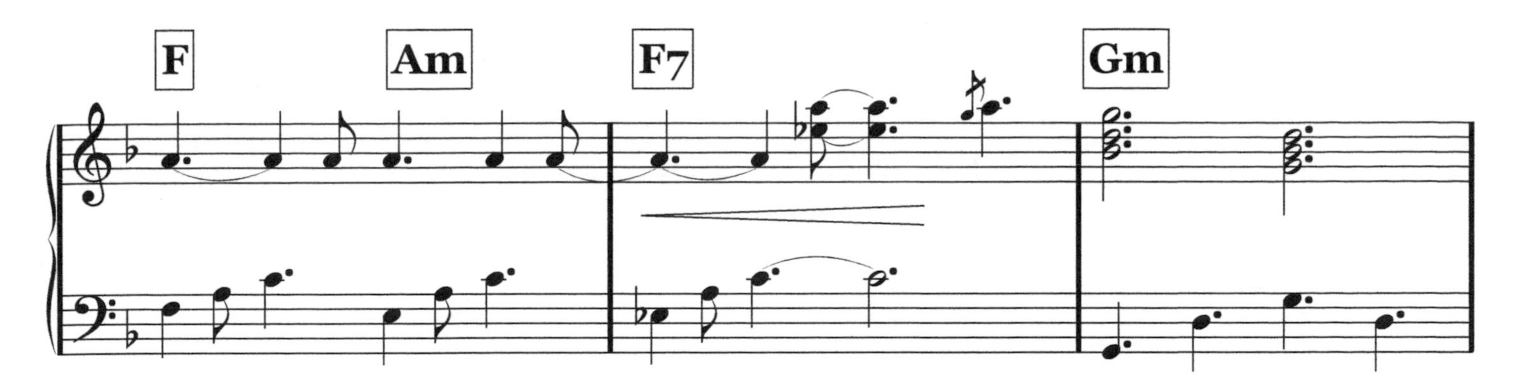
F
Am
F7
Gm

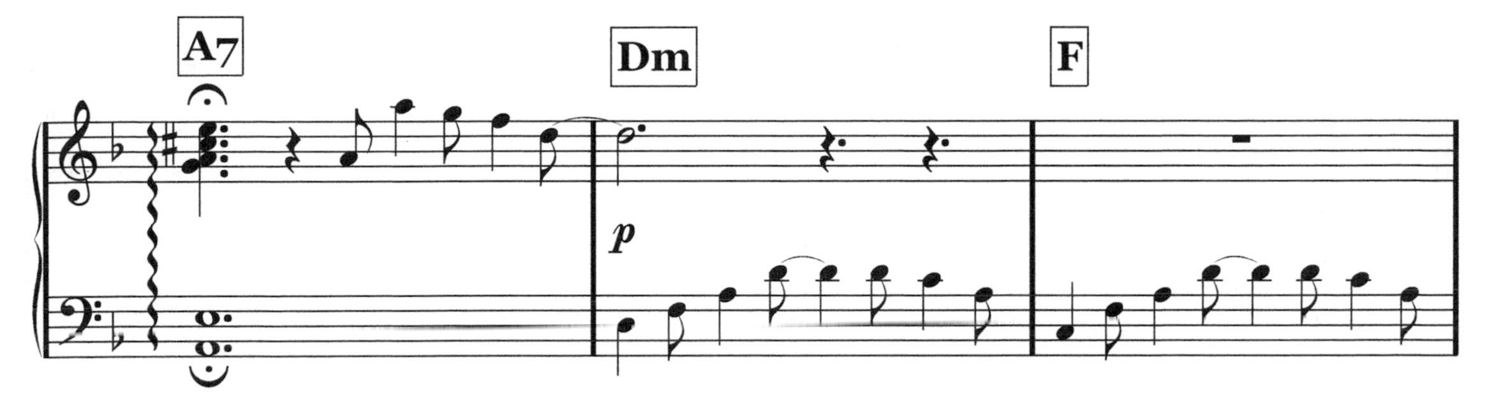
A7
Dm
F
p

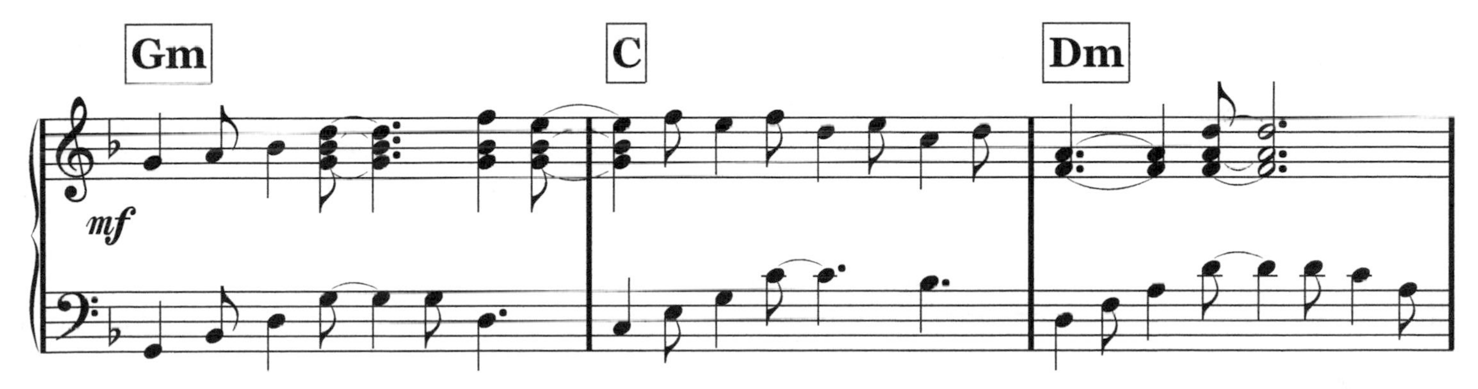
Gm
C
Dm
mf

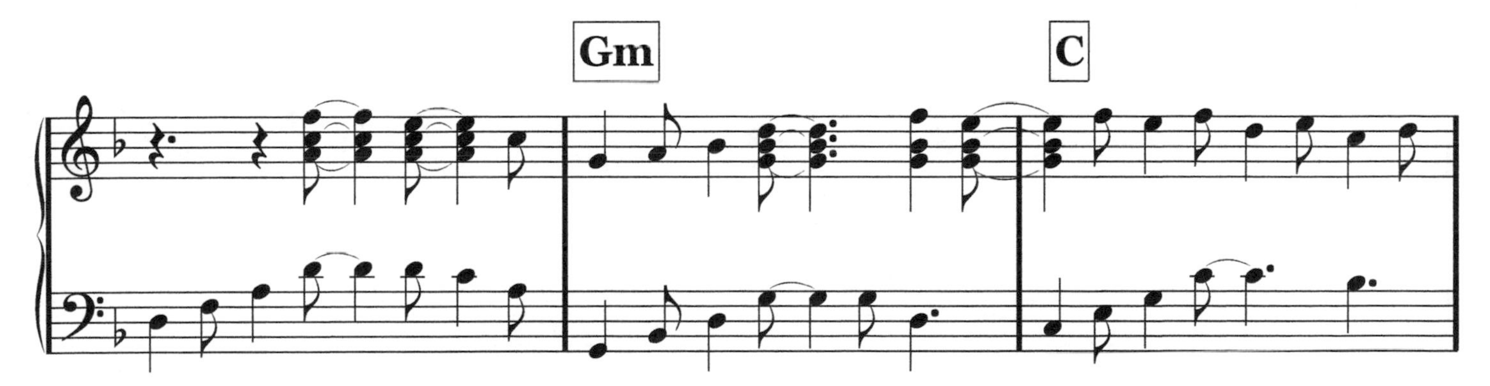
Gm
C

F
Am
Gm

C
F
Am
F7

Gm
A
8
cresc.

Bb
C
A7
Dm
f

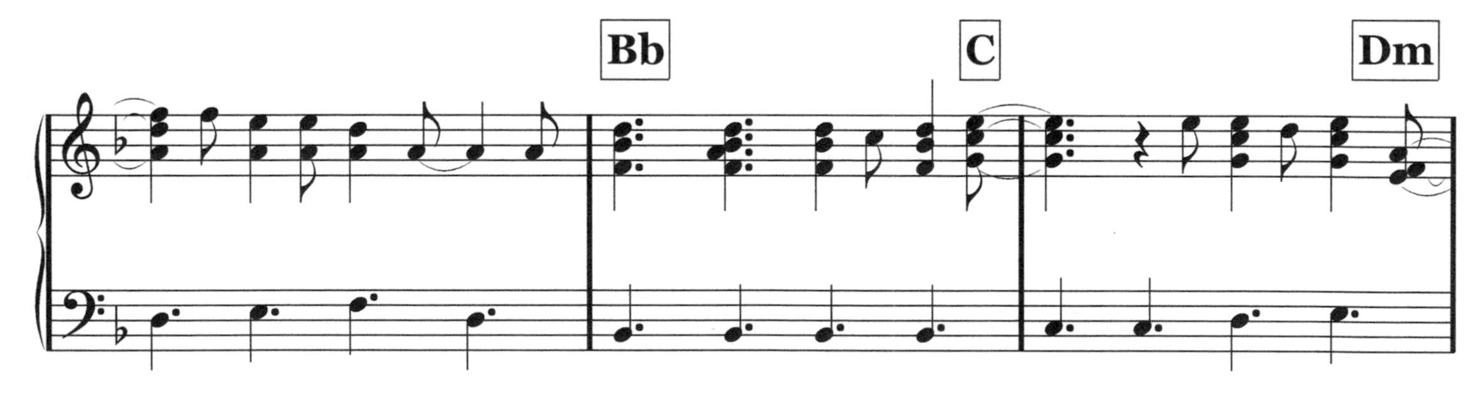
Bb
C
Dm

Bb
C

A7
Dm

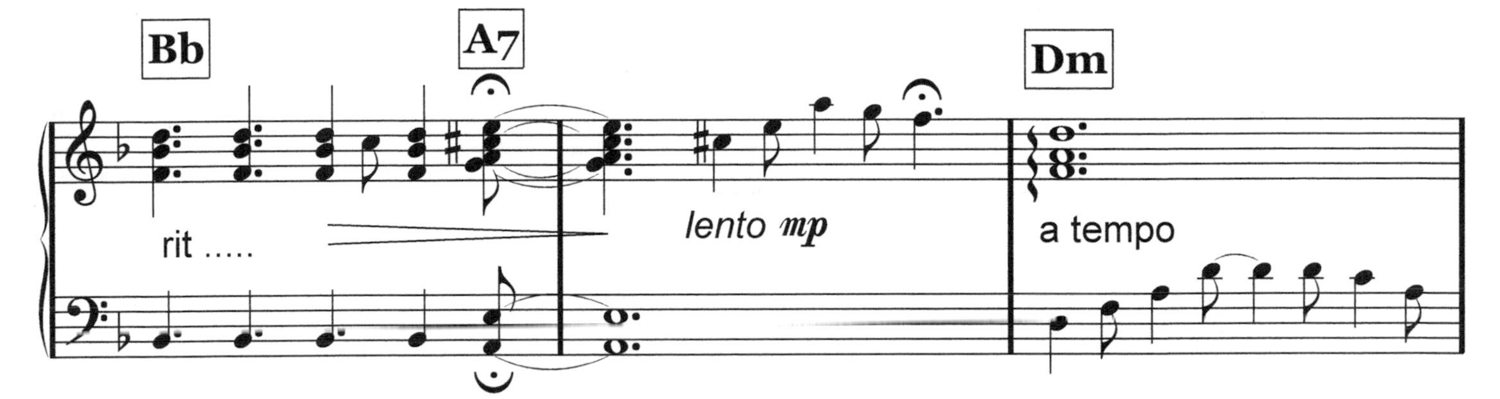
Bb
A7
Dm
rit .....
lento mp
a tempo

F
Gm
C
mf

F
Gm
rit .....

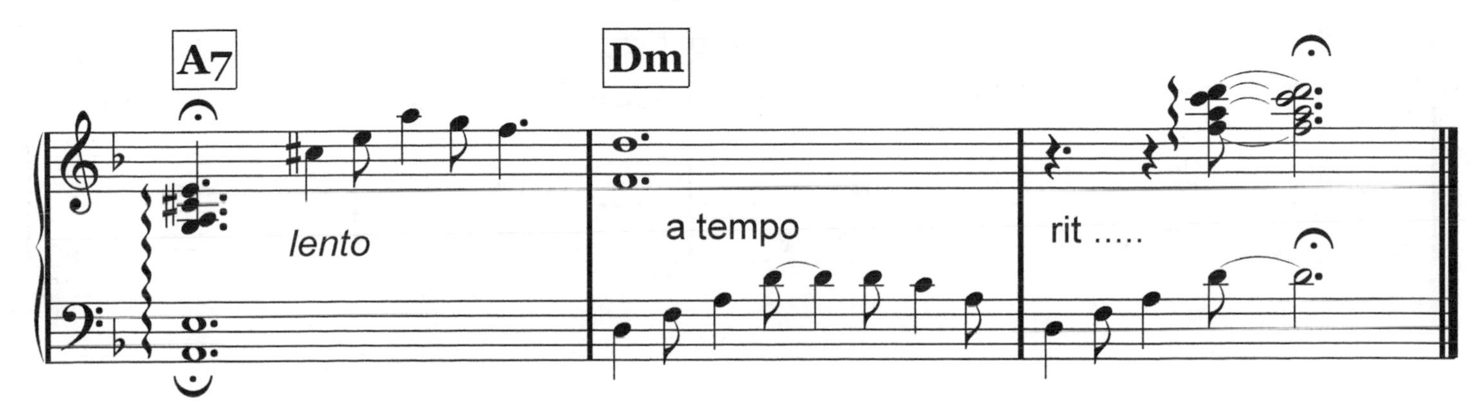
A7
Dm
lento
a tempo
rit .....

Arrival of the Birds

BSO "La teoría del todo"

Jason Swinscoe (2012)

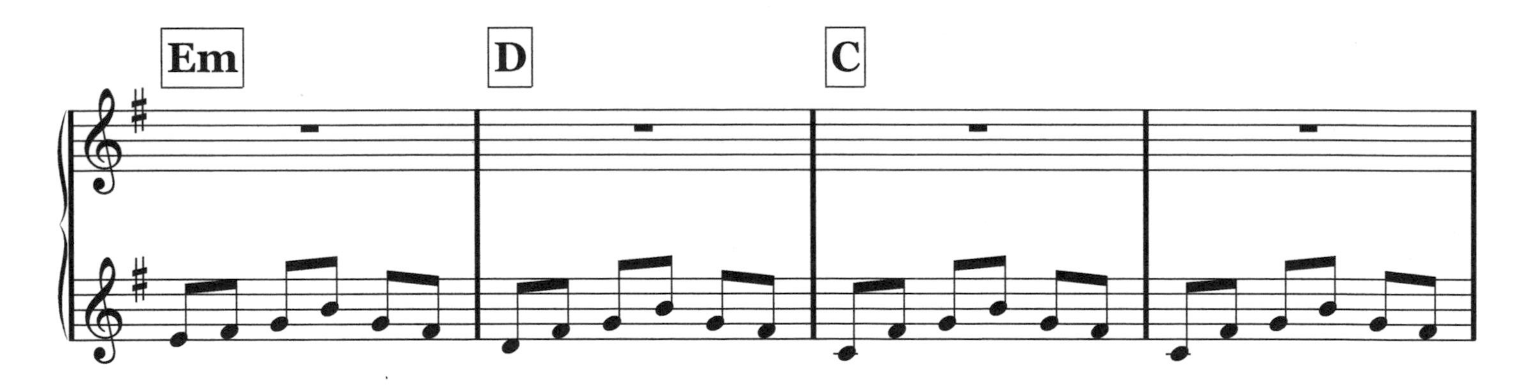

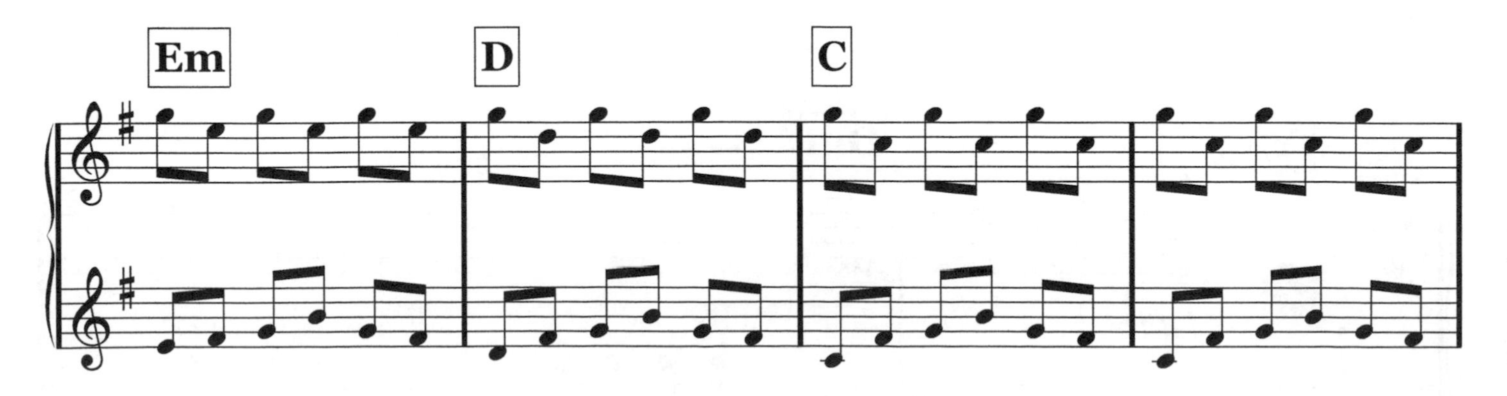

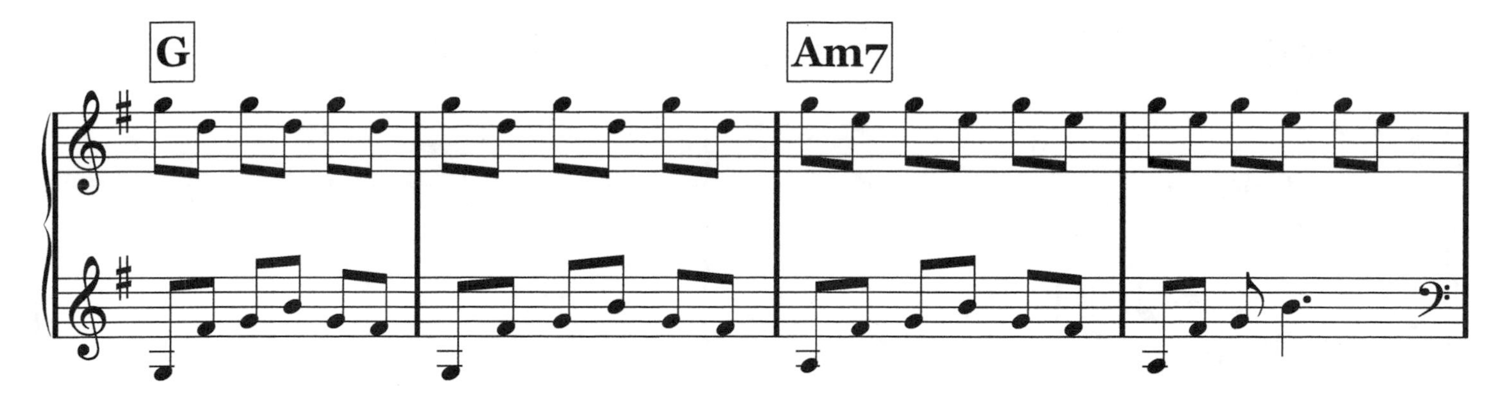
G
Am7

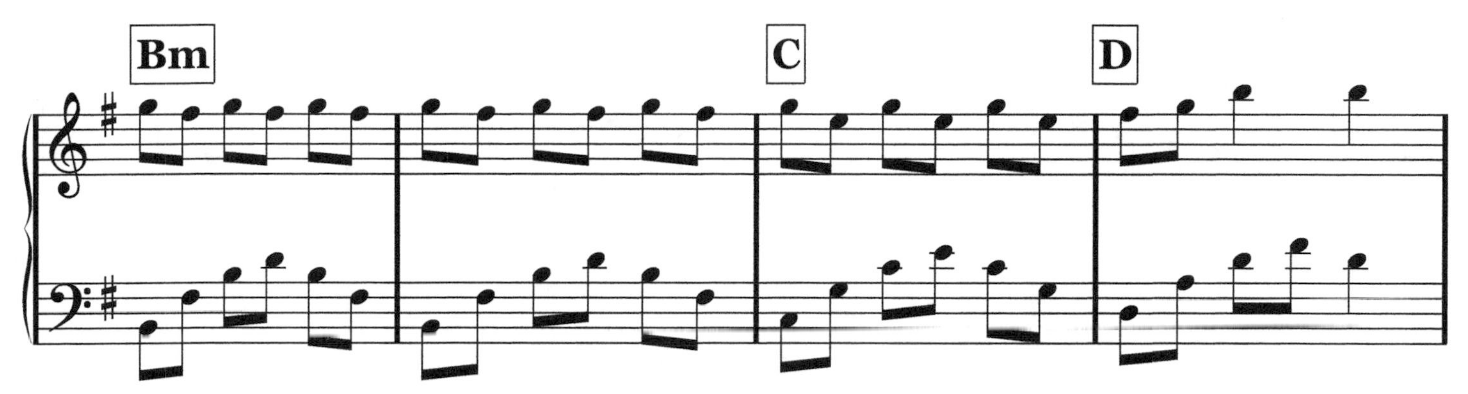
Bm
C
D

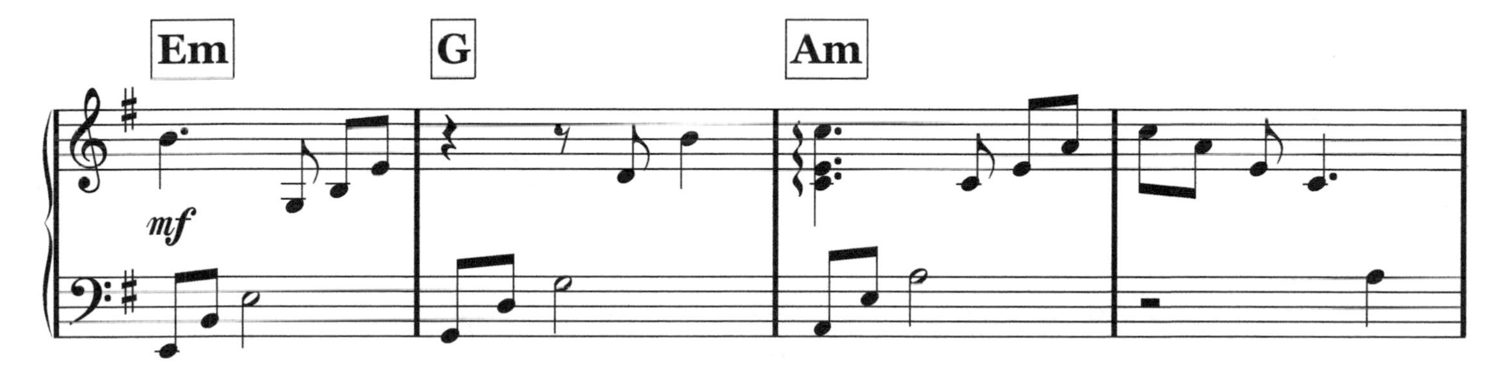
Em
G
Am
mf

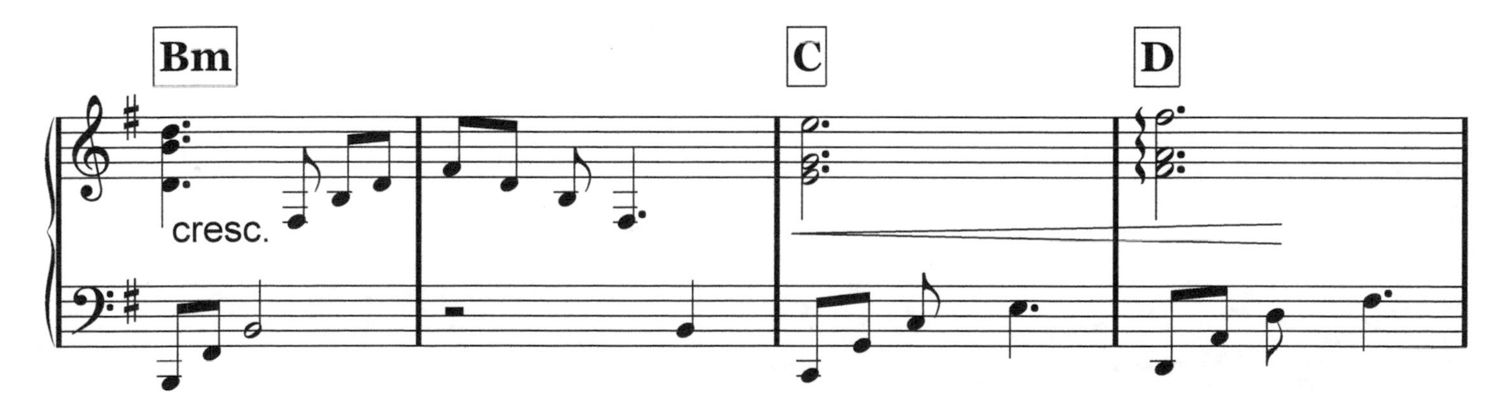
Bm
C
D
cresc.

Em
G
Am
f
3
3

Em
G
Am

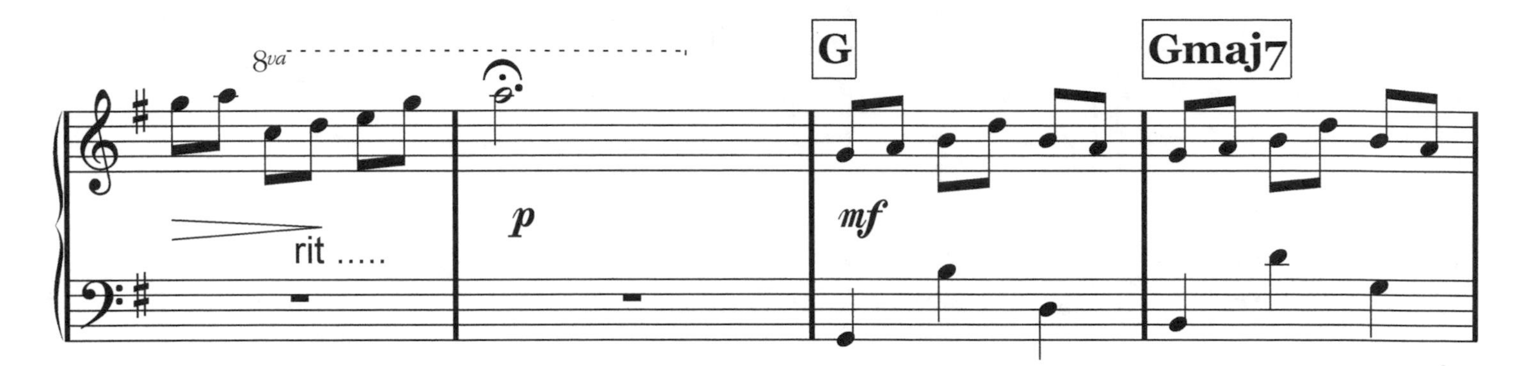
8va
G
Gmaj7
rit .....
p
mf

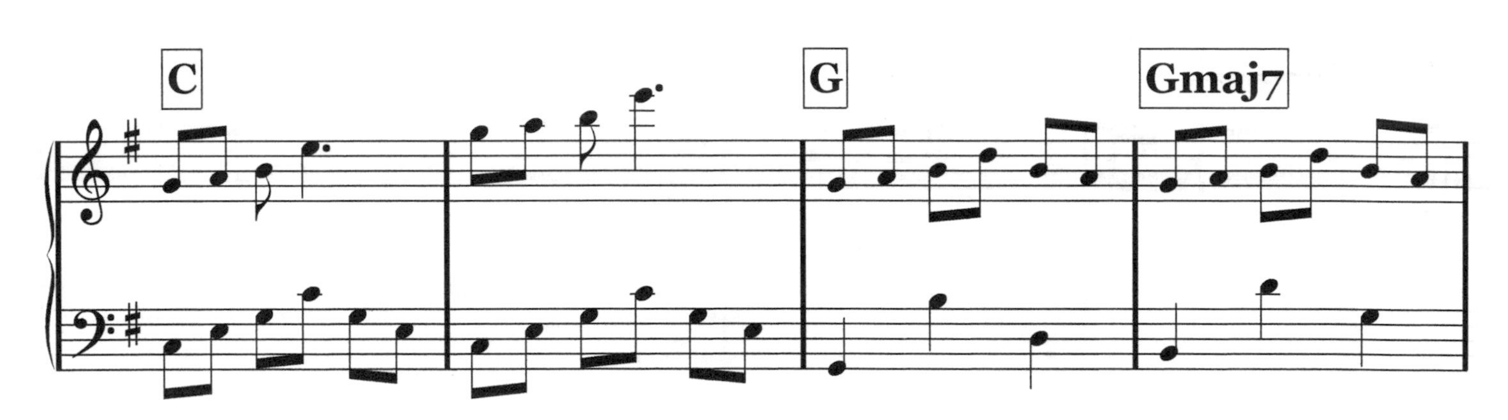
C
G
Gmaj7

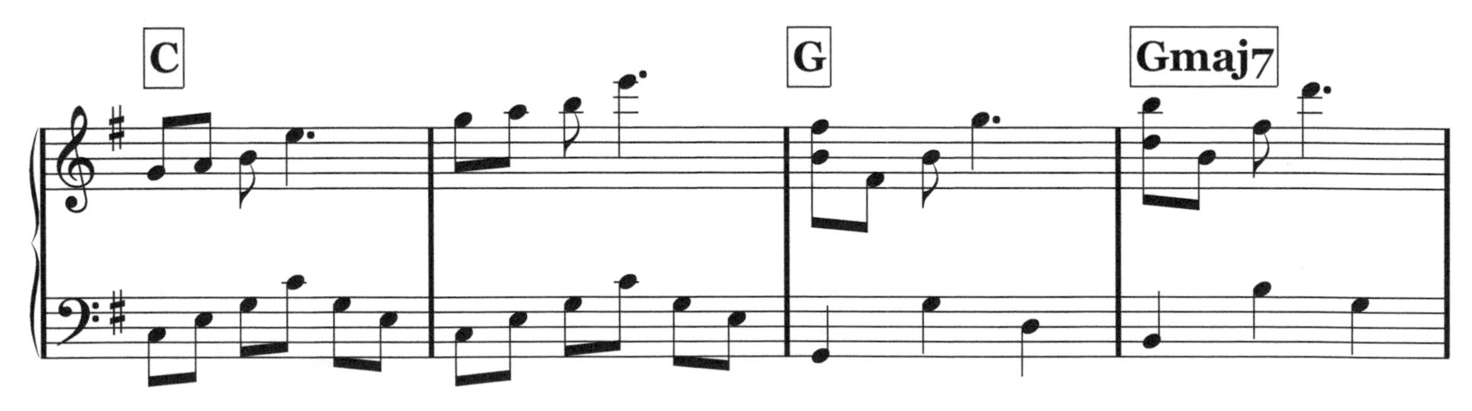
C
G
Gmaj7

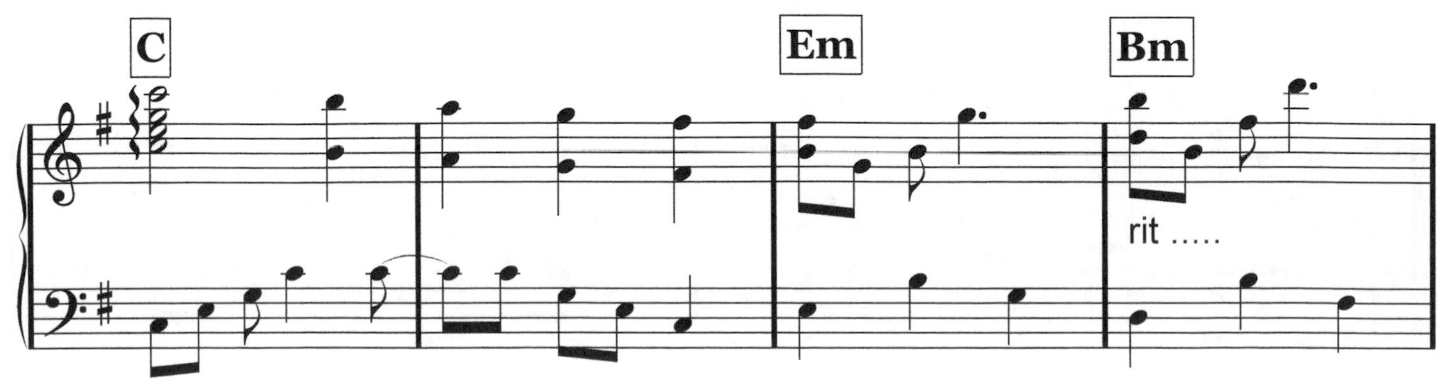
C
Em
Bm
rit .....

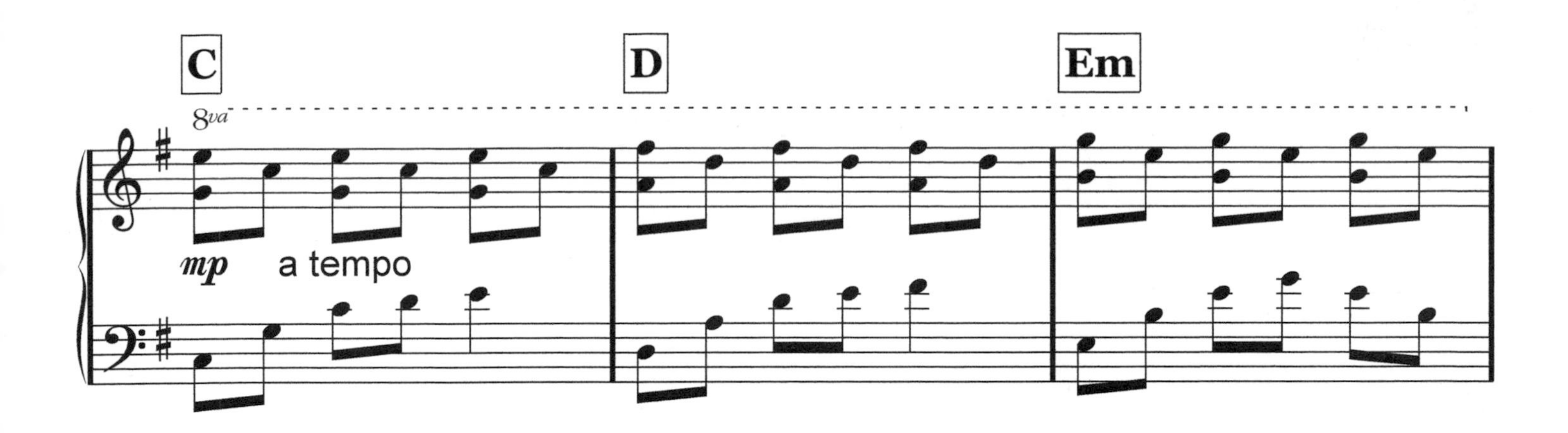
C
D
Em
8va
mp
a tempo

D
G
Bm
8va
rit .....

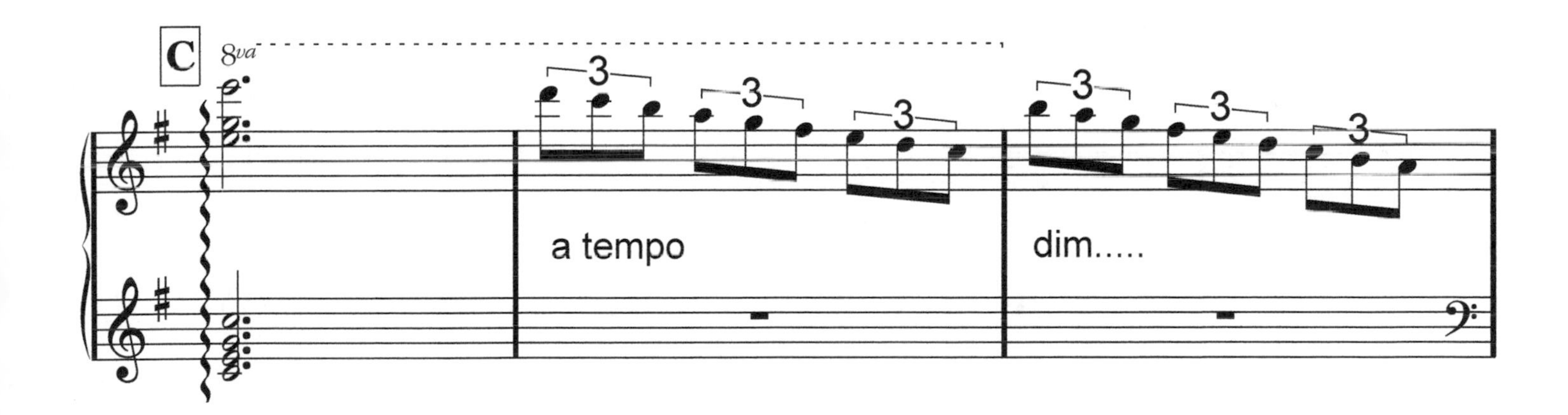
C
8va
3
a tempo
dim.....

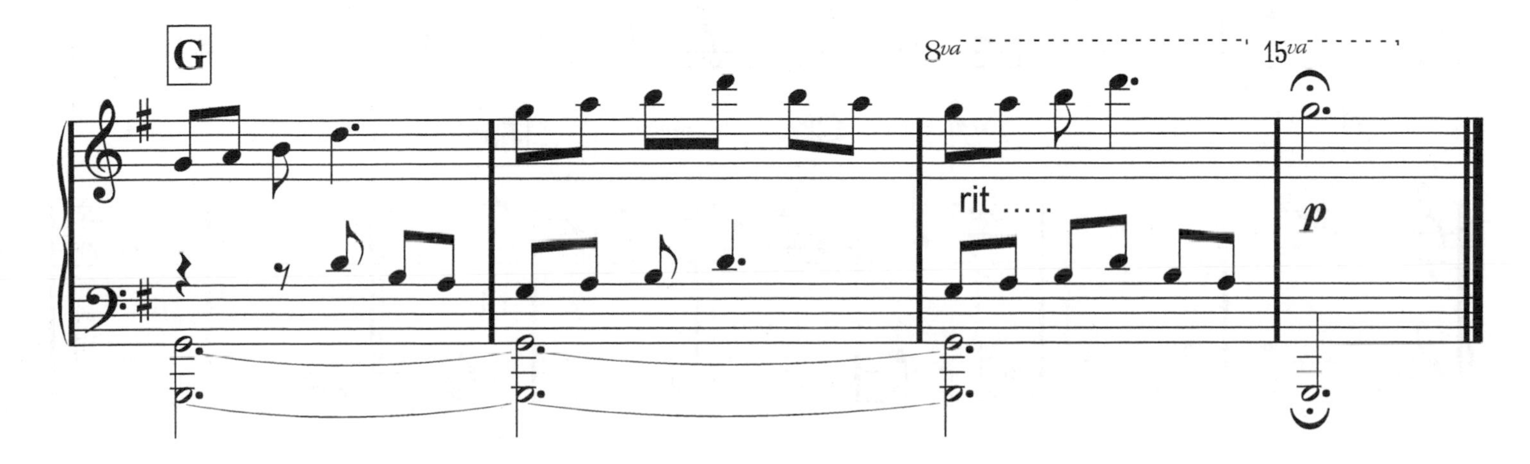
G
8va
15va
rit .....
p

Dawn

BSO "Orgullo y prejuicio"

Dario Marianelli (2005)

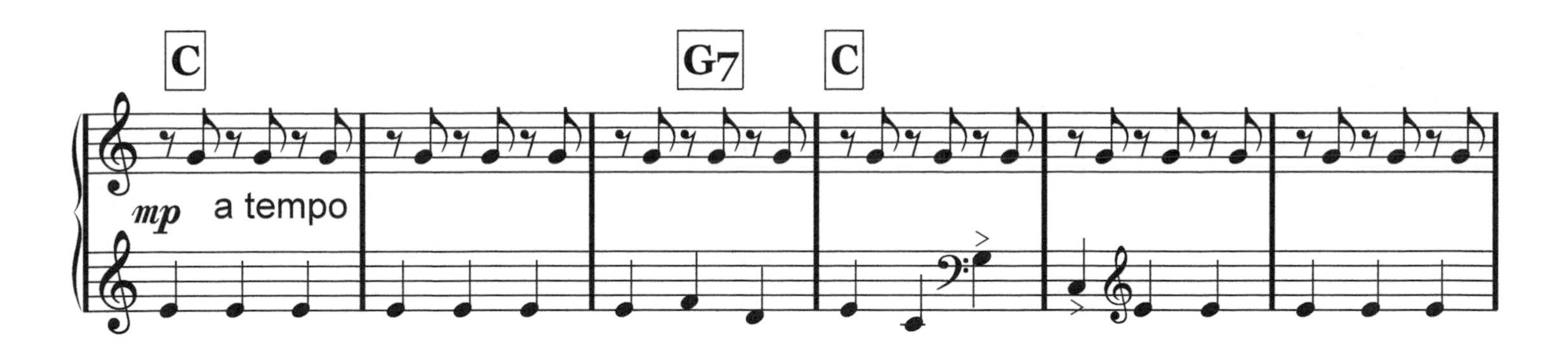
C
G7
C
mp
a tempo

G7
C
G7
C

G7
C
G7

C

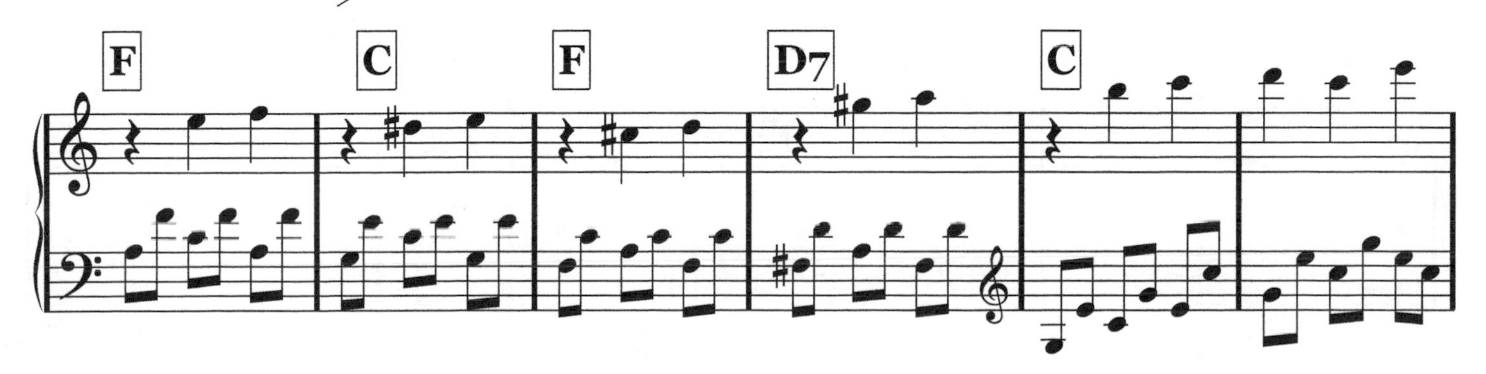
F
C
F
D7
C

G7
rit .....

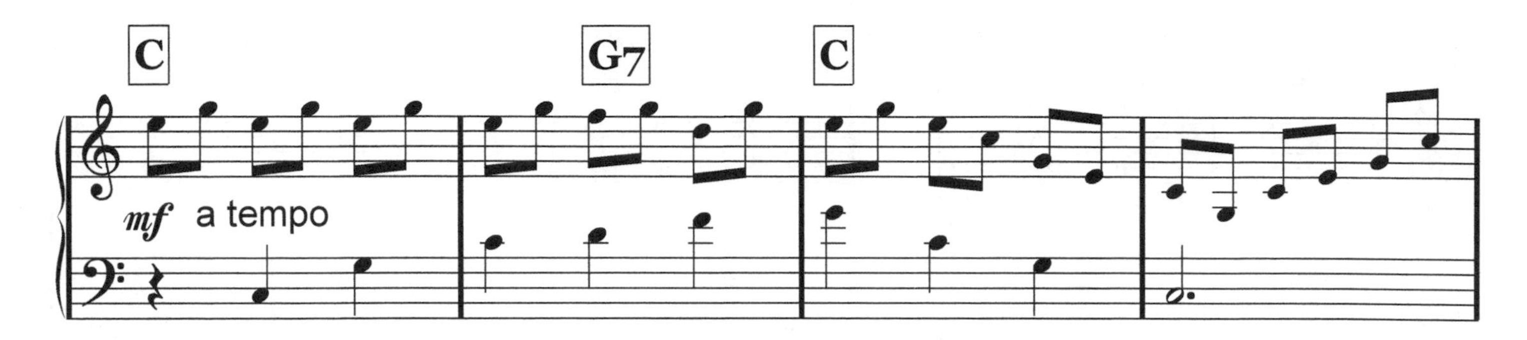
C
G7
C
mf a tempo

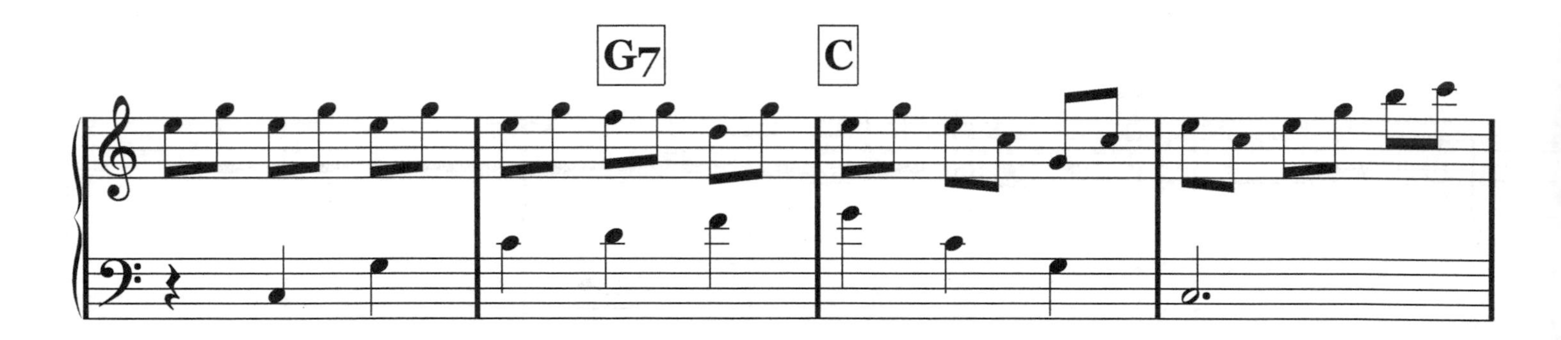
G7
C

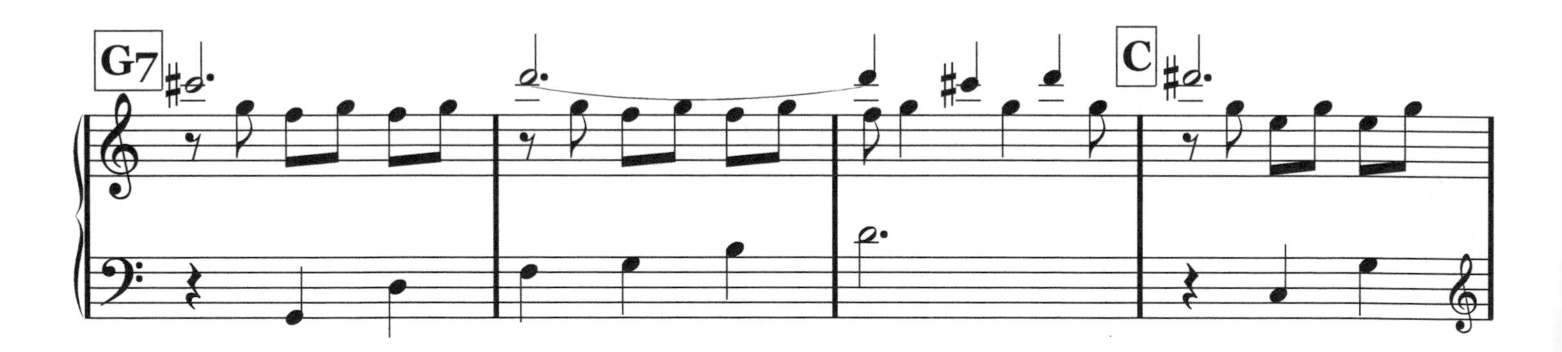
G7
C

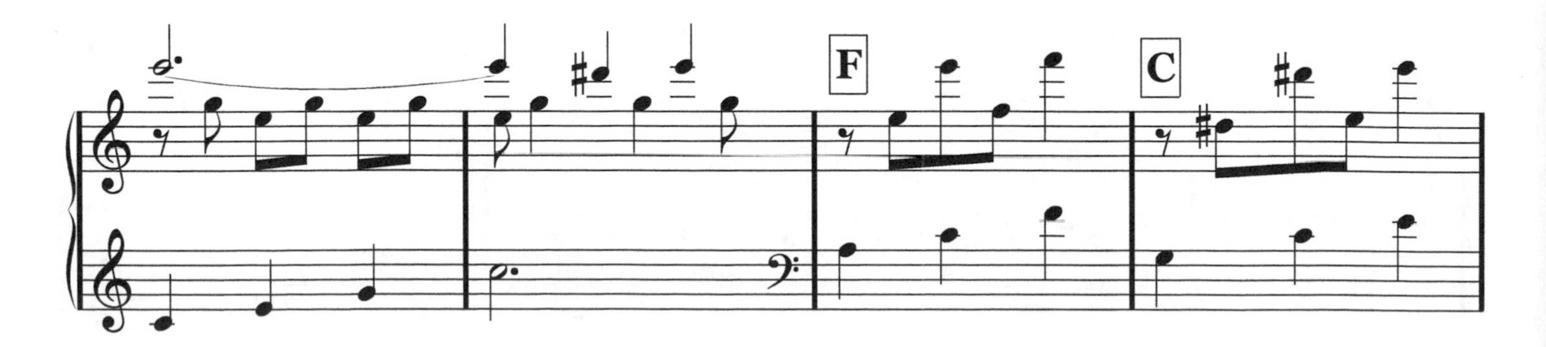
F
C

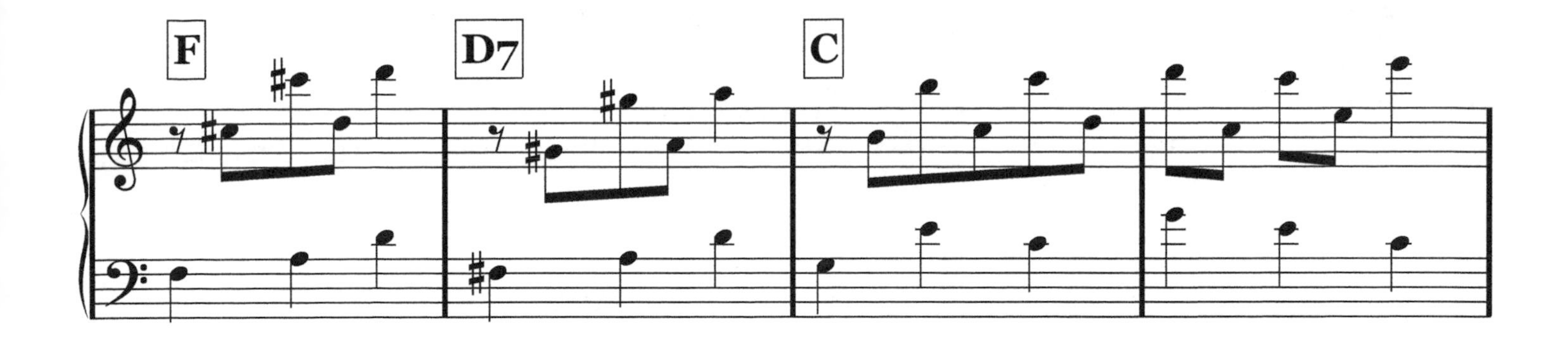
F
D7
C

G7
C
rit .....
p

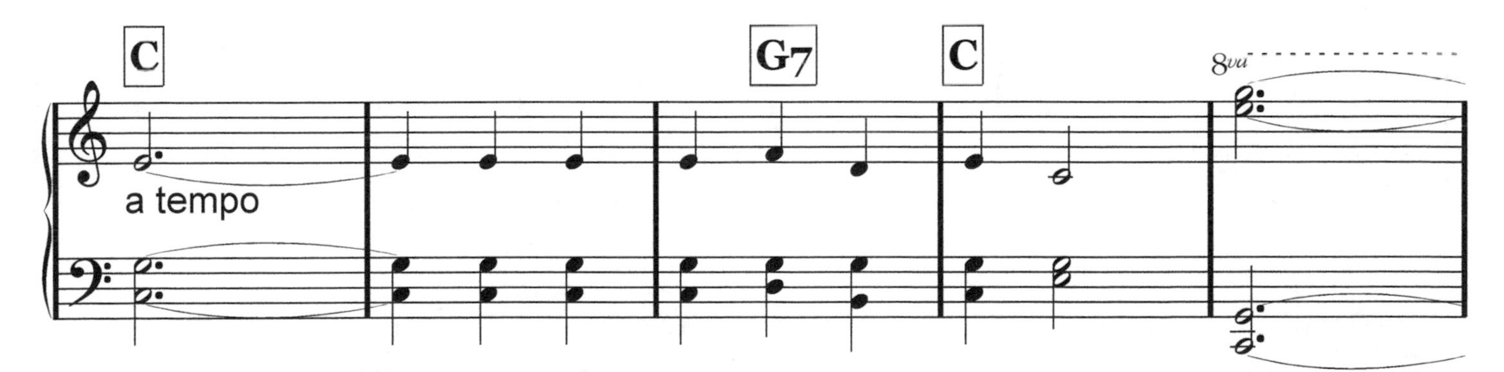
C
G7
C
8va
a tempo

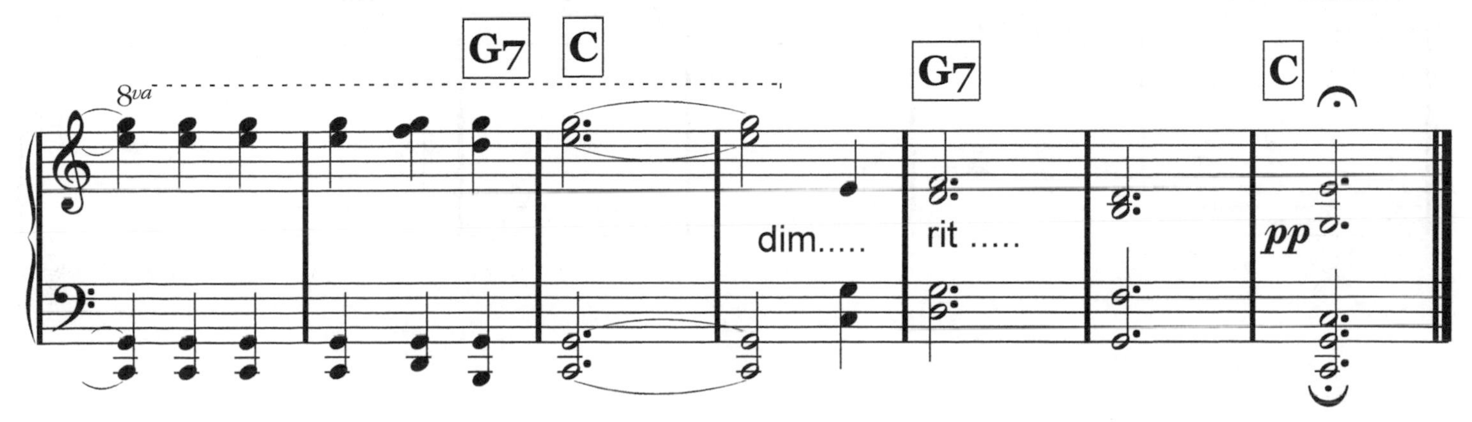
G7
C
8va
G7
C
dim.....
rit .....
pp

Interstellar

BSO "Interstellar"

Hans Zimmer (2014)

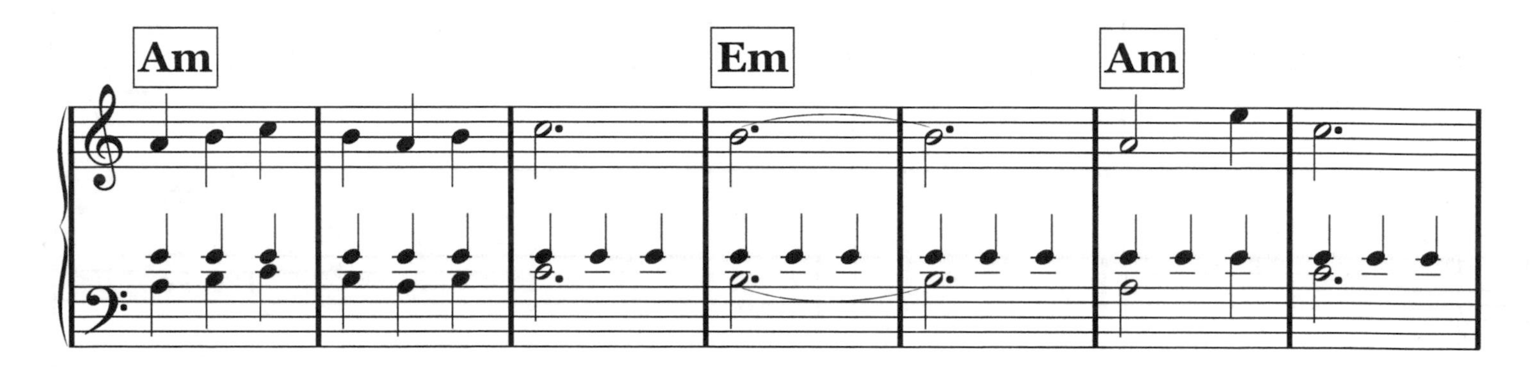

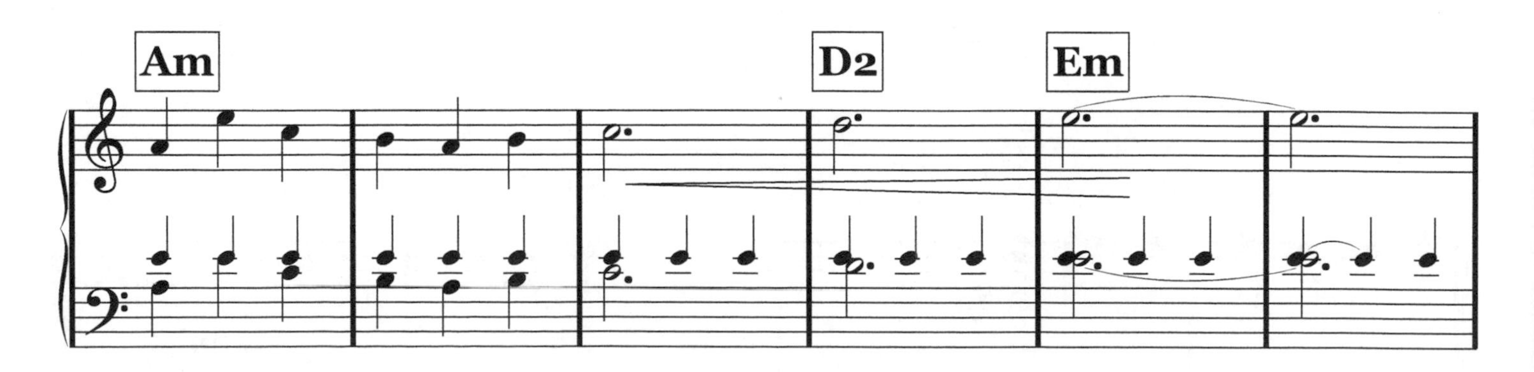

Am
Em
Am
mf

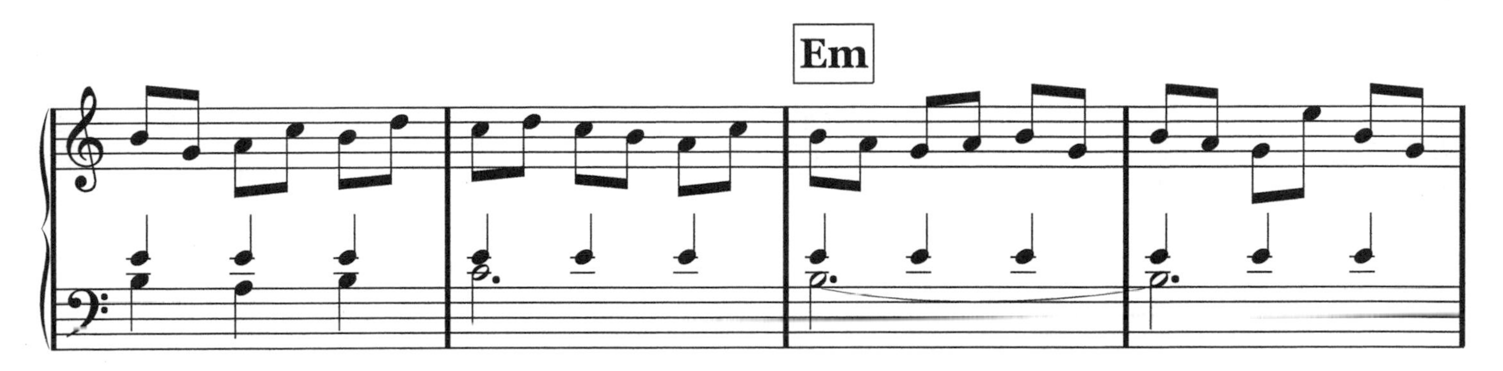

Em

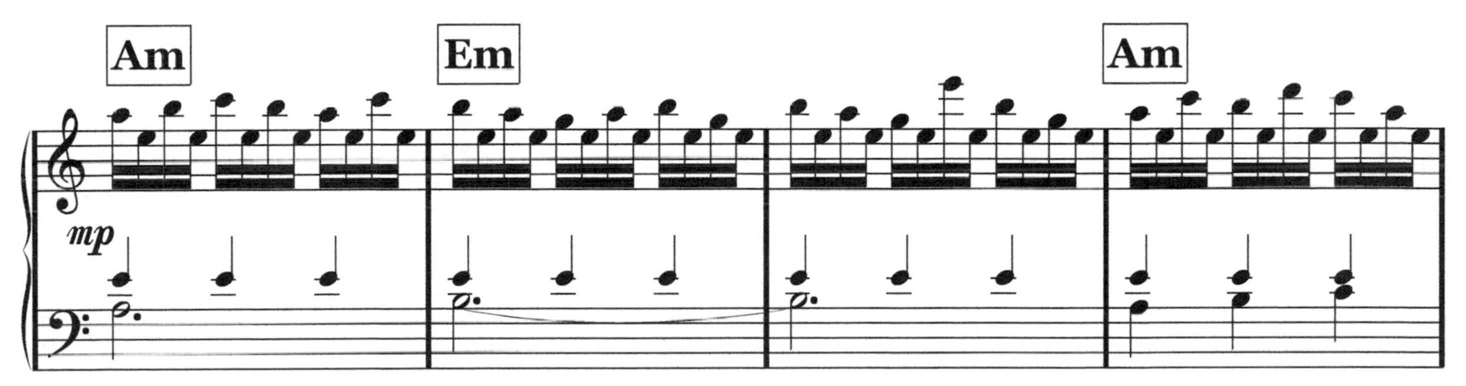

Am
Em
Am
mp

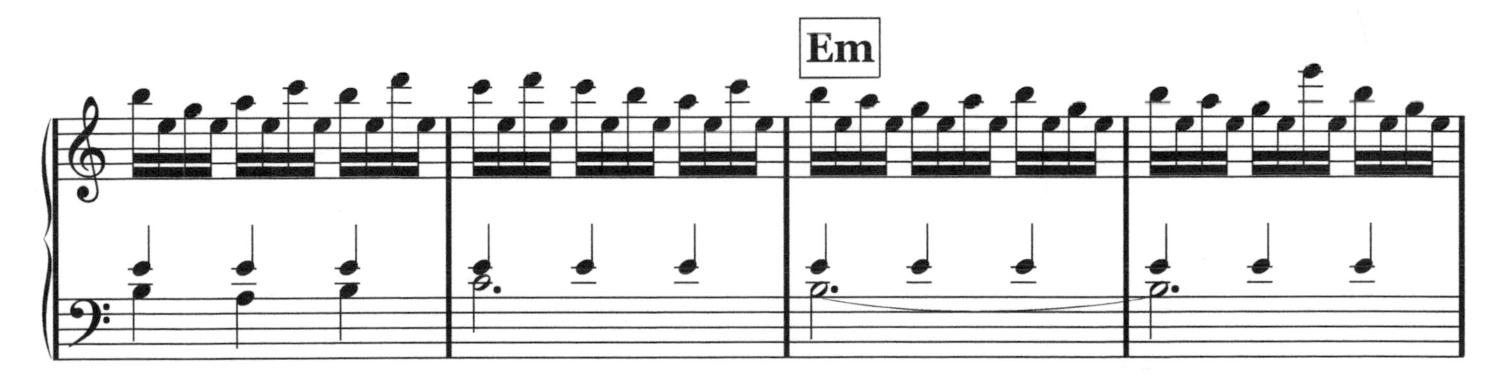

Em

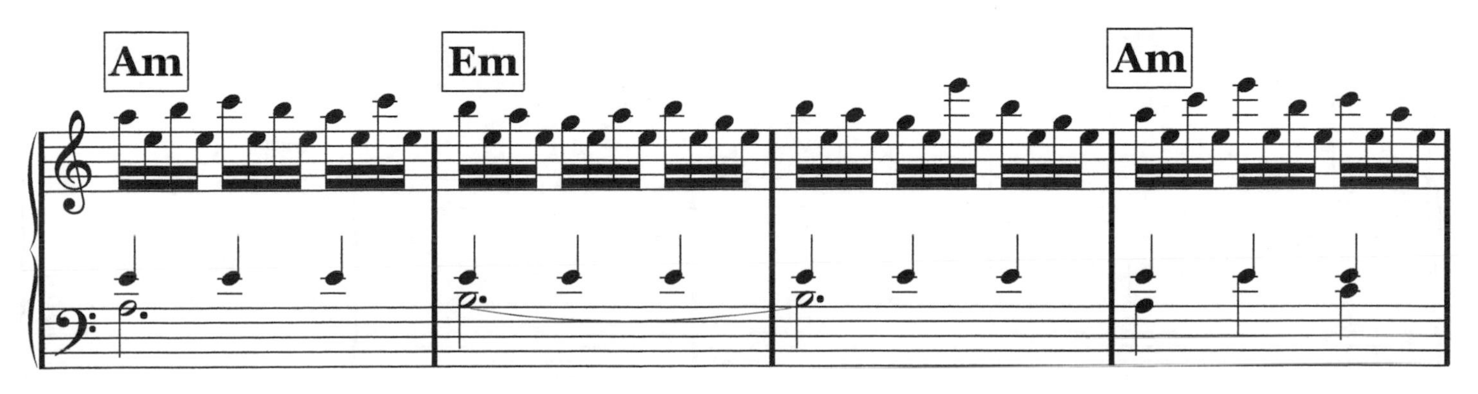

Am
Em
Am

Am
D2

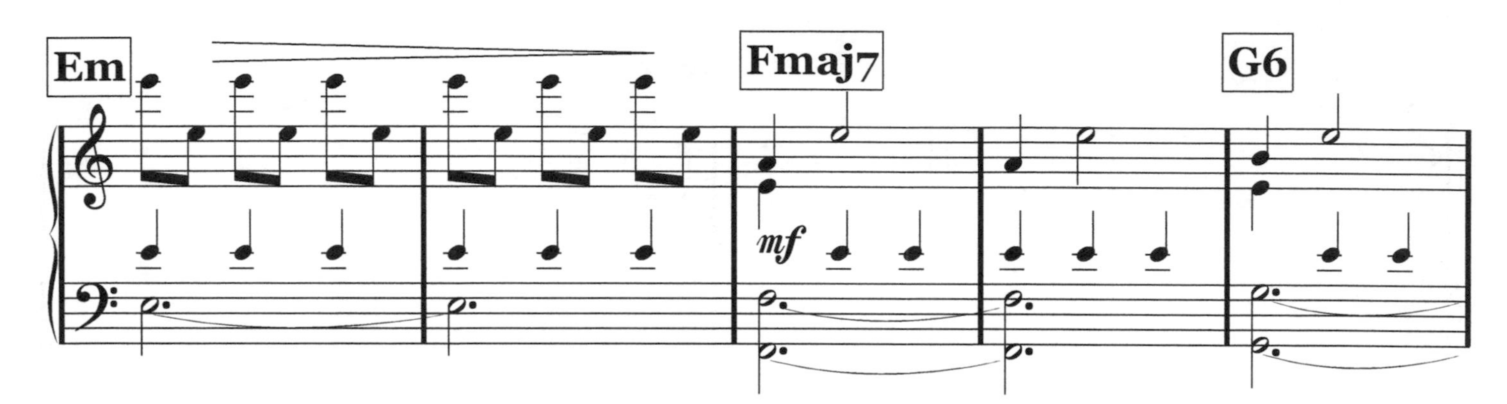
Em
Fmaj7
mf
G6

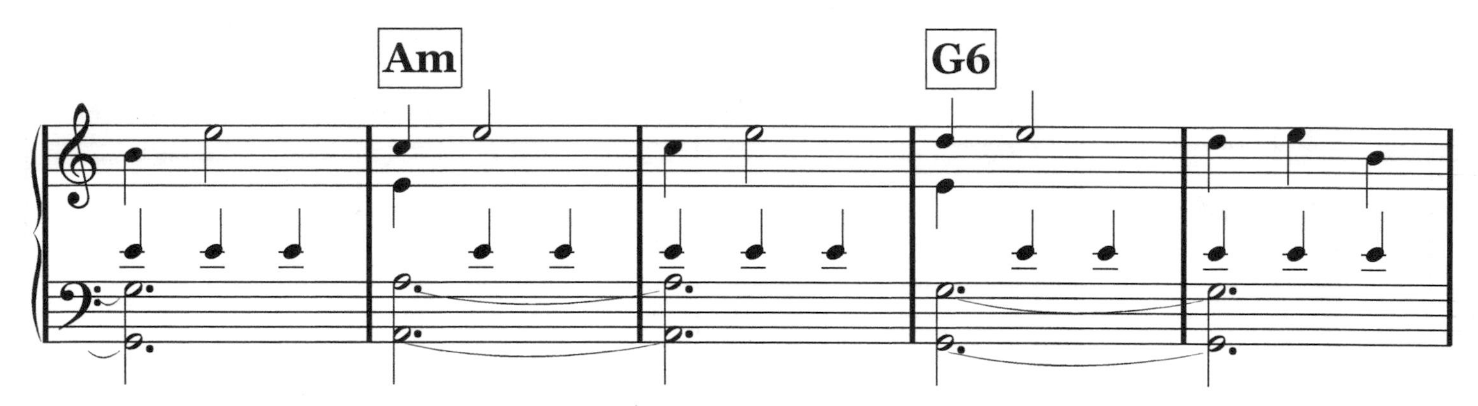
Am
G6

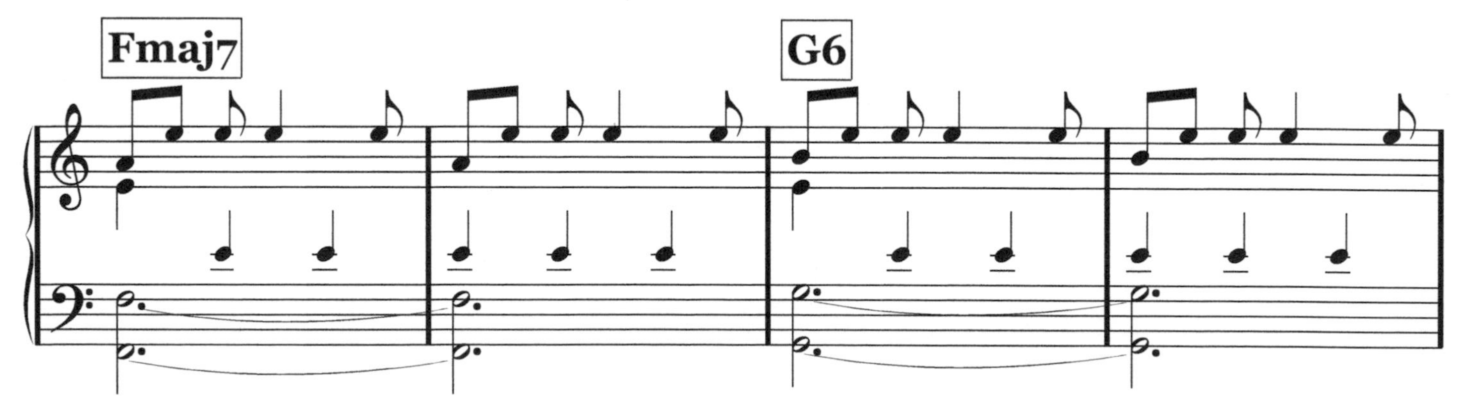
Fmaj7
G6

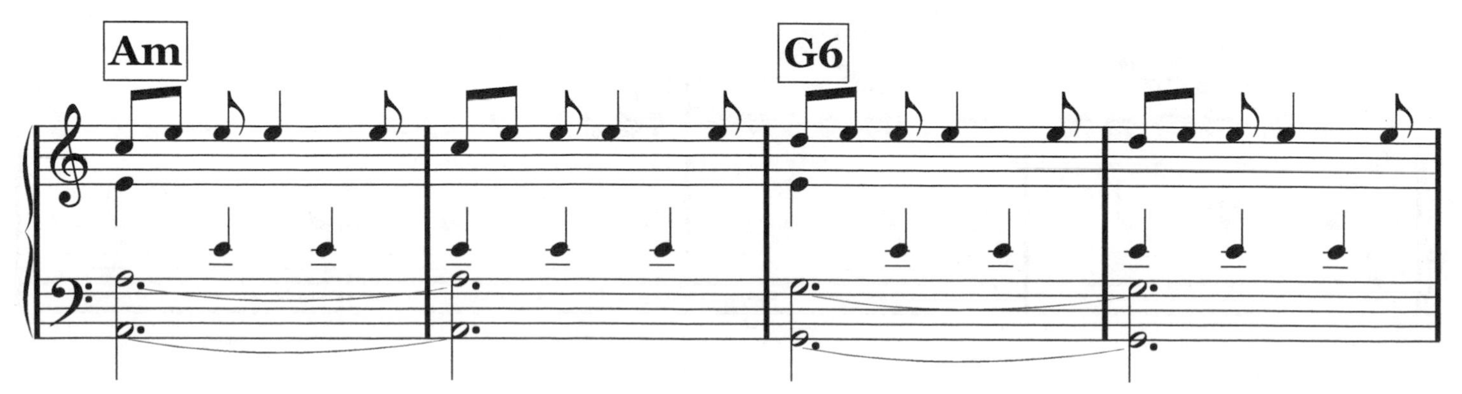
Am
G6

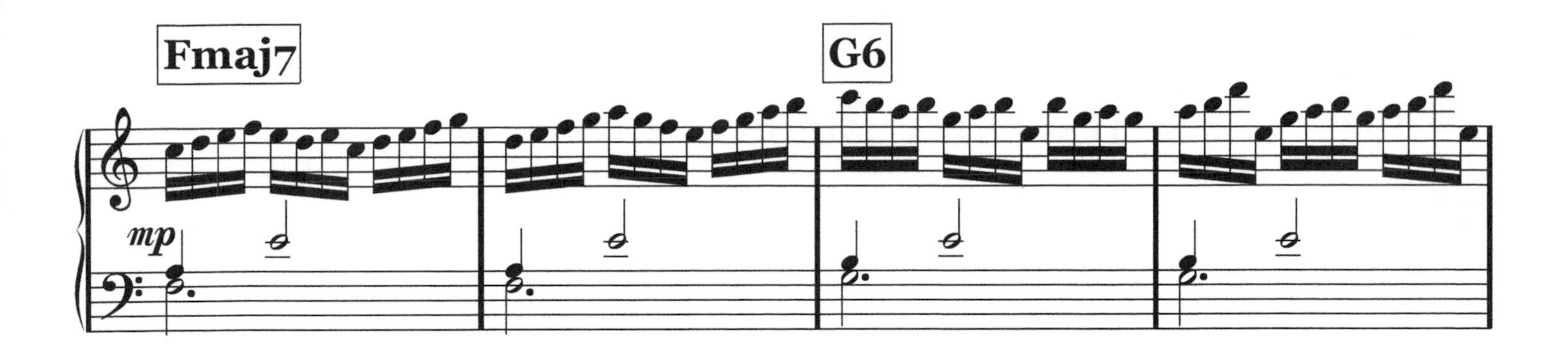
Fmaj7
G6
mp

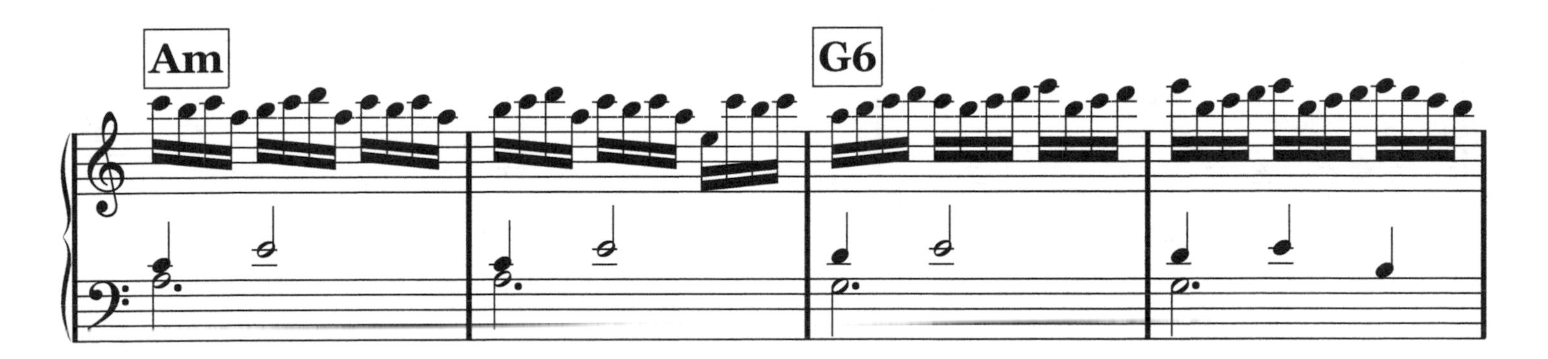
Am
G6

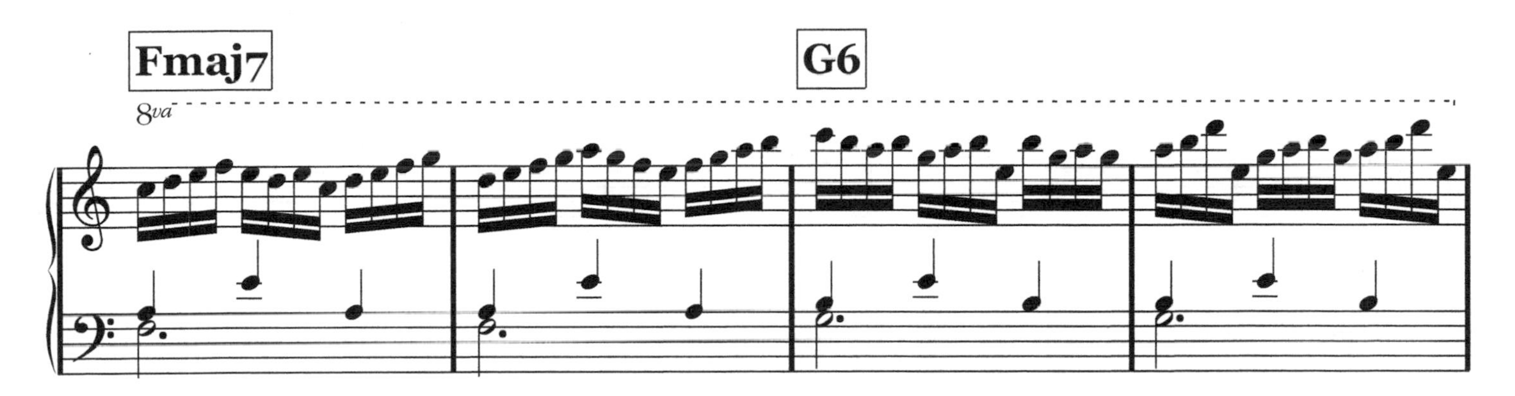
Fmaj7
G6
8va

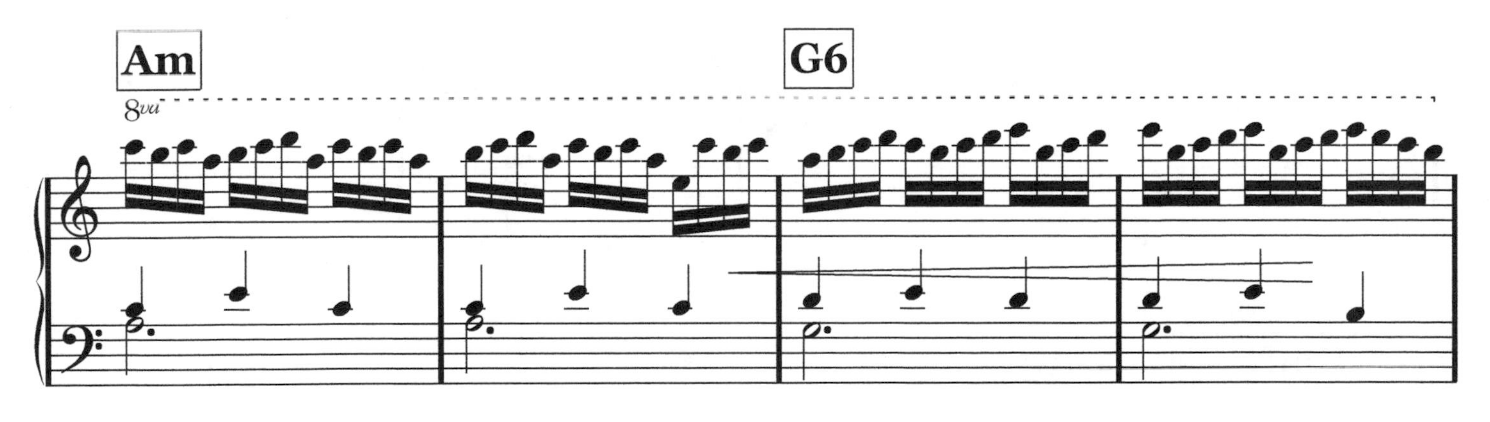
Am
G6
8va

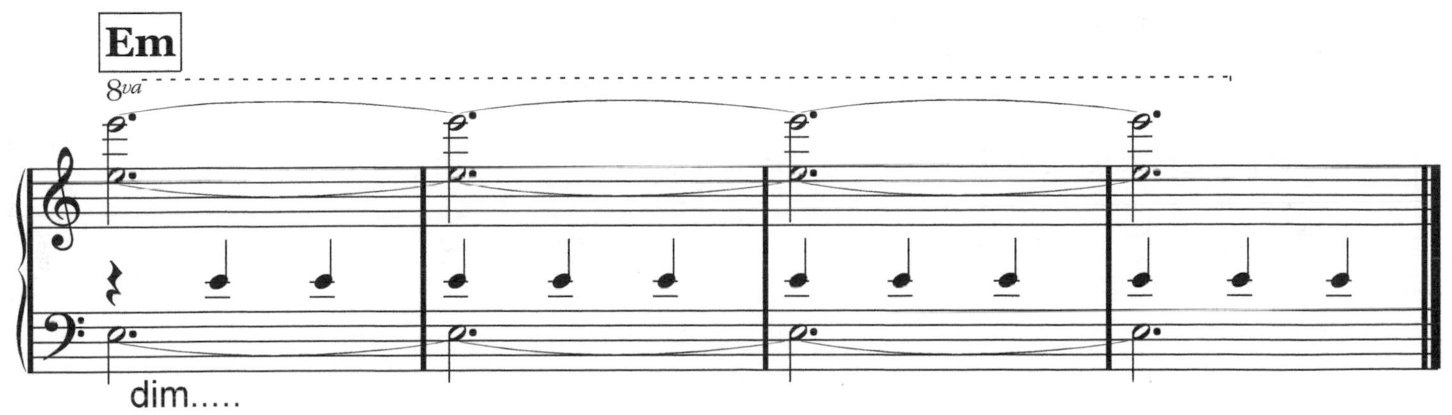
Em
8va
dim.....

Shallow

BSO "Ha nacido una estrella"

Lady Gaga (2018)

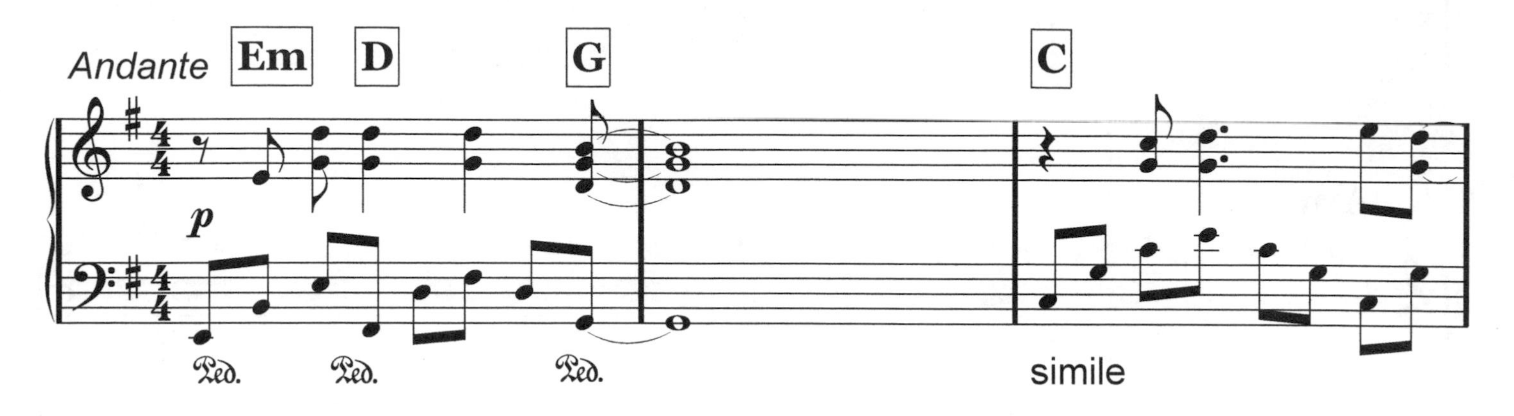

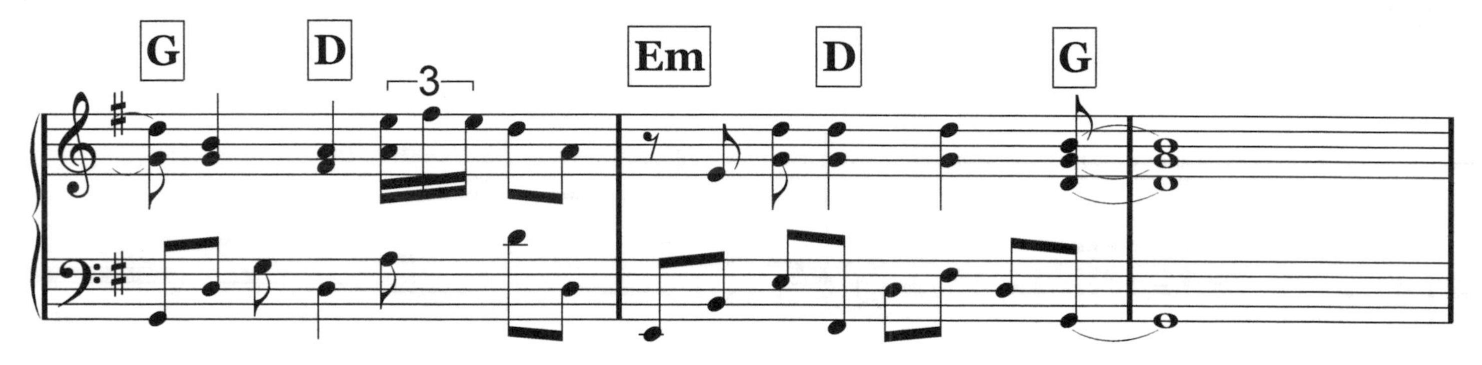

Em D G C D

Em D G C D

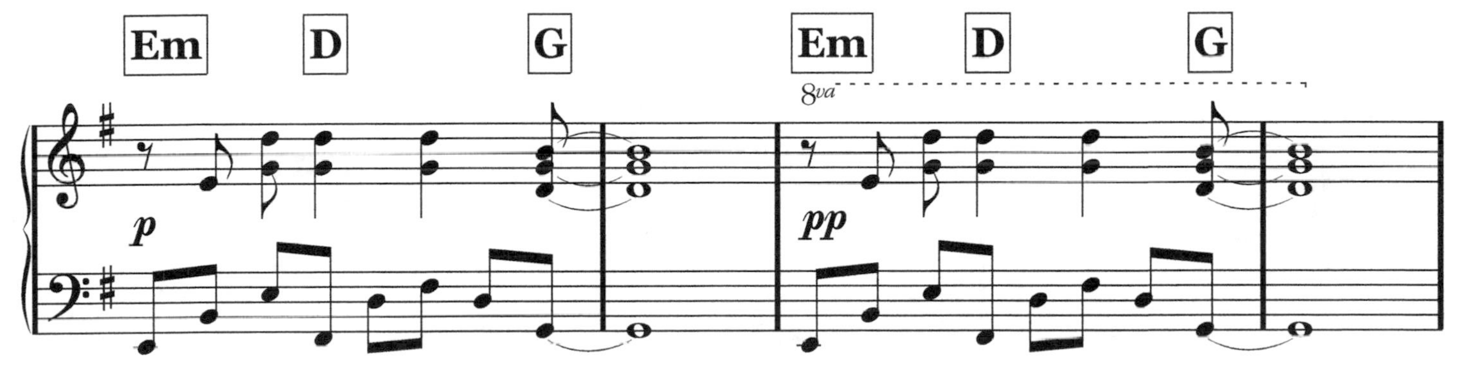
Em D G Em D G
8va
p
pp

Em D G C G D
mp
3

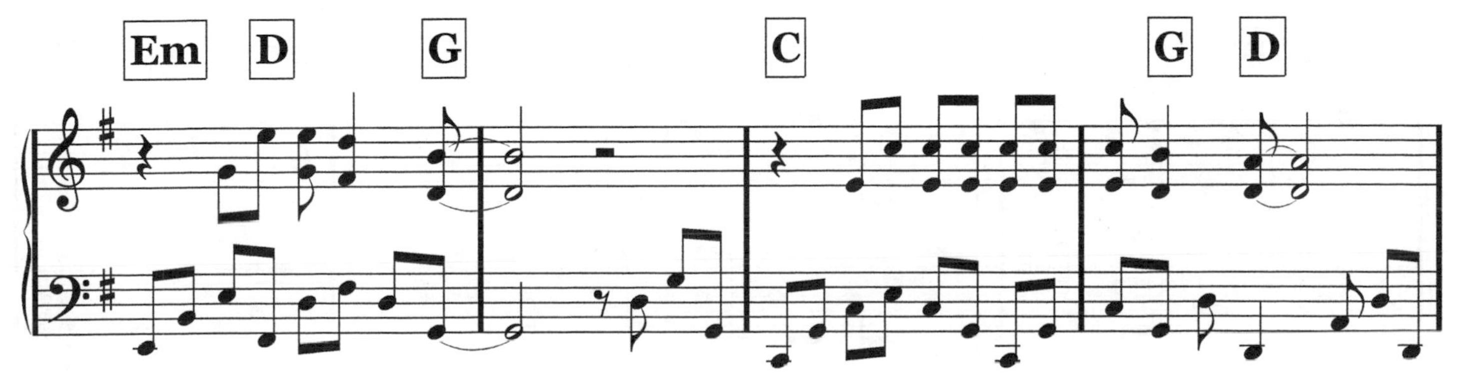
Em D G C G D

Em
D
G
C
D

Em
D
G
C
D

Am
D
G
D
Em
f

Am
D
G
D
Em
mf

Am
D
G
D
Em
D

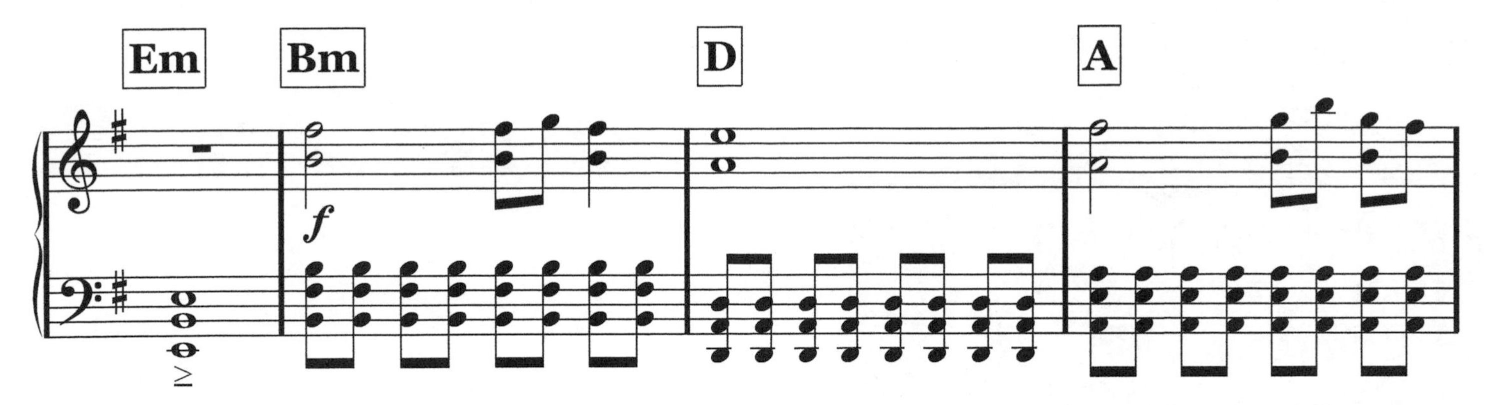
Em
Bm
D
A
f

Em
Bm
D
A
ff
rit .....

Am
D
G
D
Em
f a tempo

Am
D
G
D
Em
mf

Am
D
G
D
Em
dim.....
rit .....

En la misma colección:

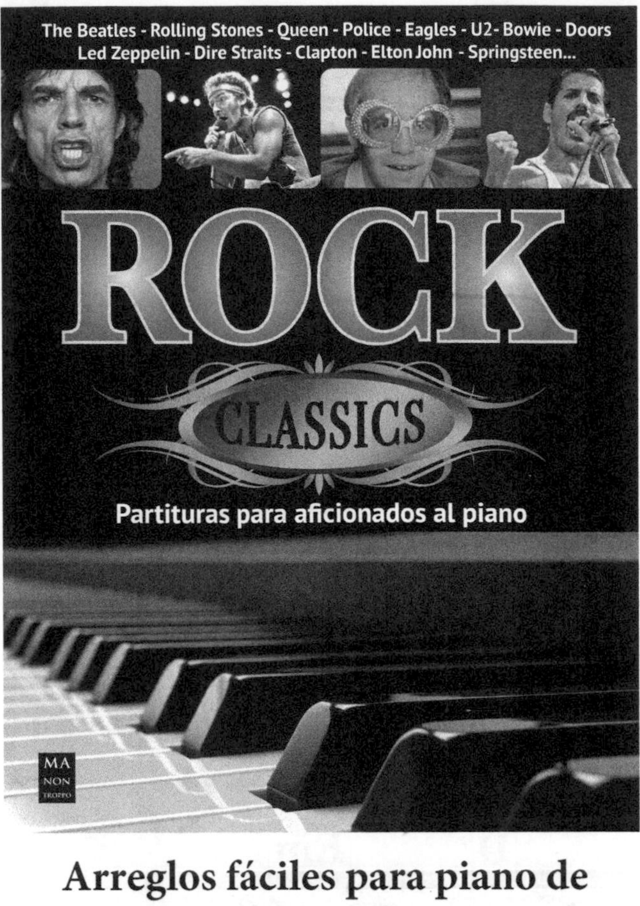

Arreglos fáciles para piano de 40 canciones clásicas del rock

Arreglos fáciles para piano de 36 canciones famosas de España y Latinoamérica

Una cuidada recopilación de las canciones más populares y famosas de España y Latinoamérica, con las letras y los acordes para guitarra y piano